日本経済論

史実と経済学で学ぶ

〈第2版〉

櫻井宏二郎

はじめに

　本書は、大学生や一般ビジネスパーソン向けに書かれた日本経済のテキストです。「史実と経済学で学ぶ」というサブタイトルに示してあるように、本書の特徴は、「史実（歴史)」と「経済学」の２つの視点を持つところにあります。以下、簡単に本書の特徴を述べてみましょう。

　第１の特徴は、史実（歴史）を重視していることです。我々が直面している現実の経済は、過去からの何層もの歴史的事実の上に成り立っていて、まっさらなキャンバスに描かれたものではありません。例えば、「戦後、日本は焼け野原から奇跡的な成長を遂げた」と語られることがよくありますが、それまでの様々な蓄積がなければそのような成長は叶わなかったでしょう。また戦後に完成し1980年代頃まではうまく機能したとされる、いわゆる日本的経済システムの原型は、1930・40年代の出来事の影響を受けて形成されたという見方があります。これらの例から示唆されるように、現在の日本経済の特徴や問題点を深く理解するためには、過去の経緯を知っておくことが有用です。

　本書の第２の特徴は、経済学的な考え方を重視している点です。経済学的視点を導入すると、個人および企業の行動や、政策や経済全体のパフォーマンスを、インセンティブ、経済合理性、市場メカニズム、資源配分の効率性などの考え方や基準に基づいて、客観的に分析し評価することが可能となります。制度や経済システムについても、経済合理性などの観点からその問題点を考察することができます。例えば、日本的雇用システムと呼ばれる仕組みには、かつては経済合理性があったとみられています。高度成長期においては、日本の製造業は欧米先進国へのキャッチアップ過程にあり、目標とすべき技術が比較的安定していたことから、企業が労働者を抱え込み、長期雇用の下で時間をかけて企業特殊的技能の蓄積を図ることには一定の経済合理的があったとみられています。しかし、技術や環境の変化の激しい今日においては、労働者を一企業内に長期にわたって抱え込むことの経済合理性は低下し、むしろ雇用をある程度流動化し、必要な人材は中途採用市場で速やかに調達し、同時に雇用は一企業ではなく労働市場全体で守る、というタイプの労働市場・雇用システムの経済合理性が高まっているように思えます。短期間で労働市場の仕組みや慣行を変えることは困難ですから、現在

は歴史的に形成されてきたシステムに不具合が生じているとみなすことができるかもしれません。時代の変化に追いつけず、経済合理性を既に失っていることから生じる不具合は、労働市場、女性の就業環境、企業のあり方、業界の慣行、政府の政策や制度など、様々な分野に存在するとみられ、これらが日本経済の成長、効率性や所得分配に負の影響を与えていることが懸念されます。本書は必ずしもこうした問題を一つ一つ取り上げて明示的に検討しているわけではありませんが、経済学的視点を持つことによって、このような問題がよりクリアに見えてくるのではないかと考えています。

　本書の構成は、第1章で経済や景気を見る基本的な視点を学んだ後、第2章からは、過去から現在までの日本経済の発展のプロセスを辿りながら、その時々の問題を検討します。大まかには通史となっていますが、現在の日本経済を考えるために重要と思われるトピックスにウェイトが置かれています。そして最後の章では、今後の長期展望にとって重要な人口減少と少子高齢化の問題を取り上げています。なお、本書を現代の日本経済論のテキストとして使用する場合には、例えば戦前を取り扱った第2章、第3章を省略するなど、対象とする時代を取捨選択して使っていただければ幸いです。

　2018年に初版が出版されてから5年以上が経過しました。この間、2020年にはコロナ危機が発生し、2022年からは欧米を中心に世界的なインフレが起きました。そこで第2版では新たに「コロナ危機と世界的インフレ（第12章）」を追加しました。また「日本の製造業の低迷の要因－技術の変化、グローバル化とアジアの台頭」というコラムを「アベノミクスの展開（第11章）」に追加しました。これら以外では、必要に応じてデータや記述を更新しています。

　初版では編集者の斎藤博さんに、そして第2版では編集者の小西ふき子さんに大変お世話になりました。改めて御礼申し上げます。

2023年10月

櫻井宏二郎

目　次

第1章

経済の見方と景気の見方

　遠い過去の事実であれ、最近の出来事であれ、現実の経済を理解するためには、まず基本的な経済のメカニズムを知っておく必要がある。本章では、経済全体を鳥瞰的に見る視点、言い換えればマクロ経済的視点に立って、経済活動のメカニズム、特に景気変動・景気循環の見方やその事実について考察する。経済学では分析対象を「短期」の問題と「長期」の問題に分けることがあるが、本章で取り扱うのは主として「短期」の事象である。以下では、経済を見る基本的な視点を学んだ上で、景気の局面を判定する具体的な方法や景気循環のメカニズムを考察し、最後に戦後から最近までの日本の景気循環を振り返る。

1　経済の見方

（1）経済の循環

　我々が日々営んでいる経済活動の循環は、**図1-1**のように単純化して表すことができる。登場する経済主体は企業と家計である。企業は、家計が提供する労働と、機械設備等（資本ストック）などの**生産要素**を使って財・サービスを生産し、消費者である家計に販売する。このとき企業は機械設備等の購入に必要な資金を銀行借入や株式発行などの形で調達するが、その原資は基本的に家計の貯蓄である。一方、家計は、労働によって得た所得（賃金）で財・サービスを購入し、余った所得を貯蓄する。これらの財・サービスの流れや、労働など生産要素の流れは図中で矢印の付いた線で示されている。図には示されていないが、財・サービスの販売代金と購入代金、賃金などのお金の流れは矢印と反対方向に動いている。

図1-1　経済の循環と3つの市場

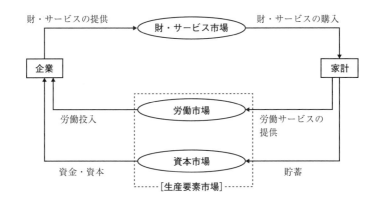

図1-2　財・サービス市場、労働市場の動き

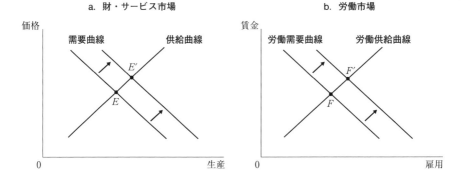

　経済循環において、**財・サービス市場**、**労働市場**、**資本市場**（あるいは**金融市場**）の3つの市場が重要な役割を果たしている。後者の2つはまとめて**生産要素市場**と呼ばれる。経済学的に考えると、それぞれの市場に需要曲線と供給曲線があり、その交点で均衡の価格と数量が決まる。ただし、労働市場の価格は賃金、資本市場の価格は金利である。

　この循環図を使うと、経済のメカニズムを非常に簡単に理解することができる。例えば、いま何らかの理由（例えば米国経済の景気拡大など）で財・サービスに対する需要が増加したとすると、財・サービス市場で需要曲線が上方にシフトし、財・サービス価格の上昇とともに生産水準が増加する（**図1-2a**）。そして生産が増加すると、労働や機械設備に対する需要が増えるため、労働市場では賃金の

上昇と雇用の増加が生じ（**図1-2b**）、銀行貸出市場では貸出金利の上昇と貸出額の増加が起きる。賃金が増加した労働者、あるいは新たに職を得た労働者は所得の増加を受けて消費を増やすため、財・サービスに対する需要がさらに増加し、生産は一層拡大する。こうして景気は拡大していくが、景気が後退する時は逆のことが起きる。

（2）経済活動の代表的な指標

GDP（国内総生産）

　上で見た経済活動が一国経済においてどれだけ活発に行われているかを示す代表的な指標が**国内総生産**、すなわち **GDP**（Gross Domestic Product）である。GDP は、「一定期間内（通常は1年間）に一国の国内で生産される財・サービスの付加価値の合計」と定義される。ここで「国内」とは領土内を意味する地理的な概念であり、したがって、日本の領土内にある外国企業の子会社の付加価値は日本の GDP に含まれるが、日本企業の海外子会社のそれは日本の GDP には含まれない。

　生産活動によって生み出される付加価値を計算するためには、各財・サービスの生産額から原材料等の中間投入を差し引く必要がある。例えば、自動車産業の付加価値は自動車の生産額から鉄板（鉄鋼）などの中間投入を差し引き、鉄鋼産業の付加価値は鉄鋼の生産額から鉄鉱石などの中間投入を差し引いて求められる。こうして生み出される付加価値としての所得は、生産に貢献した労働、資本などの生産要素に対して、賃金、利潤などの形で報酬として分配される。逆に見れば、労働や資本が付加価値を形成するとも言える。一方、生産された財・サービスの金額（中間投入を除いた最終生産物）は、売れ残りなどの在庫を調整すれば、必ず誰かが購入することになるため、経済全体の支出額である国内総支出と等しくなる。**国内総支出**（Y）は、民間消費（C）、民間投資（＝設備投資＋住宅投資；I）、政府支出（＝政府消費＋政府投資；G）、財・サービスの輸出（X）、財・サービスの輸入（M）から構成され、次の式で示される。ここでは、在庫変動による部分を省略している。

$$Y = C + I + G + X - M \tag{1}$$

　Y は国内で生産された財・サービスに対する支出（需要）であるので、海外

の生産物である輸入は控除項目となる。

このように、生産によって生み出される付加価値で定義される GDP は、生産面、分配面、支出面のいずれから見ても等しくなり、このことは**三面等価の原則**と呼ばれる。

GDP は (1) 式で示される国内総支出の形で発表されるのが一般的である。

今後重要性を増す GNI（国民総所得）

GDP は「国内」概念であるが、これに対し、「国民」概念に基づいた**国民総所得**、すなわち **GNI**（Gross National Income）という指標があり、近年目にする機会が増えている。ここで「国民」とは外為法との関連で定められた「居住者」の要件を満たす企業や個人のことであり、個人の場合は 6 カ月以上日本に居住していることが条件となる（国籍は問わない）。GNI は、一定期間内に国民が生み出した所得と定義され、国民が海外へ投資することによって稼ぐ所得、例えば、米国債投資からの利子所得や日本企業の海外子会社からの配当、などが含まれる。よって、GNI と GDP の差は、「国民（居住者）の海外からの所得の純受取」に等しくなり、これは対外証券投資や対外直接投資の増加に伴って大きくなると考えられる。因みに、名目 GNI と名目 GDP の差額とその名目 GDP に対する比率は、1995年の約 4 兆円（0.9%）から2022年の約35兆円（6.3%）へと大きく増加している。今後、人口減少で国内の市場が縮小していく中、海外からの所得も含めて国民の豊かさをどうやって維持していくかという観点から、GNI の注目度は高まるものと予想される。

2　景気の見方

トレンドと循環

経済の動きを見る際には、経済成長の趨勢を示す**トレンド**と、トレンドの周りで変動を繰り返す**循環**とに分けて見る必要がある。トレンドと循環のイメージは**図 1-3** に示してある。トレンドの成長率は潜在成長率とも表現できる。第 6 章以降で詳しく見るように、日本経済は1970年代を境に高度成長から安定成長に移行し、1990年代初頭のバブル崩壊以降はさらにトレンドの成長率は低下した。トレンドの成長率が高い期間においては、景気後退期であっても経済成長率がマイ

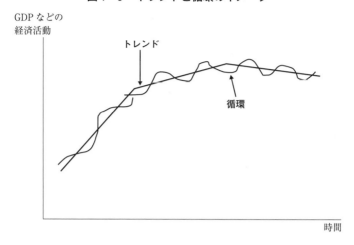

図1-3　トレンドと循環のイメージ

ナスになることは稀であるが、トレンドの成長率が低くなると、マイナス成長と
なる確率は上がる。今後、人口減少によってトレンドの成長率は低下することが
予想されるが、マイナス成長が頻繁に生じるという事態も可能性としては排除で
きないだろう。

景気の2局面法

　一般的に、「景気が良い」とは経済活動が活発な状況を、「景気が悪い」とは経
済活動が不活発な状況を指すことが多く、「景気」に厳密な定義が与えられてい
るわけではない。しかし、正しい「景気判断」を行うためには、以下で述べるよ
うに景気の見方を明確に定めておく必要がある。

　景気循環における景気局面の分け方には、代表的に「変化の方向」による2局
面法と「水準」による2局面法がある。前者はミッチェルによる2局面法、後者
はシュンペーターによる2局面法と呼ばれることもある[1]。**図1-4**は、生産や
GDPなどに代表される経済活動水準の循環的な変動をイメージ的に図示したも
のである。直線はトレンド線あるいは平均的な活動水準を示す。この図において、
「変化の方向」による2局面法は、谷から山までを**拡張期**、山から谷までを**後退**

　1）景気局面の分割法については、田原（1983）、浅子他（1991）、小峰（2005）などに詳しい。

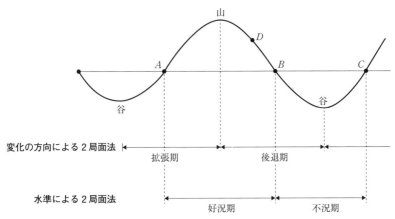

図1-4　2つの景気局面分割法

(注) 浅子他 (1991) を参考に作成。

期と定める。すなわち、この分割法では、経済活動水準が上向いているか、下向いているかという基準で景気局面を分割している。これに対し、「水準」による2局面法では、図のA点からB点までを**好況期**、B点からC点までを**不況期**と定めている。すなわち、この分割法では、経済活動水準が平均的な水準を上回っているか、下回っているかという基準で分割しているのである。

　景気を判断する際には、これら2つの分割法のうちどちらの方法に依拠しているかを明確に意識する必要がある。例えば、図のD点は、変化の方向による分割法では既に景気の山を越えて後退期に入っているが、水準による分割法では依然として好況期にある。そしてどちらの見方を重視するかによって、政策的な対応も異なりうる。景気が後退しているという観点からは景気刺激策が求められるが、経済活動水準が高いという観点からは景気刺激策は未だ必要でないという判断になるかもしれない。実際、バブル景気が山を越えたとされる1991年から1992年にかけて、日本経済はD点のようなところにあり、景気判断や政策発動の是非を巡って活発な議論が展開された（第8章参照）。

　これら2つの局面分割法にはそれぞれ個別の意味があり、どちらの方法が絶対的に正しいというものではないが、現在では山・谷による分割法、すなわち「変化の方向」による見方が一般的と言えよう。次節で詳しく述べるように、日本の内閣府（旧経済企画庁）が策定している景気基準日付も、基本的にこの山・谷に

よる2局面法に基づいている。

3　景気判断の指標

（1）景気動向指数

　では、景気の局面を分割するなど、正しい景気判断を行うためにはどのような指標を見たらよいのだろうか。景気動向を把握するための専門の指標として、日本では内閣府が**景気動向指数**を作成している。景気動向指数は、景気に敏感な複数の経済活動の指標を合成して作る総合的な指標であり、**ディフュージョン・インデックス（DI）とコンポジット・インデックス（CI）**から成る[2]。DI は、景気拡張の動きの波及度合いを測定することを主な目的とし、CI は景気変動の大きさやテンポ（量感）を測定することを主な目的としている。CI と DI には、それぞれ、先行指数、一致指数、遅行指数がある。以下、DI と CI についてやや詳しく見てみよう。

景気拡張の波及度合いを表す DI

　DI には、先行指数、一致指数、遅行指数の3つの指数があり、それぞれ、**表1-1**に示してある複数の公表データ（採用系列）を用いて、毎月作成される。先行指数は、景気に対して先行する性質を持つ11の先行系列から作成される。例えば、株価は投資家の期待を反映することなどによって景気に先行する傾向を持つと言われるが、この性質を利用して、「東証株価指数」が先行系列として採用されている。一致指数は、景気と一致して動くと考えられる10の一致系列から作成される。一致系列には、生産関連（鉱工業生産指数など）、消費関連（商業販売額など）、企業収益関連（営業利益）、労働需給関連（有効求人倍率）等の系列が採用されている。遅行指数は、完全失業率など、景気に遅行する性質を持つ9

2）DI は、米国の NBER（全米経済研究所）によって開発された景気指数で、先行指数・一致指数・遅行指数から成る現在の DI は、1950年代に G.H.ムーアが作成したのが世界初とされている。日本では、旧経済企画庁が NBER にならって DI の作成を手がけ、1960年8月から毎月公表している。DI の沿革、作成方法等については、田原（1983）、内閣府 HP 掲載の資料などに詳しい。

表1-1　景気動向指数の採用系列

先行系列	1．最終需要財在庫率指数(逆サイクル) 2．鉱工業生産財在庫率指数(逆サイクル) 3．新規求人数(除く学卒) 4．実質機械受注(製造業) 5．新設住宅着工床面積 6．消費者態度指数 7．日経商品指数(42種総合) 8．マネーストック(M2)(前年同期比) 9．東証株価指数 10．投資環境指数(製造業) 11．中小企業売上げ見通し D.I.
一致系列	1．生産指数(鉱工業) 2．鉱工業生産財出荷指数 3．耐久消費財出荷指数 4．労働投入量指数(調査産業計) 5．投資財出荷指数(除く輸送機械) 6．商業販売額(小売業)(前年同月比) 7．商業販売額(卸売業)(前年同月比) 8．営業利益(全産業) 9．有効求人倍率(除く学卒) 10．輸出数量指数
遅行系列	1．第3次産業活動指数(対事業所サービス) 2．常用雇用指数(調査産業計)(前年同月比) 3．実質法人企業設備投資(全産業) 4．家計消費支出(勤労世帯、名目)(前年同月比) 5．法人税収入 6．完全失業率(逆サイクル) 7．きまって支給する給与(製造業、名目) 8．消費者物価指数(生鮮食品を除く総合)(前年同期比) 9．最終需要財在庫指数

(注)逆サイクルとは、指数の上昇、下降が景気の動きと反対になることをいう。
(出所)内閣府経済社会総合研究所。

つの遅行系列から作成される。これらの採用系列は、経済構造の変化等に応じて景気との対応関係について見直しが行われ、必要な場合は入れ替えが行われる[3]。

3）最近の例としては、2015年7月の第11次改定において、一致指数採用系列の中の「大口電力使用量」の除外などを含む改定が行われた。

　先行指数、一致指数、遅行指数の各 DI は、下の式のように、全体の採用系列数に占める拡張系列数の割合として計算される。拡張したかどうかは 3 カ月前の値と比較して判断する。3 カ月前の値と比較するのは、不規則変動の影響を緩和させるためである。

$$\mathrm{DI} = \frac{\text{拡張系列数}}{\text{採用系列数}} \times 100 \text{（％）}$$

　例えば、10の一致系列のうち今月拡張（増加）した系列が 6 つあった場合は、今月の DI 一致指数は60（％）となる。この式からわかるとおり、DI は、景気の拡張がより多くの経済部門に波及、浸透していったことを示す指標である。DI 一致指数が50％ラインを下から上に切るとき、それは拡張系列数が半分未満から半分超に変化すること、すなわち採用系列における拡張系列数と後退系列数との力関係が逆転することに対応しているので、その近傍に景気の谷があると判断される。同様に、DI 一致指数が50％ラインを上から下に切るとき、その近傍に景気の山があると判断される。

景気の量感を表す CI

　このように DI は、景気拡張の波及度合いを測り、特に DI 一致指数は、景気転換点（山と谷）の判定のために利用される。しかし、この DI では景気変動の大きさ、強さや量感を表すことはできない。そこで、景気変動の大きさや量感を表すために、コンポジット・インデックス（CI）が1984年 8 月より公表されている。CI は上記の各採用系列の変化率を統計的に加工し合成して作成される。一般的に、CI 一致指数が上昇している時は拡張局面に、低下している時は後退局面にある。CI の動向は図 1 - 5 に示されている。

　従来、景気動向指数の公表は DI を中心に行われていたが、景気変動の大きさを把握することが重要であるという判断から、2008年 4 月以降、CI 中心の公表形態に移行している。現在、新聞で目にするのは CI の動向である。ただし、景気の山と谷は、下で述べるとおり基本的に DI に基づいて判定されている。

景気指標としての GDP

　景気を単一の指標で判断しようとするとき、GDP はその有力な候補となる。

図1-5　CI 一致指数：2000年1月-2023年6月

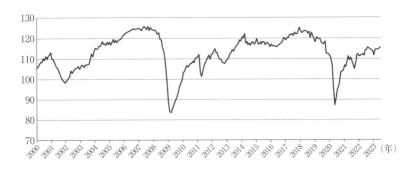

（注）2020年＝100
（出所）内閣府経済社会総合研究所。

　ただしこの場合、景気の波及度合いはとらえられないこと、GDP の中には現実
の経済活動を反映しない帰属家賃などの帰属計算が含まれること、GDP の中に
は政策的な対応のため景気の動きとは反対方向（counter-cyclical）に動く公共
投資などが含まれること、等に十分な留意が必要である。
　近年では景気の指標として、GDP ギャップ（＝（GDP－潜在 GDP）/ 潜在
GDP）が用いられることが多い。これは図1-4における、現実の活動水準とト
レンド線とのギャップ率に対応していると考えることができる。GDP ギャップ
の推計には専門的な知識が必要で、内閣府や日本銀行などが推計している。

（2）景気基準日付

　内閣府は、景気動向指数に基づき景気基準日付を決定する。具体的には、DI
一致指数から不規則変動を取り除いたヒストリカル DI を作成し、それが50％ラ
インを下から上に切る直前の月を景気の谷、上から下に切る直前の月を山と定め、
内閣府の「景気動向指数研究会」の議論を経て、最終的に景気の山と谷（景気転
換点）を決定する。山と谷を決定するためには当該循環の全体の姿がある程度明
らかになるまで待つ必要があるため、最終的な日付決定は、景気転換点が過ぎて
からかなり後に行われることになる。DI 自身の作成には速報性はあるが、ヒス
トリカル DI の作成や最終的な景気転換点の決定には速報性はないと言えよう。
最近時点までの景気基準日付は**表1-2**に示されている。

表1-2　景気基準日付

循環	谷	山	谷	期間(カ月)			(参考)四半期基準日付による実質 GDP 平均成長率(年率%)	
				拡張	後退	全循環	拡張	後退
第1		51年6月	51年10月	—	4	—	—	—
第2	51年10月	54年1月	54年11月	27	10	37	—	—
第3	54年11月	57年6月	58年6月	31	12	43	—	8.0
第4	58年6月	61年12月	62年10月	42	10	52	11.3	6.2
第5	62年10月	64年10月	65年10月	24	12	36	9.9	6.0
第6	65年10月	70年7月	71年12月	57	17	74	11.5	3.5
第7	71年12月	73年11月	75年3月	23	16	39	8.0	−1.5
第8	75年3月	77年1月	77年10月	22	9	31	4.9	3.7
第9	77年10月	80年2月	83年2月	28	36	64	5.1	2.7
第10	83年2月	85年6月	86年11月	28	17	45	5.3	2.8
第11	86年11月	91年2月	93年10月	51	32	83	5.6	0.7
第12	93年10月	97年5月	99年1月	43	20	63	2.0	−1.0
第13	99年1月	00年11月	02年1月	22	14	36	2.4	−1.0
第14	02年1月	08年2月	09年3月	73	13	86	1.6	−8.9
第15	09年3月	12年3月	12年11月	36	8	44	2.7	−1.8
第16	12年11月	18年10月	20年5月	71	19	90	1.2	−6.3
第17	20年5月							
(平均)				(38.5)	(16.3)	(54.9)		

(注)　1　四半期基準日付による実質 GDP 平均成長率は、季節調整済四半期系列による。
　　　　第3循環から第9循環までは68SNA による1990年基準。第10循環から第12循環は93SNA による2000年基準。
　　　　第13循環以降は08SNA による2015暦年連鎖価格。
　　　2　期間の平均値は第2循環から第16循環まで。
(出所)　内閣府の「景気基準日付」、『国民経済計算』より作成。

　このように、景気動向指数は一定のルールに従って作成され、景気基準日付は
それに基づきほぼ機械的に決定される。より詳細な情報に基づくリアルタイムの
景気判断は、政府の公式見解として「月例経済報告」という形で公表される。

4　景気循環のメカニズム

　景気が循環的に変動するのは上で見たとおりであるが、では循環はどのような
メカニズムで生み出されるのだろうか。本節では、マクロ経済的に景気循環の最
も重要な要因と見られる設備投資変動を中心に景気循環のメカニズムを考える。

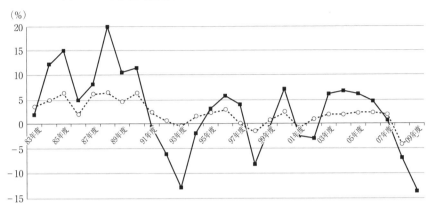

図1-6　実質設備投資と実質 GDP の変化率：1983-2009年度

（注）2000暦年連鎖価格基準。
（出所）内閣府『国民経済計算』

（1）設備投資による循環のメカニズム

設備投資循環

　図1-6 は、1980年代以降の実質設備投資と実質 GDP の変動を変化率で示したものである。これを見ると、設備投資は GDP の変動に比べて変動が極めて大きく、かつ持続的増加と持続的減少を繰り返しながら循環的に動いていることがわかる。バブル景気の真っただ中にあった1988年度には実に約20％も増加し、バブル崩壊後の1993年度には約13％も減少している。設備投資の GDP に占める比率は十数パーセントとそれほど大きくないが、変動が極めて大きいため GDP の変動に大きな影響を与えている。このような設備投資の循環的変動はどのようなメカニズムで生じているのだろうか。

　設備投資を説明する理論はこれまで多くの発展を遂げてきたが、変動のメカニズムに関しては古くから資本ストック調整原理や加速度原理と呼ばれる理論が知られている。これらの理論は1950年代に開発された古いモデルであり、動学的最適化などを重視する現代の経済理論からすると理論的基礎が弱いとの批判を免れないが、それでもストックとフローの変数間の関係がもたらす循環のメカニズムは、依然として現実の設備投資変動を見る上で有益な視角を提供してくれる。た

だし、バブル崩壊以降はかつてのような力強い設備投資の盛り上がりが見られないため、これらの理論を適用する機会は減っている。以下、これらのメカニズムを検討しよう。

　いま、生産物 Y を1単位生産するのに必要な資本ストック K の量が技術的に固定されていると仮定し、その比率を $v=K/Y$ と表す。v は**資本係数**、あるいは**資本産出比率**と呼ばれる。ここで、ストックとフローの概念に注意する必要がある。**ストック**とはある時点で測られる量や残高であり、資本ストックがこれに当たる。一方、**フロー**は一定期間に動いた量や金額であり、生産量や設備投資がこれに当たる。設備投資とは機械を据付けたり工場を建設したりする行為であるが、設備投資を行うと資本ストックが増えるという関係にある。下で見るように、ストックとフローの比率である資本係数 v が固定されていることが、設備投資循環の生成において重要な意味を持つ。

　さて、企業は現在の資本ストック K_{t-1} と来期の生産に必要な望ましい資本ストック $K_t{}^*$ とのギャップを埋めるように設備投資を行うと考える。K_{t-1} は前期（$t-1$ 期）の期末に存在する資本ストックであり、したがって今期に使える資本ストックである。ただし、このギャップを今期中に埋めることは物理的に困難であったり、コストが余計にかかったりすることから、1期間ではギャップの一部分のみが埋められるものとし、その割合を α（$\alpha<1$）とする。α は調整速度、あるいは調整係数と呼ばれる。このような設備投資行動は次式のように表される。I_t は今期の設備投資額である。

$$I_t = \alpha(K_t{}^* - K_{t-1}) \tag{2}$$

　いま、来期の予想生産量 Y_{t+1}^* が今期の予想生産量 $Y_t{}^*$ に一定の伸び率を掛けたものに等しいと仮定し、$Y_{t+1}^* = \beta Y_t{}^*$（$\beta>1$、$\beta$ は定数）とする。すると、来期の望ましい資本ストックは、$K_t{}^* = v Y_{t+1}^* = v\beta Y_t{}^*$ となるので、(2)式は次のようになる。

$$I_t = \alpha(v\beta Y_t{}^* - K_{t-1}) = \alpha v\beta Y_t{}^* - \alpha K_{t-1} = a Y_t{}^* - b K_{t-1} \tag{3}$$

　この式が**資本ストック調整原理**と呼ばれるモデルである。(3)式の最後の定式化は予想生産量が増えると設備投資が増え、資本ストックが増えると設備投資が抑制されることを端的に示している。このモデルを用いて、設備投資の循環は次

のように描写できる。

いま、何らかの理由（例えば、消費の増加、輸出の増加など）により、今期の予想生産量 Y_t^* が増加したとする。すると設備投資は増加するが、この設備投資の増加は経済にとって需要の増加となる。それは例えば、自動車工場の建設が、鉄鋼や機械設備などに対する需要の増加をもたらし、それが経済全体の所得の増加を通じて自動車に対する需要をさらに増加させるという形で現れる。

さらに、工場の建設や機械の据付けには時間がかかるため、望ましい資本ストックと現実の資本ストックとのギャップが埋まるには時間を要し、その間設備投資は増え続ける。しかし、一方で、設備投資は資本ストックの増加を通じて生産能力あるいは供給能力を着実に増加させていく。このように設備投資は需要と供給を同時に増加させる性質を持っており、これは**投資の二面性**と呼ばれるが、需要の増加がフローとしての投資を誘発するのに対し、資本ストックの増加は供給能力の増加となって残り続けることに留意が必要である。資本ストックが積み上がっていくにつれて、望ましい資本ストックと現実の資本ストックとのギャップが次第に埋まっていき、やがて設備投資は減少に転じる。すると今度は需要減少により景気が減速し、資本ストックは一転して過剰となる。資本ストックは壊すわけにはいかないので、生産能力の過剰はなかなか解消されず、設備投資が減少する過程、あるいは行われない過程がしばらく続き、この間景気後退が続く。しかし、時間の経過とともに設備は老朽化し除却され、資本ストックは徐々に減少していくため、やがて資本ストックが過剰から不足に転じる時期が来る。すると、設備投資が再び増加に転じ、景気は次の拡張局面に入っていく…。このように、このモデルは設備投資がフローの需要増とストックの供給能力増のバランスによって循環的に変動していくメカニズムを説明している。

このモデルに、さらに、現存する資本ストックが今期の生産量に対して最適な水準に既に調整されており、また生産量が一定の伸びで増加し今後もそう予想されるという仮定を追加すると、$Y_t^* = \beta Y_{t-1}$、$K_{t-1} = v Y_t = v\beta Y_{t-1} = v\beta^2 Y_{t-2}$ より、次式が得られる。

$$I_t = \alpha v \beta^2 (Y_{t-1} - Y_{t-2}) \tag{4}$$

このモデルは、設備投資が生産量の水準、つまり速度ではなく生産量の増加、すなわち加速度に比例することを示しており、**加速度原理**と呼ばれる。これは、

資本係数 $v = K/Y$ が一定であるために、生産量 Y が変化したときに資本ストック K も同じ率で変化しなければならず、かつ設備投資は資本ストックの変化分であるということから直感的に理解できよう。この原理は、設備投資の動きが、生産や GDP の動きに比べて急激になるという特徴をうまくとらえている。ただし、マイナスの設備投資はあり得ないので、生産が減少するような景気後退局面では、この原理をそのまま適用することはできない。

設備投資に影響を与える他の要因

　もちろん、現実の設備投資はこれらのモデルほど単純ではなく、上で検討した要因以外に、金利、企業収益、内部資金（内部留保、減価償却費）、銀行など外部からの資金調達の容易度、技術進歩や製品開発の状況、ライバル企業の動向、将来の企業収益の不確実性などの様々な要因に依存すると考えられる。例えば、以下の第5節で見るとおり、高度成長期には景気が過熱して輸入の増加により外貨準備が不足すると、内需を抑えるために日銀が公定歩合を引き上げて金融を引き締め、設備投資が抑制された。また1998年には不良債権問題と金融機関の相次ぐ破綻を背景に銀行の貸出態度が極端に慎重化し、その影響を受けて設備投資は減少した。

　また、上で検討した設備投資は能力増強投資を想定しているが、設備投資の中には違う目的を持ったものもある。例えば、省力化投資は、人手不足や人件費の上昇に対応するために資本で労働を代替しようとする投資で、人口減少が見込まれる今後の日本で重要な役割を果たすとみられている。

成長のエンジンとしての設備投資

　本節では景気循環を引き起こす要因としての設備投資に注目したが、設備投資の本来の役割は成長のエンジンとしての役割である。設備投資の拡大は、需要と供給能力を拡大させるだけでなく、新しい技術を体化した最新鋭の設備を導入することによって、生産性と競争力の向上をもたらす。特に技術進歩のスピードの速いハイテク分野などにおいて設備投資の果たす役割は重要であり、設備投資を果敢に行ったかどうかが、企業の死命を制する場合が少なくない。

（2）景気変動のその他の要因

経済の構造変化と景気変動

近年の経済構造の変化や経済政策と景気変動の関係については、次の点が指摘できる。

第1に、設備投資は高度成長期には変動の主役であったが、近年ではかつてのような盛り上がりは見られない。設備投資に代わって相対的に重要な役割を担うようになったのは消費である。2014年4月の消費増税の前後では、駆け込み消費とその反動等が景気に無視できない影響を与えた。ただし個人消費は長期的には恒常所得に依存することから、将来の所得に対する見通しが重要性を増している。また個人が所有する株式などの金融資産が趨勢的に増加していることから、以前に比べて株価の影響をより強く受けるようになっているとみられる。

第2に、経済のグローバル化の進展により、GDPに対する輸出と輸入の比率が趨勢的に上昇しており、海外の経済動向や為替レートの動向が以前よりも重要性を増している。2008年のリーマン・ショックや2013年以降の円安がその典型的な例である。また為替レートの動向については、内外の金融政策の影響が重要になってきている。

第3に、金融政策を通じた影響が注目されている。最近では、設備投資に与える効果よりも、為替レートと株価に与える効果が注目されている。円安は輸出企業の収益増加あるいは輸出数量の増加をもたらし、株価の上昇は消費の増加をもたらす。アベノミクスの2013年における景気浮揚効果は、基本的にこれらによるものだった。金融政策の効果は第11章で検討する。

第4に、公共投資などの財政政策の効果は以前より低下しているとの見方がある。この理論的根拠の1つは、金利の上昇（クラウディング・アウト）による為替レートの増価である。ただし、金融が十分に緩和されている近年の日本では、このような金利の上昇は考えにくい。金利が上がるとすれば、政府債務の増大で日本国債のリスクプレミアムが上がることの方が現実的であろう。

5　戦後の景気循環

ここでは表1-2に示した景気基準日付に従って、戦後の景気循環を簡単に振

り返る[4]。

時代ごとに見た循環の特徴

　個別の循環を見る前に、見通しをよくするために、戦後を大きく 3 つの期間に区分し景気循環の特徴を述べておこう。第 1 の期間は、第 2 循環から第 6 循環までであり、景気を牽引する設備投資とそれを反転させる**「国際収支の天井」**の 2 つの要因によって拡張と後退が明瞭に繰り返された時期である。1950年代および60年代前半においては、 1 ドル＝360円という固定為替レートの下で、設備投資主導の景気拡大で原材料等の輸入が増えると、外貨準備が底をつき、輸入を抑えるための金融引き締め政策によって景気が反転する、という景気転換のパターンが繰り返された。この時期は、単純化していえば「加速度原理と国際収支の天井」モデルによって循環が規定された時期と言えよう。

　第 2 の期間は、第 7 循環から第10循環までで、ニクソン・ショック、第 1 次・2 次石油危機などの海外要因と、過剰流動性、列島改造ブームなどの国内要因によって経済が攪乱され、力強い循環が影を潜めた時期である。

　第 3 の期間は、第11循環以降であり、資産価格の高騰を伴った大型のバブル景気の発生後、バブル崩壊とともに長期停滞に陥り、極めて低い成長トレンドに沿って循環が繰り返された時期である。図 1 - 4 の 2 つの 2 局面分割法に従えば、拡張と後退を繰り返しながらも不況期に陥っていた期間が長かった可能性が考えられる[5]。バブル崩壊後においては日本の潜在成長率はかなり低下したと推測され、第12循環以降の実質 GDP の年平均成長率は、拡張期でも 1 ～ 2 ％台、後退期では全てマイナスとなっている。

　以上の 3 つの期間は、日本の潜在成長率が、極めて高かった時期、安定成長へ移行した時期、そして低成長に移行した時期、に対応していると見ることもできる。表 1 - 2 の右側に示した実質 GDP の年平均成長率を見ると、拡張期の成長率は、第 1 区間で10％前後、第 2 区間で 5 ％前後、第 3 区間で第11循環を除き 1

---

4 ）戦後の景気循環のエピソードについては、香西（1981）、中村（1993）、有沢監修（1994）、吉川（1997、2003）、武田（2008）などに詳しい。

5 ）内閣府『平成21年（2009年）版経済財政白書』によれば、マクロの需給ギャップを示す GDP ギャップは1993年頃から2005-06年頃までほぼ一貫してマイナスであった。

〜2％台と、段階的に低下していることがわかる。

個別の循環の概要

　次に、個別の循環を見てみよう。

　第1循環は後退局面の日付（1951年6月-1951年10月）しか作成されていない。この時期は、戦後復興という特殊な環境下にあって自律的な循環を生み出す経済的条件が未だ十分に備わっていなかった。この時期の背景を概観するに、1945-49年に生じた激しいインフレーションは、ドッジ・ラインと呼ばれる一連の緊縮財政・構造改革によって収束に向かったが、経済はデフレ的状況に陥った。しかし、1950年6月に朝鮮戦争が勃発すると、米軍の物資買付けの急増により朝鮮特需が発生した。

　第2循環の拡張期（1951年10月-1954年1月）は、このような特需の後に、消費が伸び、それに続いて電力、鉄鋼、海運、石炭などの産業インフラ系の設備投資が拡大する形で生じた（「消費・投資景気」）。しかし、輸入の増加により外貨準備が減少すると、日銀は金融を引き締め、景気は後退に向かった。

　第3循環の拡張期（1954年11月-1957年6月）は、船舶、鉄鋼を中心とした輸出ブームに始まったが、本格的な設備投資ブームに移行した1956年頃には、神武以来の好況というたとえから「神武景気」と呼ばれた。しかし景気拡大があまりにも急激であったために、国際収支の急速な悪化から金融引き締めが発動され、景気拡大は31カ月の短命に終わった。

　第3循環の後退局面は、なべ底をはうように長期化するのではないかという懸念から「なべ底不況」と呼ばれたが、景気は意外にもV字回復を見せ、第4循環の拡張期（1958年6月-1961年12月）に入っていった。この景気拡大は神武を超えるという意味で「岩戸景気」と呼ばれたが、42カ月の比較的長い拡張期間を達成できた要因としては、設備投資が技術革新に支えられ、産業連関の緊密化（「投資が投資を呼ぶ」）を通じて持続的に増加したことに加えて、「三種の神器」と呼ばれた白黒テレビ、電気洗濯機、電気冷蔵庫などの耐久消費財を中心に個人消費が極めて旺盛であったことなどが挙げられる。1960年12月には池田内閣の下で国民所得倍増計画が閣議決定された。しかし、やはり国際収支の悪化から金融引き締めにより、景気は反転し後退局面に入った。

　第5循環の拡張局面（1962年10月-1964年10月）は、1964年10月の東京オリン

ピック開催に向けた、東海道新幹線、高速道路、地下鉄、ホテルなどの建設ブームや、個人消費の堅調さはあったものの、基本的には岩戸景気で生じた設備投資ブームの反動から設備投資の需要が弱く、好況感のない拡大であった（「**オリンピック景気**」）。その後1965年（昭和40年）には山陽特殊鋼、山一證券などの大型企業倒産等が相次ぎ、経済は「**40年不況**」と呼ばれる深刻な後退局面に入った。

　しかし、日銀の特別融資により山一證券が救済され、赤字国債発行により景気刺激策が発動されると、株式市場も回復し、景気は第6循環の拡張局面（1965年10月-1970年7月）に入っていった。これが「**いざなぎ景気**」と呼ばれる極めて大型の景気拡大であり、高度成長の黄金期にふさわしくその長さは57カ月に及んだ。これほど長く景気拡大が持続した要因としては、国際競争力の向上によって貿易収支の黒字が定着し、「国際収支の天井」が克服されたことが大きい。また「3C」（乗用車、カラーテレビ、クーラー）と呼ばれる耐久消費財を中心とした個人消費が旺盛であったこと、輸出と消費に支えられて設備投資が高い伸びを持続したことも指摘できる。この景気拡大は、「国際収支の天井」ではなく、物価上昇懸念のために採られた金融引き締めの中で半ば自律的に反転した。

　日本の経常収支黒字が定着し、米国の経常収支赤字が深刻化する中で、1971年8月、米国のニクソン大統領はドルの固定相場制を放棄する声明を発表し（**ニクソン・ショック**）、国際金融市場は混乱した。

　第7循環の拡張局面（1971年12月-1973年11月）では、円切り上げへの対策として採られた拡張的金融財政政策と、田中首相の「**列島改造論**」に影響を受けた列島改造ブームを背景に、消費と住宅投資が盛り上がったが、過剰流動性の下で物価と資産価格は上昇した。1973年10月に**第1次石油危機**が発生し原油価格が高騰すると、経済は不況とインフレーションが併存する深刻な**スタグフレーション**に見舞われ、1974年には戦後初めてのマイナス成長を記録した。

　第8循環の拡張局面（1975年3月-1977年1月）と第9循環の拡張局面（1977年10月-1980年2月）は、こうした中で公共投資など積極的な財政政策に支えられて生じたが、力強さに欠ける拡張期であった。1978年秋のイラン政変を機に**第2次石油危機**が発生すると、世界経済の低迷から景気は比較的長い第9循環の後退局面に入った。

　第10循環の拡張局面（1983年2月-1985年6月）は、減量経営と省エネルギー技術の開発によって生産性向上を果たした日本企業が、自動車や家電製品などの

輸出の増加によってもたらした拡張期である。しかし当時、米国経済はレーガン政権による財政支出拡大の下、財政赤字と経常収支赤字の双子の赤字に苦しんでおり、日米間の貿易摩擦は深刻化した。経常収支赤字を改善したい米国は、1985年9月、ドル高是正を容認する**プラザ合意**を主導した。その後円高が急速に進み、日本経済は深刻な円高不況に陥った。

しかし、日銀の強力な金融緩和策（公定歩合の引き下げ）等により、後退期間は意外に短かった。景気は、プラザ合意からわずか1年2カ月後の1986年11月に谷をつけ、一転して内需を中心とした大型の景気拡大に入っていった。これが第11循環の拡張局面（1986年11月-1991年2月）であり、地価や株価など資産価格の高騰を伴ったことから「**バブル景気**」と呼ばれた。「バブル景気」は、「いざなぎ景気」の57カ月には及ばなかったものの51カ月を記録し、高度成長の再来を想起させるに十分な熱気を持っていた。しかしバブルが崩壊すると、景気は1991年2月の山を経て、「失われた10年」とも呼ばれる極めて長期の停滞的状況に陥った。

バブル崩壊後は、銀行の不良債権問題やバランスシート調整問題が経済に重くのしかかったために、需要の回復力は弱く、第12循環（1993年10月-1997年5月）の拡張局面と第13循環の拡張局面（1999年1月-2000年11月）は、力強さを欠いた。

しかし、2000年代に入り米国経済が金融緩和を受けて拡大に向かうと、中国経済の高成長や円安基調も手伝って、輸出の増加に牽引される形で景気は第14循環の拡張局面（2002年1月-2008年2月）に入っていった。持続的な外需に支えられ、この拡張期間は戦後最長となる73カ月を記録したが、実質GDPの年平均成長率は1.6%と極めて低く、また雇用や賃金の低迷から、実感の乏しい拡張局面であった。

その後景気は、サブプライム・ローンに起因する米国経済の悪化から2008年2月に後退局面に入り、さらに同年9月の「**リーマン・ショック**」を機に世界金融危機が発生すると、輸出の急減から急速に落ち込んだ。第14循環の後退局面における実質GDPの平均年率成長率は-8.9%と戦後最悪の数字となっている。ただ回復も早く、米国経済の持ち直し等を受け、2009年3月に景気は谷をつけて、緩やかな拡張過程に入ったが（第15循環）、欧州経済の動揺などによる世界経済の減速を受け2012年3月より再度後退局面に入った。

　欧州経済の落ち着き等を受けて景気は2012年11月に底を打ち、第16循環の拡張局面に入ったが、第2次安倍政権の発足（2012年12月26日）がほぼこれに重なった。2013年4月からの異次元の金融緩和を起爆剤とする「アベノミクス」は内需を盛り上げ、2013年度は比較的高い成長率を達成した。その後2014年4月の消費増税を境に景気の様相は一変したが、追加緩和効果もあり景気は何とか持ち直した。しかし2018年に至り、中国経済の減速や、トランプ政権と中国政府との輸入関税措置の応酬もあって、輸出環境が悪化し、景気は2018年10月に山を付けて後退局面に入った。第16循環の拡張期間（アベノミクス景気）は低空飛行ながら71カ月に及び、戦後2番目の長さとなった。

　第16循環の後退局面が続く中、2020年初頭に中国で新型コロナウイルスの感染爆発が発生し、日本においても4-5月に発生した感染の第1波を受けてサービス消費等の需要が大きく落ち込み、景気は急降下した。2020年5月が景気の谷となったが、この第16循環の後退局面における実質GDPの平均減少率はリーマン・ショックが起きた第14循環の後退局面に次ぐ大きさである。感染者数は2020年5月以降も増え続けたが、ワクチン接種などの医療対策の進展やウイルス変異等により感染の影響は徐々に小さくなり、それに伴い経済活動も回復に向かった。2023年8月時点で第17循環の拡張期間は39カ月となっている。

戦後4大拡張期の比較

　最後に、戦後の代表的な景気拡張期を4つ取り上げ、その特徴を比較してみよう（表1-3）。拡張期間の長さやインパクトの大きさから、「いざなぎ景気」と呼ばれる第6循環の拡張局面、「バブル景気」と呼ばれる第11循環の拡張局面、戦後最長の第14循環の拡張局面、「アベノミクス景気」と呼ばれる第16循環の拡張局面を取り上げる。

　まず、拡張期間の長さは、古い順番に57カ月、51カ月、73カ月、71カ月となっており、第14循環が最も長い。一方、実質GDPの期間平均成長率は、「いざなぎ景気」が11.5％と圧倒的に高く、「バブル景気」は5.6％とその半分程度であり、第14循環は1.6％、第16循環は1.2％とさらに低くなっている。

　次に、実質GDPの成長率に対するGDPコンポーネントの寄与度と寄与率を見る。寄与度とは成長率を各支出項目の貢献分に分解して示したもので、寄与率は成長率を100としたときの各支出項目の貢献の構成比を示す。「いざなぎ景気」

表1-3　戦後4大拡張期の比較

（単位：%）

	期間	実質GDP平均成長率(年率)		消費	設備投資	その他	外需
いざなぎ景気 （1965年10月-1970年7月）	57カ月	11.5	寄与度 (寄与率)	5.9 (51.1)	2.9 (25.4)	3.0 (25.9)	−0.3 (−2.4)
バブル景気 （1986年11月-1991年2月）	51カ月	5.6	寄与度 (寄与率)	2.6 (45.7)	2.0 (35.2)	1.2 (22.8)	−0.2 (−3.7)
第14循環の拡張期 （2002年1月-2008年2月）	73カ月	1.6	寄与度 (寄与率)	0.6 (34.9)	0.1 (5.6)	−0.5 (−29.2)	1.4 (88.7)
アベノミクス景気 （2012年11月-2018年10月）	71カ月	1.2	寄与度 (寄与率)	0.2 (14.9)	0.7 (59.9)	0.9 (77.2)	−0.6 (−52.0)

（注）実質GDP平均成長率は四半期景気基準日付に基づく。外需＝輸出−輸入。
（出所）表1-2に同じ。

では、設備投資の寄与率も大きいが、消費の寄与率が51.1％と最も大きい。「バブル景気」では、消費の寄与率が最も大きいが、設備投資の寄与率が35.2％とかなり大きく、設備投資が盛り上がった拡張期であることがわかる。しかし、これら2つの景気に共通するのは内需主導型の拡大ということであり、外需（＝輸出−輸入）の寄与はいずれもマイナスとなっている。これに対し第14循環の拡張期は、外需の寄与率が88.7％と最も大きく、外需依存型の拡大という特徴を持っている。内需の弱さを外需が補った形である。「アベノミクス景気」と呼ばれる第16循環の拡張期は、消費増税の影響から消費の寄与率が小さいことと、期間後半における輸出環境の悪化から外需の寄与率が大きなマイナスとなっているところが特徴的である。

参考文献

浅子和美他（1991）「戦後日本の景気循環−定型化された事実」、『フィナンシャル・レビュー』第19号、財務省財務総合政策研究所

浅子和美・飯塚信夫・宮川努編（2011）『世界同時不況と景気循環分析』東京大学出版会

浅子和美・福田慎一編（2003）『景気循環と景気予測』東京大学出版会

有沢広巳監修（1994）『昭和経済史　中』日本経済新聞社

飯塚信夫（2011）「戦後14番目の景気循環の特徴」、浅子・飯塚・宮川編

飯塚信夫・浅子和美（2003）「日本の景気循環－1990年代に何が起きたか」、浅子・福田編

香西泰（1981）『高度成長の時代－現代日本経済史ノート』日本評論社

小峰隆夫（2005）『最新景気観測入門』日本評論社

小峰隆夫・村田啓子（2020）『最新｜日本経済入門（第6版）』日本評論社

白川一郎（1995）『景気循環の演出者－日本の経済政策を考える』丸善ライブラリー

新開陽一（1967）『経済変動の理論』岩波書店

武田晴人（2008）『高度成長』岩波書店

田原昭四（1983）『景気変動と日本経済』東洋経済新報社

中村隆英（1993）『昭和史Ⅱ　1945-89』東洋経済新報社

内閣府（2009）『平成21年（2009年）版経済財政白書』

横溝雅夫・日興リサーチセンター編（1991）『「景気循環」で読む日本経済』日本経済新聞社

吉川洋（1997）『高度成長－日本を変えた6000日』読売新聞社（中央公論社より復刊、2012年）

吉川洋（2003）「マクロ経済」、橘木俊詔編『戦後日本経済を検証する』東京大学出版会

第2章

江戸時代の遺産と近代経済成長

　日本の「近代経済成長」は明治期に開始され、そこから欧米諸国へのキャッチアップ過程が始まったとされる[1]。この意味で、明治期は日本の経済発展史上の重要な起点として位置づけられる。しかし、江戸時代の遺産や蓄積がなければこのような近代経済成長への離陸は困難だったであろうという意味において、江戸時代はもう1つの重要な起点となる。江戸時代には、265年にも及ぶ平和の恩恵の下で、市場経済が都市や農村に浸透し、その過程で、人的資本や物的インフラなどその後の近代経済成長に必要な様々な要素が形成され、蓄積された。続く明治の初期には、新政府の下で、市場経済の機能に必要な諸条件の整備や海外からの近代的な技術や制度の導入が積極的に進められた。日本の近代経済成長は、これらの江戸時代の遺産と明治期の近代化政策の両者による準備の上に、民間の企業家精神の発露とともに開始されたと見ることができる。

　本章では、欧米諸国以外では日本が初めてとされる近代経済成長がいかにして可能であったのかという問題意識から、その過程と要因を考察する。

1）クズネッツは、18世紀後半に始まった産業革命以降の経済成長が、人口や1人当たり所得の持続的成長等の点においてそれ以前の経済成長と質的に異なると主張し、これを「近代経済成長（Modern Economic Growth）」と呼んだ。クズネッツ（1971）は、近代経済成長の開始時期は、イギリスが1765-85年と最も早く、続いてオランダ、アメリカ、ドイツ等が19世紀前半から中盤、日本は1874-79年であったとしている。

1 江戸時代の遺産

（1）江戸時代のとらえ方

　江戸時代というと、鎖国により世界の経済発展から取り残され、経済活動が停滞していた封建的社会というイメージを持つ人が多いかもしれない。しかしこれまでの研究によると、実際の江戸時代は我々が想像する以上に、市場経済が発達し、主体的な経済活動が展開されていたようである[2]。様々な制度的制約によって資源配分が非効率であったことは否定できないが、その制約条件下にあって、農民は生産性や生活水準向上のための労働のインセンティブを持ち、一方、幕府・藩は財政運営のために大坂を中心とする米の全国流通ネットワークを活用するなど、各経済主体は市場を通じた効率性追求、あるいは所得上昇の努力を惜しまなかった。江戸前期には巨大消費都市江戸が誕生し、江戸後期には地方に伝統や比較優位を活かした産業の集積が形成され、商品等物資の流通が全国的に活発化した。このような市場経済化の進展の過程で、人的資本の形成、物的インフラの整備、在来産業・商業の発達など、来るべき近代経済成長に必要な様々な要素が形成され、蓄積された。そしてこれらの変化は、幕藩体制を崩壊に導く力としても作用したと考えられる。

（2）教育の普及と人的資本の形成[3]

　江戸時代には、長期的な平和の継続を背景に、様々なレベルでの教育が普及し人的資本が形成された。このような教育のシステムは、どのようにして生まれ、運営され、その後の経済発展においてどのような意味を持ったのだろうか。

寺子屋

　江戸時代に最も広汎に普及したのは寺子屋による教育である。寺子屋とは、庶

　2）例えば、速水・宮本（1988）、宮本・粕谷（2009）、鬼頭（2002）などを参照のこと。
　3）江戸時代の教育に関する記述は、ドーア（1965）、猪木（1996）、市川・石山（2006）、大石（2006）、高橋（2007）、ルビンジャー（2007）、渡辺（2009）などに多くを負っている。

図2−1　寺子屋の風景

（出所）渡辺崋山画『一掃百態』より。原画は田原市（愛知県）博物館
が所蔵。

民の子どもに読み・書き・そろばん（算術）を教える民間の初等教育施設で、古
くは中世の寺院で子弟教育が行われたことからこの名称が残ったとされるが、江
戸では「手習所」などと呼ばれることが多かった。形態のイメージは、現代にた
とえると、個人経営の塾あるいは習字教室に近いかもしれない。6〜7歳の年齢
で入学し、数年間学ぶというケースが一般的で、教師（師匠）には、僧侶、村役
人、武士、神官、医師などが就いた。授業料は無料ではなかったが、親の経済状
況を考慮して決められ、特に農村では経営は慈善的な性格が強かったとされる。
現代の義務教育の小学校と比較すると、主体性を重んじ、個人の能力に合わせた
個別指導を行い、学力だけでなくしつけや人格形成も重視した点などが特徴的で
ある。図2−1からは、伸び伸びと学ぶ子どもの様子が伝わってくる。
　寺子屋は特に江戸後期から末期にかけて開業数が増加し、全国に普及していっ
た。明治政府の文部省が1883年（明治16年）に編纂した『日本教育史資料』によ
れば、開業年代が不明のものを含めて明治初期までに約1万数千の寺子屋が存在
したとされるが、実際にはその数倍あったと考えられている。1950-80年代の日
本の小学校の数が約2万5千〜2万7千校で推移したことを考慮すると、当時の
寺子屋がいかに多いかがわかる。ドーア（1965）は、これらの資料といくつかの
大胆な前提に基づき、幕末期における児童（6〜13歳）の就学率を、地域差はあ

るものの全国平均で、男子43％、女子10％程度と推計している。さらにドーアは、イギリスの主要工業都市における児童の就学率が４、５人に１人に過ぎなかったという1837年のイギリス議会の調査結果を引用して、日本の就学率の高さを強調している[4]。また、やや誇張されがちであったことに留意が必要だが、江戸時代に来日した多くの外国人はその手記の中で、都市を中心に庶民にも広く読み書きが普及していたこと、彼らが書物に親しみ本屋や貸本屋が多かったことなどを驚きをもって記しており、当時の日本が世界の中で最も初等教育の普及した国の１つであったことがうかがわれる[5]。

　公権力の介在なしに、つまり義務教育でなかったにもかかわらず、何故寺子屋の就学率はこれほどまでに高かったのだろうか。背景にある大きな要因として、ほぼ時系列的に次の３つが指摘できる。第１は、戦乱の世が終わり兵農分離が確立することによって、武士が幕府や藩の文官（官僚）として法令の制定や年貢の徴収などの行政に従事し始め、文書による統治が行われるようになったことである。これによって、支配層である武士のみならず、被支配層である農民・町人の側においても読み書きや算術を学ぶ必要性が生じた。この必要性には、御触書などの公文書を読むだけでなく、官僚に嘆願書を書いたり、あるいは不当に年貢を徴収されないように備えるという自己防衛的動機も含まれた。第２に、これが最も重要な要因であったが、市場経済の発達により、貨幣の計算、各種帳簿の記載、契約書の判読などの必要性が生じたことである。読み書きや算術は、より良く生きるための必須のスキルとなったのである。そして市場経済が都市から農村に浸透するに従って、商人だけでなく農民も学問の必要性を実感するようになり、寺子屋も都市から農村へと普及していった。第３に、幕府が身分秩序を重んじる儒学の振興を図ったこと、また小説や俳諧などの文字文化が栄えたことも（もちろん、文字文化の繁栄は教育普及の結果でもあるが）、教育に対する需要を後押し

4）ドーア（1970、邦訳）の300ページおよび268ページを参照のこと。ただし、このような平均的な就学率に注目する見方に対しては異論もある。ルビンジャー（2007）は、就学率の高さは必ずしも読み書き能力の高さを意味しないこと、識字率や読み書き能力が、都市と農村、交易路沿いとそれ以外、村のエリート層とそれ以外、男子と女子など、地域、階層や性別によって大きく異なることを指摘し、江戸時代における教育水準の格差およびその社会経済構造との関連を強調している。

5）外国人の手記については、大石（2006）、ルビンジャー（2007）などを参照のこと。

した。以上のことから、高い就学率の基本的要因は、庶民がより良く生きていくために必要な知識を学ぶという「私的インセンティブ」にあったと言えるだろう。もっとも、教育が立身出世のための本格的な手段となるのは、身分制が廃止される明治以降のことである。一方、教師は、それで生計を立てた者がいたものの営利的動機は道徳的に好ましくないとされ、特に農村においては教えるインセンティブは慈善的で家父長的な義務感に基づくものが支配的であったとみられる。

藩校

　もう1つ重要な役割を果たした教育機関に藩校がある。藩校とは、藩が藩士の子弟を教育するために藩の中に設立した学校である。上記のとおり、兵農分離の確立によって武士が文官として行政を担うようになると、文武両道の規範化が進み、子弟の教育に対する需要が増加した。江戸時代の後半を中心に江戸全期で2百数十の藩校が設立され、江戸末期にはほぼ全ての藩に藩校が存在したとされる。教育内容は藩によりかなり異なるが、7〜10歳で入学し、読み書き、儒学（漢学）、武芸を数年以上かけて学ぶというのが1つの典型的なカリキュラムであった。

　藩校設立の目的としては次の2つが指摘できる。第1は、行政に従事し藩を統治するのに必要な読み書きなどの基礎的な知識と、教養・道徳、とりわけ秩序を重んじる儒教を身に着けることである。この目的には、行政の腐敗や士気の低下に立ち向かい、節倹に努め、あるいは貨幣経済が浸透する中で金銭的な誘惑に負けないための徳性を修得するというねらいも含まれた。第2は、役職が世襲で決まる硬直的な藩体制の中で、有能な人材を試験等によって選別し登用するという目的である。この目的は、市場経済が浸透し高度な専門的知識と効率的な行政能力が求められるようになった江戸後期から末期にかけて、特に重要性を増していったと考えられる。

　当初、藩校教育は上級武士に事実上限定されていたが、後に、下級武士や一部の庶民にも開放されるようになった。また教育内容も、道徳を重んじる儒学中心から、実用的で技術を重視する医学、兵学、天文学などの西洋の学問（蘭学）を含む多様なものに拡充されていった。なお、現在の高等学校などの中には、これらの藩校の流れを汲み、校名とともにかつての気風を現代に伝えるものもある。

私塾

　以上のような寺子屋や藩校の他に、江戸後期になると私塾と呼ばれる私的な教育機関の中に非常に高度な学問を教授するものも現れた。中でも、蘭学を教えた緒方洪庵の「適塾」、ドイツ人医師シーボルトの「鳴滝塾」や、政治思想を教えた吉田松陰の「松下村塾」などは、医学や政治の分野で有為な人材を多く輩出し、幕末から明治維新にかけて大きな影響力を持った。

人的資本の形成とその意味

　このような江戸時代の様々な教育はその後の日本経済の発展に対してどのような意味を持ったのだろうか。明治維新による改革が、政治を変革するだけでなく、身分制を廃止し、西洋から新たな制度や技術を導入することによって、近代国家を建設するという壮大な社会全体の変革であることを考えると、庶民の多くが読み書き算術を知っていたことは、新たな知識や考え方を消化し変化に適応していく上で重要な役割を果たしたと考えられる。そこでは、読み書き算術を知っているということに加えて、ドーア（1965）が強調するように、努力や訓練によって自分自身を高めていくことに慣れていたということ、つまり学習能力や向上意欲も重要な意味を持ったであろう。このような点で、寺子屋教育が果たした役割は非常に大きいと言える。

　経済学では、財・サービスを生産する労働者の能力、知識、技能などの総体を**人的資本**（human capital）と呼ぶ。人的資本は教育や訓練によって形成、蓄積され、経済成長や経済発展と密接な関係にあることが知られている。一般に経済発展の初期段階では初等教育の普及が重要であると考えられており、明治期においては寺子屋教育によって形成された人的資本が大きな役割を担ったものと評価できる。

　さらに、人的資本がOJT（on the job training：現場で仕事しながらの訓練）などの訓練によっても形成されることに目を向けると、江戸時代の農家において培われた勤労を厭わない労働規律や、下で見る三井、鴻池などの大商家で奉公人が昇進の過程で習得した様々なビジネス上の知識や技能なども、人的資本の形成に貢献したと考えられる[6]。

　もちろん、寺子屋などをベースにしたこのような人的資本がその後の近代化にとって十分であったかと問えば、それは明らかに不十分であっただろう。西洋の

科学技術水準との格差は非常に大きく、そのギャップを埋める人材を育成することが明治以降の教育の課題であった。ただし、このような江戸の教育システムや庶民レベルの人的資本が、社会全体の変革を容易にし、明治以降の教育の土台となったことは間違いないだろう。

（3）物的インフラストラクチュア[7]

海上交通

　一般に経済が発展するためには市場を支える様々なインフラストラクチュアが必要であるが、特に第1次・第2次産業に依存した発展段階においては、原材料を生産地まで運び、そして生産物を消費地まで供給する物流システムが重要となる。限られた地域内での自給自足経済であればこのような物流システムは要らないが、経済が効率化を伴いながら広域的に発展するためには、大規模な物流システム、中でも大量の物資を比較的安いコストで運ぶことができる海運が必要となる。このことから、古来より、経済的に繁栄した都市や国家は、海や河川へのアクセスの良いところに立地していた。

　日本において、商品経済の発達の過程で最初に発展した都市は京都である。京都は長年にわたって都として栄え、西陣織などの伝統的手工業と商業機能の集積があった。しかし、江戸時代に入り、各藩からの年貢米が交通の便の良い大坂に集められるようになると、経済の中心は大坂に移った。各藩は財政運営に必要な貨幣を獲得するために、年貢米等を大きな市場のある大坂等で売却する必要があったが、それを実現する上で重要な役割を果たしたのが海運サービスであった。海運サービスは、まず大坂から江戸へ定期貨物で酒・醤油・油・木綿などの生活

6）速水（1979）は、資本装備率の上昇を伴った西洋の産業革命（industrial revolution）と対比させて、江戸時代における家族経営の小農家が、年貢を納めた後の余剰分は自分たちの取り分になるという仕組み（石高制）の下で、労働時間を増やすことによって生産増を図ったことに注目し、それを「**勤勉革命**」（industrious revolution）と呼んだ。そして長時間労働による勤労が農民の生活を改善させたという成功体験を通じて、勤労が美徳であるという考え方が次第に庶民に浸透し、これがその後の日本の工業化に貢献したという興味深い仮説を述べている。これは、国民性ではなく、インセンティブというより普遍的なメカニズムに注目した見方と言えよう。速水・宮本（1988）も参照。

7）ここでの記述は、宮本（1988）、鬼頭（2002）、浜野他（2009）、宮本・粕谷編著（2009）、杉山（2012）などに多くを負っている。

物資を運ぶ海運業者（菱垣廻船、樽廻船など）によって開始されたが、後に、東北地方の年貢を運ぶ目的から、東北地方の太平洋側と江戸を結ぶ「東廻り海運」、東北地方の日本海側から瀬戸内海経由で大坂へ運ぶ「西廻り海運」が整備された。これによって、全国から年貢米や諸産物が大坂に集められるようになり、特に米に関しては、全国の基準価格を形成する米市場ができた。大坂の米市場は、全国の米の需給を調整する市場として重要な役割を果たした[8]。その発展レベルは、1730年に堂島米市場に幕府によって開設された世界初とも言われる先物市場からもうかがえる。そして、米市場の発達をベースに金融業（両替商）も発達し、大坂は一大商業金融都市として発展した。

陸上交通

　一方、陸上交通は、参勤交代を契機に整備が進んだ。幕府は大名を統治する目的から、その妻子を人質として江戸に住まわせ、大名を1年おきに江戸と領地とを行き来させた。これにより諸藩の財政は大きな負担を強いられたが、同時に江戸を中心とする陸上交通ネットワークが全国に張り巡らされた。五街道などを主要幹線とする街道網は、物資輸送のネットワークや飛脚の通る通信ネットワークとして機能し、また街道沿いには宿場などの集積ができた。これらのネットワークは、物資や情報の流通コストを低減させ、全国規模の市場経済の形成に大きく貢献したと考えられる。他方で、参勤交代により江戸の人口は急増し、江戸は大坂をしのぐ一大消費地となった。18世紀はじめに江戸は約100万人の人口を擁し、ロンドンやパリを超える世界最大の都市となっていた。江戸後期になってようやく江戸周辺に産業の集積ができたが、それまでは膨大な消費需要を賄うために、大坂など他の地域から江戸へ大量の物資を輸送する需要が発生し、これも陸上交通ネットワークの構築を促すことになった。そしてこれらの街道網は、明治以降の交通インフラの基礎を形成した。

8）宮本（1988）は、江戸時代の前期から後期にかけて全国の地域間の米価変化率の相関係数が、流通量の多い地域間を中心に、趨勢的に上昇していることを見出し、価格の連動性が全国的に高まったことを指摘している。

（4）産業・商業の発達と制度・システム[9]

　日本の本格的な工業化は、明治以降を待たなければならなかったが、その基礎は江戸時代に遡ることができる。江戸時代には、その後の近代的工業化を支える産業、商業が発達するとともに、それに伴って重要な制度やシステムの要素が生まれた。

在来産業の発達

　江戸後期に入ると、上記の全国交通ネットワークの整備や江戸の大消費地化も手伝って、先進地域であった畿内から地方へ手工業技術の移転が進み、酒、醤油、織物など在来産業の集積が地方に形成されていった。酒造業は、中世から京都、奈良などが産地として知られていたが、江戸後期には灘で大きく発展した。醤油醸造業は、古くは紀州の湯浅などが産地であったが、後に、黒潮の流れに乗って関東の銚子に技術が伝播し、18世紀後半から大消費地江戸の成長を受けて、銚子、野田で目覚ましい発展を遂げた。絹織物は、京都の西陣が高級ブランドを確立していたが、その技術が関東の桐生に伝わると、高級織物の製造が可能になり、桐生、足利が江戸の需要を満たしただけでなく、西陣をもしのぐ産地にまで成長した。また生活必需品の綿織物は、農家の家内工業として各地で生産されていたが、特に畿内、濃尾で発展した。このような在来産業の発展は、明治期に導入される近代産業とは異なって技術の飛躍的・非連続的な発展に寄与することはなかったが、労働規律、熟練労働、商業流通ネットワークなど、その後の産業発展に必要な基礎的要素の形成に貢献するとともに、明治以降も近代産業と並んで成長し、初期の工業化を支えたと評価することができる[10]。

大商家の発展と雇用システム

　17世紀後半以降になると、市場経済と都市の発展を背景に、呉服商（絹織物販売）などを営む大商家が江戸、大坂、京都に現れた。代表例として、伊勢松坂出

　9）ここでの記述は、千本（1998）、友部・西坂（2009）、宮本・粕谷編著（2009）、猪木（1996）、浜野他（2009）などに多くを負っている。
10）工業化過程における在来産業の重要性は、特に中村（1985）によって強調された。

身の三井高利が1673年に江戸に創業した「越後屋」が挙げられるが、この他にも「大丸屋」「白木屋」「松坂屋」などが大店舗を擁した。これらの大商家は、同族的共同経営、非血縁による経営、所有と経営の分離、経営理念などの点において日本の経営史上大きな意味を持つが、とりわけ多数の奉公人を組織の中で管理・育成していったという点、すなわち人的資源管理あるいは**内部労働市場**の形成という点において極めて重要な意義を持つ[11]。越後屋を例にとると、1840年末時点で100人以上の奉公人を抱える店舗が5つあった。奉公人は、10代の子供のときに住み込みで入店し、OJTで技能を習得しながら、昇進しあるいは淘汰され、最終的にはほんの一握りの者だけが暖簾(のれん)を分けてもらい独立を許された。この間、奉公人は20もの職階に分けられた昇進の階段を厳しい選抜の過程を経ながら登ることになる。奉公の身とは言え、外出の自由もままならない環境で長期間勤務するのは相当な辛抱を要したと想像される。そこで彼らの勤労意欲を引き出すために、勤続年数および職階とともに報酬が上がっていく年功的な報酬体系や各種の褒賞制度などのインセンティブ・システムが用意された。このように工夫された内部労働市場の形成によって、組織の内部で**企業特殊的技能**を有する人材が育成されていったが、逆に言えば、越後屋は必要な技能を持った人材を外部労働市場から調達することができなかったためにこのシステムを構築したのである[12]。

　越後屋に代表される大商家のこのシステムは、身分拘束的とも呼べるような古い体質を有したものの、企業特殊的な技能を持った人材(人的資本)を、OJTと適切なインセンティブによって組織の中で育成していくという点において、一定の合理性を持っていたと評価することができよう。江戸時代における大商家の存在は極めて特殊的、限定的であったが、この内部労働市場の持つ合理性は、1920年代頃から始まる本格的な工業化やその後の日本の成長の過程で、特に製造現場を中心に、いわゆる日本的雇用システムの重要な要素となって、活かされていったものと思われる[13]。

---

11) 内部労働市場とは、企業独自の昇進・昇給制度などに基づく企業内部での労働資源配分機能を指す。これに対し外部労働市場とは、企業外部での労働資源配分機能を指す。

12) 企業特殊的技能(firm-specific skill)とは、特定の企業だけに役に立つ技能を指し、例えば機械の使い方や仕事の仕方などが含まれる。これに対し、学校教育で得る知識など他の企業でも共通に使える技能は、一般的技能(general skill)と呼ばれる。

2　近代経済成長の準備[14]

（1）明治維新

　明治新政府は1868年1月に樹立された。新政府の最大の目標は、欧米諸国と対等な中央集権的近代国家を建設することであった。そのためには何よりも「富国」あるいは「殖産興業」、すなわち経済力を強化することが必要であると強く意識された。しかし、欧米諸国のように工業化によって経済力を強化するためには、近代国家としての体制を整えるとともに、市場経済が円滑に機能するような制度的枠組みを構築しなければならず、当然、これは一朝一夕にはできなかった。インフラを整備し、市場経済に適応し、また海外から導入した制度や技術を日本の社会に適合させるには多くの時間と労力を要した。結局、試行錯誤や紆余曲折を経て、これらの制度的基盤を整備するのに明治期の前半を要し、工業化による近代経済成長が始まったのは1880年代後半、あるいはそれ以降のことであった[15]。以下、その過程を検討しよう。

（2）近代経済成長のための基盤整備

　市場経済の下で近代経済成長を達成するためには、①資本、労働などの生産要素が自由に移動でき、とりわけ労働が主体的に、適切なインセンティブの下で、自由に経済活動ができること、②私的所有権が保証されていること、③市場を支える様々なインフラストラクチュアが整備されていること、などが少なくとも必要である。江戸時代は、市場経済が発達していたとは言え、これらの条件は制度的に大きな制約下にあり、新政府の経済政策上の最初の重要な課題はこれらの条件を整備することであった。まず明治政府は、1871年の廃藩置県により江戸時代

---

13) このようなインセンティブ・システムに注目する見方は、文化論に依存して日本の発展の要素を説明する方法に比べて、より普遍的なメカニズムに注目していると言えるだろう。

14) ここでの記述は、新保（1995）、宮本・阿部（1995）、宮本・粕谷（2009）、阿部・中村（2010）、南・牧野協力（2002）、杉山（2012）、三和（2012）などに多くを負っている。

15) 日本の近代経済成長あるいは工業化、産業革命が1880年代後半に始まったとする見解は多い。例えば、宮本・阿部（1995）、阿部・中村（2010）、南・牧野協力（2002）などを参照のこと。

の封建的制度を解体し中央集権的体制を構築するとともに、身分制度、移動・移転の規制、職業の規制、経済活動の規制など一連の古い規制を撤廃し、個人の主体的で自由な経済活動を保証した。続いて、1873年から開始された地租改正により土地の私的所有権が確立され、また政府の財政収入の安定化が図られた。商取引に必要な商法・民法は、大陸ヨーロッパの法制をモデルとしたが、日本の従来の慣習への調整を経て、1890年代末にようやく法制として整った。この他、学制の公布とその後の義務教育制度の導入による教育インフラ、国立銀行や日本銀行の設立による金融インフラ、鉄道・海運などの交通インフラ、郵便・電信・電話などの通信インフラ、等々の様々なインフラストラクチュアが明治期の前半に整備された。

（3）政府主導の工業化の変遷と評価

　明治期の工業化政策に関して興味ある問題は、政府主導の政策がどのように変遷し、どう評価されるかである。

　欧米列強の技術的優位を既に認識していた明治政府は、欧米諸国をモデルとして工業化を推進した。まず、幕末期に幕府や各藩によって運営されていた長崎製鉄（造船）所、石川島造船所、佐渡金銀山などの多くの事業を官収した上で、「工部省」を設置し（1870年）、イギリス等から外国人技術者（御雇外国人）を高給で招聘して、近代的産業の導入・移植を図ろうとした。しかし、この時期の官営事業は、導入した技術が日本の当時の技術水準や生産要素の賦存状況に適したものではなく、また政府の財源不足もあって、経営的には失敗するものが多かった。例えば、群馬県に設立された**富岡製糸場**（1872年）（**図2‐2**）では、最新のフランス式製糸技術が導入されたが、高価な鉄製による資本設備の建設や蒸気動力の設置は非常にコストが高くつき、技術をそのままの形で日本に普及させることは困難であった[16]。その後この近代技術は、鉄製を木製に替え、蒸気動力を水車動力に替えるなどの改良を施すことによって設備費が削減され、そして機械操作技術の伝習のために全国の士族等から集められた伝習工女の帰郷とともに、各地に普及していった[17]。

16）このような問題は開発経済学において「適正技術」（appropriate technology）の問題と呼ばれることがある。本章コラムも参照。

図2-2　富岡製糸場

（出所）國輝「上州富岡製糸場之図」（富岡市立美術博物館蔵）
http://www.tomioka-silk.jp/tomioka-silk-mill/guide/building.html

　こうした日本の実情にそぐわない、換言すれば当時の日本の比較優位構造に合わない技術導入の反省を踏まえ、工部省主導による「欧化主義」的工業化路線は軌道修正された。1871年からの岩倉使節団に参加した大久保利通は、イギリスでの工業の発展レベルに驚き、帰国するや否や「内務省」を創設し（1873年）、従来の工部省主導の工業化政策を軌道修正し、より日本の実情に合った繊維や農業など在来産業の近代化・輸出振興や海運等の民業振興を打ち出した。

　しかし、赤字続きであった官営事業は、政府の財政悪化を背景に、1880年から80年代末にかけて民間へ払い下げられていった。この「官業払下げ」は、後に近代経済成長を支える民間企業のベースとなっていったが、当時の実情は、民業育成を企図したというよりも、財政再建のための窮余の策といった面が強かった。

　結局、明治政府は新政府設立直後の1870年代初頭から性急に工業化政策を推し進めたものの、近代経済成長が開始されたのは1880年代後半であり、しかもその主体は綿紡績、鉄道などの民間企業であった。またこの間、製糸業、酒造業などの伝統的技術に基づく在来産業の拡大が展開された。このように、明治政府設立から近代経済成長の開始までに20年近くの年月を要したのだが、その理由として

　17）南・牧野（1987）は、安価だが弱い木製と高価だが丈夫な鉄製の組合せである木鉄混製繰糸器が当時の要素賦存条件に最も適していたと論じている。

コラム　生産要素賦存と適正な生産技術

　このコラムでは、ミクロ経済学の簡単な分析ツールを用いて、生産要素賦存と適正な生産技術の関係について考えよう。一般に財の生産は資本と労働の生産要素を用いて行われる。資本と労働が代替的な場合、ある財を一定の量だけ生産するのに必要な資本と労働の組合せとして、例えば、(機械2台、労働4人)、(機械4台、労働2人) というような複数の生産方法があり、これらの生産要素の組合せは、**コラム図**の I_1 のような右下がりの等量曲線 (Isoquant) として示される。そして企業はこれらの組合せの中から費用を最小にするものを選択すると考えられる。いま、資本価格あるいは資本コストを r、賃金を w、資本ストックを K、労働を L とすると、総費用 C は、$C = wL + rK$ と表される。これを、$K = -(w/r)L + C/r$ と書き換えて図に示すとすると、図中の直線は総費用が C の下での費用線となり、その傾きは要素相対価格 (w/r)、縦軸の切片は C/r となる。そして、等量曲線と費用線が接する点が費用を最小化する生産の点となる。

　この図において、資本コストの低い先進国では要素相対価格が g_1 となり、A 点が費用最小という意味で最適な生産方法となる。原点からの直線 k_1 はこのときの資本装備率(資本／労働)を表す。一方、資本コストの高い後進国では要素相対価格が g_2 の下で、B 点が最適な点となる。一般に先進国では、鉄鋼、機械設備などの資本財、技術などが豊富に存在し且つ安価であるため、資本価格あるいは資本コストは低く、また所得水準は高いので賃金は高い。対照的に後進国では、資本コストは高く、賃金は低い。よって後進国にとっては、先進国から最先端の機械設備や技術を導入しても、資本を多用する生産方法は費用が高くなるため、それが最適な生産技術とはならない。つまり**適正技術**ではない。導入した設備や技術をある程度の工夫を施して使う場合は、B 点が後進国にとっての費用最小の生産点となる。B 点では、例えば機械の一部の機能を労働が代替する形で生産を行っている。しかし、それでもかなり背伸びをした生産方法かもしれない。

　そこで、資本装備率一定の下で労働の限界生産力を資本の限界生産力に対して増加させるような技術進歩、すなわち労働使用的技術進歩、同じことだ

が資本節約的技術進歩が起きると、等量曲線は I_2 にシフトする。このタイプの技術進歩は労働偏向的技術進歩とも呼ばれ、同じ要素相対価格の下で労働を相対的に多く使うため、資本労働比率は低下する。つまり高価な資本は節約される。このとき費用最小点は C 点となり、総費用はかなり減少させることができる。図から、C 点での資本装備率が A 点や B 点のそれよりも低く、また C 点での総費用が B 点よりも小さいことが確認できる。

　日本の製糸業のケースでは、フランスから富岡製糸場に導入された最先端の機械設備は、当時の日本では高価であった鉄鋼などを多用していたため、そのままの形で普及させることは無理であった。そこで鉄製の部分を木製に替え、蒸気動力を水車の動力に替え、また「座繰り」と呼ばれる在来的な技術との折衷を図るなどの改良を施すことによって設備費の削減を図り、普及を可能にした。この近代技術の導入から改良までの過程は、便宜上かなり誇張しているが（ここでは労働が多用されると想定している）、A 点から B 点、B 点から C 点へのシフトに対応していると解釈することができよう。後述する大阪紡績における労働者の昼夜二交代制の導入もこのような工夫とみなすことができよう。

　なお、ここで説明したような要素相対価格の変化に促されて生じる技術革新は、ヒックス（1932）によって**誘発的技術革新**と呼ばれている。

コラム図　後発国での適正な生産技術と技術進歩

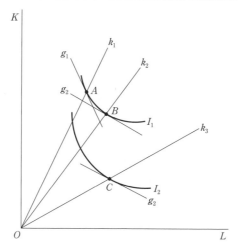

は、第1にインフラ整備と市場経済への適応に時間がかかったこと、第2に海外から導入した技術や制度を日本の経済的環境に適合させるために試行錯誤を必要としたこと、第3に西南戦争（1877年）後のインフレとそれに続く「松方デフレ」と呼ばれる経済混乱の影響によりマクロ経済が安定化するのは1880年代半ば以降であったこと、などが指摘できよう。

　では、官営工場を中心とした政府主導の工業化政策はどのように評価されるのだろうか。近代工業技術に関しては、経営的に失敗したことは、当時の日本の生産要素賦存状況からして当然のことであったと言える。何故ならば、技術水準が低く資本が希少である経済発展の初期段階では、資本を多用する、あるいは資本装備率（資本／労働）の高い生産技術は費用がかかり、適正な生産技術とは言えないからである（本章コラム参照）。しかし、官営工場は、経営的には失敗したものの、パイロット・プラントとして近代技術や工場制度導入のモデルとなり、また導入のリスクを負担したという意味においては大きな役割を果たしたと言えるだろう[18]。民業が発達していない段階において、こうした政府主導の工業化は必然であった。実際、工業化初期における政府の主導的役割は、ヨーロッパの後発国でも広く見られた。

3　近代経済成長の開始[19]

（1）開放経済下の工業化

　日本の近代経済成長、あるいは産業革命とも称される工業化は、1880年代後半に繊維工業を中心とする軽工業の発展によって開始され、その後、本格的な工業化は重化学工業によって担われていった。

18）清川（1995）は、富岡製糸場の意義が、単に近代技術を導入したことだけでなく、品質管理や労務管理などのノウハウを含む近代的な工場制度をパッケージとして導入したことにあると論じている。

19）ここでの記述は、宮本・阿部（1995）、阿部・中村（2010）、阿部（1990）、沢井（1990）、花井（2000）、岡崎（1993、1997）、新保（1995）、有沢監修（1967）、南・牧野協力（2002）、杉山（2012）などに多くを負っている。

要素賦存と比較優位構造

　工業化がどのような産業から始まるかは、その国の生産要素の賦存状況と深く関わっている。すなわち、経済発展の初期段階では、労働が資本よりも相対的に多く、したがって労働の資本に対する相対価格が低いため、繊維、食品などの労働集約的産業が低い生産コストを達成し、あるいは比較優位を有し、輸出競争力を持つと考えられる。その後、経済発展に伴って賃金が上昇し資本が蓄積していくと、資本の労働に対する相対価格は低下し、今度は鉄鋼、化学、機械などの資本集約的産業が低いコストを達成し、あるいは比較優位を獲得し、輸出競争力を持つようになる[20]。かつて発展途上国の多くでは、高関税を特定の輸入工業品に課すことによって特定の資本集約的な産業を保護・育成するという政策が広く採られた。しかし、こうした保護を伴った輸入代替工業化政策は、その国の比較優位構造に沿ったものではなく、またしばしば政権との癒着などの問題を引き起こし、多くの場合失敗に終わった。このような観点から明治期の工業化をとらえると、少なくとも1880年代においては、関税自主権を欠いた不平等条約の存在のために高関税を課す国内産業保護政策の採用は不可能であった。しかし、却ってこのことが幸いし、日本の比較優位構造に沿った工業化が促され（強制され）、結果的に効率的な資源配分が達成されたという見方もある（岡崎 1993）。

産業構造の変化

　表2-1は、製造業における工業生産額の産業別構成比を、1885年から1940年までの期間について示したものである。この表を見ると、1885年から1900年にかけて繊維の構成比が急拡大し、初期の工業化が繊維を中心とした軽工業によって牽引されたこと、そして1900年から1940年にかけては、化学、鉄鋼、非鉄、機械の4業種による重化学工業の構成比が大きく増加し、工業化の主役が重化学工業に移っていったことがわかる。19世紀末頃からの重化学工業化の進展については、下で述べるようにいくつかの戦争などの影響が見られる。しかし、需要の増加を生産の増加にうまく結びつけることができた背景には、上述した要素相対価格の変化や技術水準の向上などによる比較優位構造の変化、すなわち供給側の変化が

20）生産要素賦存が1国の比較優位構造を決定することを理論的に示した貿易理論として、ヘクシャー＝オリーン理論がある。標準的な国際経済学のテキストを参照のこと。

表 2 - 1　工業生産の産業別構成比

（単位：％）

	1885年	1890年	1900年	1910年	1920年	1930年	1940年
軽　工　業	81.4	81.3	82.7	78.7	67.2	67.2	41.2
食　料　品	41.5	35.2	35.9	34.0	23.4	25.0	12.2
繊　　　維	28.4	36.1	35.8	33.6	33.6	30.6	16.8
そ　の　他	11.5	10.0	11.1	11.1	10.3	11.6	12.2
重化学工業	18.6	18.7	17.3	21.3	32.8	32.8	58.8
化　　　学	13.9	13.5	10.7	11.4	12.2	12.8	16.6
鉄　　　鋼	0.4	0.6	0.4	1.8	4.5	6.2	14.0
非　　　鉄	2.5	2.6	2.2	1.6	1.9	2.5	2.4
機　　　械	1.8	2.1	4.0	6.5	14.2	11.3	25.9
合　　　計	100.0	100.0	100.0	100.0	100.0	100.0	100.0

（注）当年価格（名目）
（出所）篠原（1972）第1表。

あったものと理解される。1940年の製造業の産業構造は1885年のそれとは大きく異なっており、この55年間の工業化のダイナミズムが見て取れる。以下、本節では、これらの工業化開始の過程を代表的業種について見てみよう。

（2）軽工業（繊維産業）の発展

　初期の工業化を支えたのは、綿紡績業、製糸業の2つの繊維産業であった。労働集約的であるこれらの産業の発展は日本の比較優位構造に沿ったものであり、基本的に民間のイニシアティブによるところが大きかった。ただし、当初から輸出競争力を持った製糸業に対し、綿紡績業は輸入代替が課題であり、発展の過程は必ずしも同じではなかった。

綿紡績業

　綿紡績とは、綿の繊維を紡いで糸にすることであり、綿糸紡績とも呼ばれる。日本の綿作、綿紡績は江戸時代から在来的手法により独自の発展を遂げていたが、開港（1859年）後、イギリス産の安価な綿糸・綿布が輸入されるようになると、国内の在来的技術による綿糸は競争力を失った。薩摩藩はイギリス製機械を輸入して紡績業の近代化を試みたが、成果は上がらなかった。明治に入り、貿易収支改善のため輸入代替工業化の必要性を感じた政府は、1880年代前半に内務省の支

援の下、愛知紡績所など2000錘規模の官営工場を複数設立して綿紡績の振興を図ったが、これらの事業は過小な規模、不安定な水車動力、資金不足などの様々な技術上、経営上の困難から、失敗した。このような困難を克服して最初に事業を成功に導いたのは民間の企業家精神であった。近代的綿紡績業の創業を強く望んだ企業家の渋沢栄一はコーディネーターとなって、イギリスで紡績技術を学んだ山辺丈夫を工場長に迎え、1882年に大阪紡績会社を設立したのである。大阪紡績は、株式会社制度を採用し、また渋沢が頭取を務める第一国立銀行から融資を受けるなど資金的な手当てを得て、1万500錘の大規模設備の採用、蒸気機関の導入、労働者の昼夜二交代制の導入、安価な中国・インド産綿花の使用、などの革新的な事業を展開し、経営的に大きな成功を収めた。

　大阪紡績の成功を契機に、1880年代後半には、三重紡績、鐘淵紡績、摂津紡績、尼崎紡績などの大型紡績会社が次々と設立され、起業ブームが起きた。綿糸の生産量は、事業者数と設備能力の増加とともに飛躍的に増加し、1890年には輸入量を上回り、1897年にはついに輸出が輸入を上回った。その後、不況の影響などを受けて合併や買収が進んだが、事業規模を拡大した紡績会社は、技術の改良、合理化や近代的マネジメントの導入などにより競争力の向上に努めるとともに、織布の分野にも進出していった。また、このような綿織物の発展には、日本に適したインド綿花の輸入を可能にした日本郵船のインド航路の開設（1893年）や綿花輸入の専門商社の設立が大きく貢献したとされる。こうして綿紡績業は、民間企業のイニシアティブによって、輸入綿糸を国内の機械糸で代替するという輸入代替工業化に成功したのである。

製糸業

　製糸とは、蚕から絹織物の原料となる生糸をつくることである。開港後、綿糸のケースとは対照的に、生糸は最大の輸出品として輸出を牽引した。しかし、もともと在来型の技術であった上に、品質を軽視した量産化で輸出の増加に対応したため、日本の生糸はほどなく評判を落とした。生糸の輸出を重視していた明治政府は、品質の向上を図るため、ヨーロッパから最新鋭の器械製糸技術の導入を計画し、1872年に官営工場として富岡製糸場を設立した。導入されたフランス式の技術が当時の日本の経済的環境に適しておらず、日本の在来型の技術との折衷を図って器械製糸技術が普及していった経緯は上述したとおりである。

1880年代に米国で力織機による絹織物生産が増加すると、品質の良い器械製糸に対する需要が増え、器械製糸が在来技術による座繰製糸を急速に代替しながら、輸出が米国向けを中心に拡大していった。さらに1920年代末からは改良された生産技術が普及し、品質の向上と輸出競争力の強化が図られた。

　技術上の特性を綿紡績業と比較すると、製糸業では女工の高度な熟練への依存度が高かったために、小規模な工場が長く存続したことが特徴として挙げられる。また、製糸業の発展には、原料繭購入のための多額の資金調達等を支えた日本銀行を頂点とする地方銀行・横浜正金銀行などの金融支援体制、米国向け生糸の品質検査やブランド確立の努力を共同で行った長野県諏訪郡の組合組織、過酷な長時間労働の中で女工のモチベーションを引き出すために工夫された賃金体系、などの貢献も大きかったとされる。

（3）重化学工業の発展

　1890年代から進展する重化学工業化は、上で述べた軽工業とは異なって、対外的な情勢と政府の関与の影響を少なからず受けた。すなわち、日清戦争（1894-95年）後の「日清戦後経営」、および日露戦争（1904-05年）後の「日露戦後経営」と呼ばれる財政経済政策において、軍事的視点を含んだ産業育成の必要性が強く意識され、海運、造船、鉄道、電話、鉄鋼などの事業の整備・拡張が図られた。1896年に公布・施行された航海奨励法と造船奨励法、1901年に操業を開始した官営の八幡製鉄所などが象徴的である。しかし、重化学工業化を需要面から大きく推進したのはヨーロッパで勃発した第1次世界大戦（1914-18年）である。この大戦は、ヨーロッパ主要国の供給余力を削減し、代わって日本のアジア市場等への輸出の機会を創出することによって、マクロ経済的には、深刻であった日本の経常収支赤字を黒字化させ、日本経済に「大戦ブーム」をもたらすとともに、ミクロ経済（産業）的には、海運業の需要増を契機に、造船、機械、鉄鋼などの重化学工業の生産増をもたらした。これによって弾みをつけた日本の重化学工業化は、大戦後にブームの反動から一時的に停滞するものの、その後の都市化、電化に伴う需要増に支えられて、1930年代に向けて一層進展していった。以下、代表的業種について見てみよう。

造船業

　日本の近代的造船業は、幕末期に幕府や諸藩が、長崎、横須賀、石川島、兵庫などに設立した造船所を出発点とする。当時の日本には蒸気機関の技術や機械工業は存在せず、外国の技術者や職工の指導に依存したスタートであった。その後、明治政府はこれらの造船所を官収したが、「松方デフレ」期に民間に払い下げた。長崎造船所は海運業で成功した岩崎弥太郎に売却され、三菱造船所（後の三菱重工業長崎造船所）となり、兵庫造船所は既に造船業を手掛けていた川崎正蔵に売却され、川崎造船所（後の川崎重工業）となり、これらを中心に民間造船業の基礎が形成された。一方、最大規模の横須賀造船所は海軍に移管され、横須賀海軍工廠となり、西の呉海軍工廠とともに艦船建造の重要拠点となった。

　その後、日清戦争期に海運、造船等の強化の必要性を痛感した政府は、業界を支援する上述の法律を施行し、奨励金（補助金）等により両産業の振興を図った。加えて、技術的に進んでいた海軍工廠からの技術移転もあり、民間造船業の技術水準や生産力は向上した。しかし、造船業を需要面から飛躍的に発展させたのは第1次世界大戦であった。大戦が勃発し、戦時需要が拡大し、またヨーロッパ諸国がアジア市場から撤退すると、世界的な船舶需給のひっ迫と日本の輸出急伸を受けて、日本の海運業は未曽有の活況を呈した。この海運業の活況は造船業の生産を急増させた。しかし、大戦の終了とともに造船の需要は急減し、重化学工業の牽引役は、電気、化学、自動車などの産業に移っていった。

　工業の発展には機械工業の技術者や職工の存在が欠かせないが、明治期においては、機械関連の技術者や職工のかなりの割合が、呉・横須賀などの海軍工廠や、民間では三菱造船所と川崎造船所の大規模造船所で占められていた。その理由は、当時の日本は機械工業が未発達で、機械そのものを内製化しなければならなかったからである。そして、これらの人材の多くが後に民間の機械産業等に移っていった。したがって、造船は、工業化初期における機械関連の人材養成および技術移転の点でも、重要な役割を果たしたと言えよう。

鉄鋼業

　洋式製鉄は、幕末期に佐賀、薩摩、水戸などの諸藩が大砲鋳造に着手したことから始まる。その中でも、水戸藩の事業として始まり、明治政府が官営事業として関わった釜石製鉄所は、官営の下では木炭不足やずさんな計画の問題などから

失敗に終わったものの、払下げ（1887年）を受けた個人の下で復活し、軍需向けの需要増やコークス高炉の導入により、1890年代から順調に生産を伸ばし、近代鉄鋼業の基礎を築いた。

　日清戦争を機に鉄鋼自給の重要性を認識した政府は、大規模製鉄所の建設を計画し、1901年に官営の八幡製鉄所が操業を開始した。関税自主権回復後は、関税引き上げや補助金などによる保護育成政策と、「日清・日露戦後経営」から派生した鉄鋼需要増に支えられ、八幡製鉄所の生産はある程度順調に拡大したが、依然として小さい市場規模と高い資本コストの下で、利益率は低位にとどまった。しかし、第1次世界大戦が勃発すると、海運業の活況による造船等の需要増を受けて、鉄鋼需要は急増し、民間の増産や新規参入も相まって、日本の鉄鋼業は大きく発展した[21]。その後、「大戦ブーム」の反動から市況の悪化に見舞われたが、積極的な合理化投資でコスト削減を図り、日本の鉄鋼業は国際競争力を改善していった。

参考文献

阿部武司（1990）「綿工業」、西川・阿部編

阿部武司・中村尚史（2010）「日本の産業革命と企業経営－概説」、阿部武司・中村尚史編著『産業革命と企業経営　1882〜1914』（講座・日本経営史2）ミネルヴァ書房

天野雅敏・山田雄久（2009）「ものづくりと技術－連続」、宮本・粕谷編

有沢広巳監修・山口和雄他編（1967）『日本産業百年史　上』日本経済新聞社

市川寛明・石山秀和（2006）『図説　江戸の学び』河出書房新社

猪木武徳（1996）『学校と工場－日本の人的資源』読売新聞社

大石学（2006）『江戸の教育力－近代日本の知的基盤』東京学芸大学出版会

大野健一・桜井宏二郎（1997）『東アジアの開発経済学』有斐閣

岡崎哲二（1993）『日本の工業化と鉄鋼産業－経済発展の比較制度分析』東京大学出版会

岡崎哲二（1997）『工業化の軌跡－経済大国前史』読売新聞社

鬼頭宏（2002）『文明としての江戸システム』講談社

21）岡崎（1993）は、第1次世界大戦が「ビッグ・プッシュ」となって、鉄鋼産業と相互に関連する重化学工業の同時的な発展をもたらしたと論じている。このメカニズムは、高度成長期の投資ブームや情報を通じた産業政策のそれと似ている（第5章参照）。

清川雪彦（1995）『日本の経済発展と技術普及』東洋経済新報社

クズネッツ、サイモン（1977）『諸国民の経済成長－総生産高および生産構造』（西川俊
　　作・戸田泰訳）ダイヤモンド社．（Simon Kuznets, *Economic Growth of Nations:*
　　Total Output and Production Structure, Cambridge, Massachusetts: Harvard
　　University Press, 1971）

沢井実（1990）「機械工業」、西川・阿部編

篠原三代平（1972）『鉱工業』（長期経済統計10）東洋経済新報社

新保博（1995）『近代日本経済史』創文社

杉山伸也（2012）『日本経済史　近世-現代』岩波書店

高橋敏（2007）『江戸の教育力』筑摩書房

千本暁子（1998）「内部労働市場の形成と継承－三井における人材育成と長期雇用」、伊
　　丹敬之・加護野忠男・宮本又郎・米倉誠一郎編『日本的経営の生成と発展』（ケー
　　スブック日本企業の経営行動１）有斐閣

ドーア、ロナルド（1970）『江戸時代の教育』（松尾弘道訳）岩波書店．（Ronald P.
　　Dore, *Education in Tokugawa Japan*, London,：Routledge & Kegan Paul, 1965）

友部謙一・西坂靖（2009）「労働の管理と勤労観－農家と商家」、宮本・粕谷編著

中村隆英（1985）『明治大正期の経済』東京大学出版会

西川俊作・阿部武司編（1990）『産業化の時代　上』岩波書店

花井俊介（2000）「軽工業の資本蓄積」、石井寛治・原朗・武田晴人編『日本経済史２
　　産業革命期』岩波書店

浜野潔・井奥成彦・中村宗悦・岸田真・永江雅和・牛島利明（2009）『日本経済史
　　1600-2000－歴史に読む現代』慶應義塾大学出版会

速水融（1979）「近世日本の経済発展と Industrious Revolution」、新保博・安場保吉編
　　『近代移行期の日本経済－幕末から明治へ』（数量経済史論集２）日本経済新聞社

速水融・宮本又郎（1988）「概説　十七-十八世紀」、速水融・宮本又郎編『経済社会の
　　成立　17-18世紀』（日本経済史１）岩波書店

速水佑次郎（1995）『新版　開発経済学－諸国民の貧困と富』創文社

坂野潤治・大野健一（2010）『明治維新　1858-1881』講談社現代新書

ヒックス、ジョン（1952）『賃金の理論』（内田忠寿訳）東洋経済新報社．（John R.
　　Hicks, *The Theory of Wages*, London: Macmillan, 1932）

南亮進・清川雪彦編（1987）『日本の工業化と技術発展』東洋経済新報社

南亮進・牧野文夫（1987）「製糸業における技術選択」、南・清川編

南亮進・牧野文夫協力（2002）『日本の経済発展　第３版』東洋経済新報社

宮本又郎（1988）『近世日本の市場経済－大坂米市場分析』有斐閣

宮本又郎・阿部武司（1995）「概説　1880年代-1915年」、宮本又郎・阿部武司編『経営革新と工業化』（日本経営史２）岩波書店

宮本又郎・粕谷誠（2009）「総論」、宮本・粕谷編著

宮本又郎・粕谷誠編著（2009）『経営史・江戸の経験　1600～1882』（講座・日本経営史１）ミネルヴァ書房

三和良一（2012）『概説日本経済史　近現代（第３版）』東京大学出版会

ルビンジャー、リチャード（2008）『日本人のリテラシー　1600-1900年』（川村肇訳）柏書房．（Richard Rubinger, *Popular Literacy in Early Modern Japan*, University of Hawaii Press, 2007）

渡辺尚志（2009）『百姓たちの江戸時代』筑摩書房

第3章

戦前・戦時経済と
日本的経済システムへの影響

　いわゆる日本的経済システムがいつ頃、どのようにして形成されたのかについては、1930年代・40年代における戦時経済化の過程が、日本的システムの原型の形成に大きく影響しているという見方がある。この見方によれば、アングロサクソン的な特徴を持っていた戦前の経済システムは、戦時期の様々な統制の影響を受けて変容し、それが現在の日本的経済システムの原型になったとされる。この問題意識に基づく研究は、「比較制度分析」の発展とともに1990年代に急速に進み、大きな関心を集めた[1]。一方、時系列的にはそれ以前になるが、日本的経済システムの形成には、第1次世界大戦後に本格化した重化学工業化や、1920年代の関東大震災やその後の金融恐慌なども少なからず影響したという見方がある。

　本章では、こうした戦前・戦時期の出来事と日本的経済システム形成との関係について考察する。以下では、論点を明確にするために最初に戦時経済の影響について考察し、その後に重化学工業化などの影響について検討する。日本的経済システムの形成過程を理解することは、単に歴史的事実を確認するということだけでなく、今後の日本的経済システムの改革の可能性を検討する上でも、重要な意味を持つであろう。

1　戦前と戦後の経済システムの特徴

　よく知られているように、今日の日本の経済システムは諸外国とは異なったユニークな特徴を持っている。経済システムが企業、金融、労働の3つのサブシス

　1）代表的には岡崎・奥野編（1993）が挙げられる。比較制度分析の理論的側面については、青木・奥野編著（1996）を参照されたい。

テムから構成されていると考えると、日本の企業のサブシステムでは企業の所有者である株主の権限が実態としてあまり強くなく、金融のサブシステムでは銀行を中心とする間接金融が主体であるという特徴を有している。そして労働のサブシステムは、長期雇用（あるいは終身雇用）、年功賃金、企業別組合という特徴を持ち、これらはしばしば日本的雇用慣行とも呼ばれる。この日本のシステムに対し、米国を代表とするアングロサクソン諸国の経済システムは、株主の権限が非常に強い企業のサブシステム、資本市場を中心とする直接金融主体の金融のサブシステム、流動的な雇用、成果や能力を重視する賃金、職種・産業別の労働組合を特徴とする労働のサブシステム、から成っていると考えられる。このように今日の日本の経済システムとアングロサクソン諸国の経済システムは、それを構成する各サブシステムの特徴が全て異なっており、全体として対極的なシステムになっている[2]。

　ところが、戦前の日本の経済システムはこのアングロサクソンのシステムに良く似ていたことが知られている。企業と金融のサブシステムでは、株主は強い権限を背景に経営陣を有効にモニターし、資金調達は、本格的な重化学工業化によって外部資金の必要性が増すまでは、株式と内部資金が主体であった。一般に株式を中心とする直接金融による仲介システムが機能するためには、株式のリスクを負担できる富裕層の存在が必要であるが、戦前には大企業の大株主や役員を中心にこのような富裕層が存在した。一方、銀行は規模が小さく経営が不安定で、1927年に銀行法が制定されるまでは、倒産・新規開業の動きが激しく、また企業のモニタリングにおいて戦後のような積極的な役割を果たすものではなかった。労働のサブシステムでは、雇用形態は親方が企業から仕事を請け負う請負制による流動的なものが多く、また工場間を転々とする「渡り職工」という呼び名からイメージできるように、離職率は戦後に比べて有意に高かった。長期雇用や年功的賃金など労働者を企業内に定着させようとする制度が大企業内に導入されたの

2）比較制度分析によれば、1つの経済システムはシステム内の各サブシステムや制度がお互いの機能を支え合うこと（**制度的補完性**）によって安定性が保たれている。例えば、企業が長期雇用を維持するためには、強い株主権限の下でM&Aが頻繁に起きる企業・金融サブシステムよりも、経営危機の際にメインバンクが緊急融資や役員派遣等によって企業を支えてくれる金融・企業サブシステムの方が都合が良いと考えられる。経済システムをなかなか変革できない理由の1つにこの制度的補完性があるとされる。

は、重化学工業化が進んだ第 1 次世界大戦後のことであった。

　以下では、戦前から戦後へのこのような経済システムの変化がどのような要因によってもたらされたのかについて考察する。時系列的には順番が逆になるが、論点を明確にするために最初に戦時経済化の影響を考察し、その後で重化学工業化の影響などについて検討する。

2　戦時経済化の影響[3]

（1）戦時統制の流れ

　以上のような特徴を持つ戦前の経済システムは、戦時経済化の過程で大きな変化を余儀なくされた。以下、簡単にその過程を振り返ろう（**表 3 - 1**）。1930年代に入り軍事体制が次第に強化されていく中で、1937年 7 月に日中戦争が起きると、軍需部門に資源を優先的に動員するという目的から、市場メカニズムによる資源配分方法に代わって、計画と統制による戦時経済システムが本格的に導入された。これには当時の旧ソ連の計画経済が順調に成果を上げていたことも影響したとみられる。

　まず、悪化する貿易赤字とインフレの中で軍需産業と輸出産業に優先的に資源を配分する必要性から、1937年 9 月に「輸出入品等臨時措置法」および「臨時資金調整法」が公布され、輸出入品を中心とする物資の生産・配給・価格や、金融機関の設備資金貸付などの統制が行われた。続いて1938年 3 月に人的・物的資源の全面的統制を可能にする「国家総動員法」が公布され、以降この法律の下に様々な勅令が出されることになる。また、戦時経済全体の計画を統括する組織として企画院が設立され（1937年10月）、旧ソ連のゴスプランと同様の逐次計算によって生産計画が実行に移された。

　しかし容易に想像できるように、厳しい経済情勢下で企業の利益を確保しながら生産計画を達成するのは、至難の業である。実際、1939年 9 月に第 2 次世界大戦が勃発し原材料価格が高騰すると、製品価格統制の下で企業利益は減少し、矛盾が露呈した。このような問題に直面した企画院は、企業は行動原理を「利益本

---

　3 ）本節の議論は岡崎・奥野編（1993）に多くを負っている。

表 3-1　主要な戦時統制等の年表

年	月	事項
1937年	9月	臨時資金調整法　公布
		輸出入品等臨時措置法　公布
	10月	企画院　設立
1938年	3月	国家総動員法　公布
1939年	3月	(第1次)賃金統制令　公布
	4月	会社利益配当及資金融通令　公布
1940年	10月	会社経理統制令　公布
	11月	勤労新体制確立要綱　閣議決定
	12月	経済新体制確立要綱　閣議決定
1941年	8月	時局共同融資団　設立
1941年	8月	重要産業団体令　公布
1942年	5月	全国金融統制会　結成
1943年	10月	軍需会社法　公布

(出所) 岡崎・奥野編 (1993)、野口 (2010) などより作成。

位」から「生産本位」に転換すべきであると考え、企業と産業を中心に経済の様々な部門を数量目標達成に資する「新体制」に改革・再編するという「経済新体制」構想を打ち出し、商法の改正も企てた。こうした構想が生まれた背景には、利潤の追求を是とする資本主義体制に対する批判的な考え方が官僚などに広く共有されていたという事実があったものとみられる。この構想は財界の激しい反対にあったため、修正を経て、「経済新体制確立要綱」として閣議決定された (1940年12月)。その結果、「重要産業団体令」が勅令として公布され (1941年8月)、「鉄鋼統制会」をはじめとする「統制会」が産業ごとに設立された。統制会は、民間の業界団体であるとともに、企業から集めた情報を計画に反映させ、その生産計画を実行するという国策機関としても機能し、計画遂行において重要な役割を担った[4]。

(2) 経済システムへの影響

これらの戦時経済化の動きは、経済システムにどのような影響を与えたのだろうか。企業、金融、労働のサブシステムに分けて見てみよう。

---

4) 米倉 (1993) は、統制会が経済統制下で果たしたこうした機能、すなわち企業と政府の間で情報を伝達する機能は、戦後の業界団体に継承され、民間企業の主体性がより発揮される環境下で、産業政策のツールとして活用されたと論じている。

①企業

株主の権限を弱めた規制

　この時期に導入された配当規制などの株主の権利を制限する規制は、企業支配における株主の地位を低下させ、企業のガバナンス構造に影響を与えたと考えられる。戦時経済下で新たな企業理念が求められる中、軍需産業の高配当政策は望ましくないとされ、国家総動員法に基づく「会社利益配当及資金融通令」（1939年4月公布）により、資本金20万円以上の大企業の配当が規制されることとなった。続いて上述の「経済新体制」構想により利潤動機を排除しようとする気運が高まる中、「会社経理統制令」が公布され（1940年10月）、配当規制の強化と役員賞与の規制が決定された。さらに戦局が一層厳しくなると、軍需産業の管理強化を図るため「軍需会社法」が公布され（1943年10月）、株主・株主総会の権限が制限される一方で、経営者（「生産責任者」）に責任とともに大きな権限と自由度が与えられた。これらの株主権利の制限は、労働面への介入と相まって、企業コントロールにおける株主の地位を相対的に低下させることにつながったと考えられる[5]。同時に配当規制は、株式投資の魅力を削ぎ、株価低迷を通じて、金融仲介における株式市場の役割を縮小させ、代わりに銀行の重要性を高めることとなった。

②金融

重要性を高めた銀行貸出

　望ましい金融システムを考えるに、計画的・人為的に資源を配分するという目的に照らせば、その資金割当の実効性から言って、銀行を中心とする間接金融の方が株式による直接金融よりも適している。この点で、戦時経済化が金融仲介の間接金融化をもたらすことはある程度必然であったと言えるだろう。加えて、上述したとおり配当規制等は株式市場の役割を縮小させた。こうして、軍需産業を中心に間接金融の比重と重要性は高まっていった。

　軍需会社等への設備資金貸付の統制は、1937年9月に公布された「臨時資金調

　5）岡崎（1993）は、こうした動きに連動して、大企業の役員に占める内部昇進者の割合が1935年から1942年にかけて大きく上昇したことを報告している。

整法」により始まった。これにより、軍需会社に優先的に設備資金が貸し付けられた。一方、1939年頃から、銀行では急激な重化学工業化や軍事化により増大する信用リスクの分散を図るため、協調融資団（ローン・シンジケーション）を自発的に結成するという動きが見られた。資源開発や軍需関連の国策会社の情報は蓄積されておらず、リスクが高かったのである。株式市場が低迷する中、国の政策としても長期資金の安定供給体制を整備すべきであるという議論が起こり、1941年8月に日本興業銀行ら11行による「時局共同融資団」が設立された。その後、この共同融資団における融資斡旋業務は「全国金融統制会」（1942年5月結成、事務局長は日銀考査局長）に継承され、主取引銀行が幹事となって審査を行うという協調融資の体制が制度化された[6]。戦争末期になり企業経営に対する国家管理の強化を図る「軍需会社法」が公布されると（1943年10月）、「軍需会社指定金融機関制度」が導入され、1つの軍需会社に対して原則1つの金融機関が指定された。しかし、軍需会社法によって株主の権利が制限されるとともに経営者に強力な権限と自由度が与えられたため、この制度の下では銀行の立場は弱く、銀行が本来持つべきモニタリング機能は発揮されなかったとみられる。

　以上の経緯から、戦時経済下において銀行を中心とする間接金融の比重と重要性は有意に高まった。この点は、民間企業の資金調達の構成比にも表れている。**表3-2**を見ると、1930年代後半から金融機関借入の構成比が増加し、株式調達の構成比が減少していることが確認できる。戦後のメインバンク制度との関連では、この時期に協調融資および「軍需会社指定金融機関制度」により形成された銀行と企業との関係をメインバンク関係の萌芽とみなす見解もあるが、少なくとも指定金融機関制度に基づく関係は、形式的な類似点はあるものの、モニタリング機能を欠いていたという点において、本来のメインバンク関係とは異質のものと言うべきであろう。

6）日本銀行の斡旋に基づくこの協調融資の枠組みは、1947年の傾斜生産方式の実施の際に、日本銀行内に融資斡旋委員会が設置されることにより再度制度化され、戦後の復興過程においても重要な役割を果たしたとされる（岡崎・奥野 1993、岡崎 1996）。

表3-2　民間企業の資金調達（フローの構成比）

（単位：％）

	株　式	債　券	民間金融機関借入	政府金融借入	日銀外為ローン	内部留保
1931年	34.0	11.7	- 3.2	11.3	0.0	46.2
1932年	22.0	16.7	- 54.3	- 3.9	0.0	119.7
1933年	31.1	- 4.0	- 40.4	8.0	0.0	105.2
1934年	55.4	2.9	- 11.4	- 1.6	0.0	54.8
1935年	32.9	1.1	14.9	- 0.5	0.0	51.6
1936年	33.5	- 2.3	18.3	0.3	0.0	47.4
1937年	35.5	- 0.1	31.9	- 2.1	0.0	33.3
1938年	34.6	5.4	29.9	- 0.3	0.0	30.5
1939年	24.5	7.9	38.4	2.1	0.0	27.2
1940年	26.7	5.5	38.3	1.0	0.0	30.4
1941年	29.1	10.1	28.1	- 0.9	0.0	33.6
1942年	25.7	8.9	32.9	1.4	0.0	31.2
1943年	22.6	7.8	35.8	3.4	0.0	30.3
1944年	9.1	8.3	57.8	0.7	0.0	24.2
1945年	6.1	0.7	90.9	2.3	0.0	0.0
1946年	5.8	- 1.6	71.9	- 0.3	0.0	24.2
1947年	5.1	0.0	45.4	25.0	0.0	24.4
1948年	11.3	0.0	59.2	12.5	0.0	17.0
1949年	16.6	2.3	55.4	1.1	0.0	24.6
1950年	3.7	5.1	43.4	1.6	6.1	40.2
1951年	5.1	2.3	47.2	5.3	3.1	36.6
1952年	8.3	2.5	54.2	6.6	- 2.1	30.4
1953年	9.7	2.4	43.1	5.5	1.7	37.6
1954年	11.6	1.5	31.3	9.6	- 5.7	51.8
1955年	14.2	3.9	68.9	14.3	- 1.3	0.0

（データ）日本銀行『経済統計年報』
（出所）寺西（1993）より引用。

③労働

企業の利潤から切り離された労働

　労働面においても、企画院による「経済新体制」構想、とりわけ企業改革に関する議論が影響を与えたと考えられる。前述の「経済新体制確立要綱」とほぼ同時に閣議決定（1940年11月）された「勤労新体制確立要綱」には、いわゆる「皇国的勤労観」と呼ばれる労働に対する考え方が示されている。皇国的勤労観とは、国家は天皇を頂点とする家族のようなものであり、したがって従業員は勤労をも

って国家に奉仕し、経営者は家族主義的温情をもって従業員を雇うべきであるとする考え方である。この勤労観によって、賃金決定においては生産効率やインセンティブではなく、家族の生活を保証するのに十分であるかという視点、すなわち生活給的要因が重視されていくことになる。また、この要綱の原案では、「企業内の勤労組織は、経営者、技術員、事務職員、一般労働者等生産経営体を構成する全員をもって構成する」とされ、それまで差別的な扱いを受けてきた「工員」（ブルーカラー）が正規の構成員として認められたことも重要な意味を持った（菅山 2011）。

こうした流れを大きな背景の1つとして、戦時下では次のような規制が行われた。1939年3月には物価安定を目的に「賃金統制令」が施行され、初任給が地域別・年齢別・男女別に公定され、賃上げは原則として凍結された。しかし1942年には「重要事業所労務管理令」が施行され、年1回従業員全員を昇給させること等を規定するならば、賃上げが認められることとなった。これらの規制によって、重要産業を中心に定期昇給制度や年功的賃金体系が定着したとされる（尾高 1993）。下で見るように、年功的賃金などの制度は第1次世界大戦後の時点で大企業を中心に既に導入されていたが、その普及や定着はこれら戦時期の統制によって一段と進んだと見ることができよう。

3 　重化学工業化など他の要因の影響

上記のとおり、日本的経済システムの形成過程において戦時期に採られた統制等が大きな影響を与えたことは間違いのないことであろう。しかし、日本的経済システム形成の全容を把握するためには、戦時統制以外のいくつかの要因にも目を向けなければならない。以下では、重化学工業化、関東大震災と金融恐慌、労働運動の3つの影響について検討する。

（1）重化学工業化の影響

技術変化を伴った工業化が労働市場に与えた影響

第2章で見たように、日本の重化学工業化は第1次世界大戦（1914-18年）を契機に本格化するが、これに伴って生じた技術変化と大企業化の動きは、労働市場にも大きな影響を与えることになった。海外から輸入した高度な生産技術を理

解し使いこなすためには近代的な技術の知識が必要であったが、当時そのような知識を体系的に備えた労働者・技術者は非常に希少であった。しかも、輸入した技術を環境の異なる日本の産業に適用するためには、現場での改良や調整が求められ、そのため企業固有の環境下で長期間働くことが必要とされた。こうして造船、鉄鋼、機械などの大企業において、限られた高度な労働者を子飼い方式で企業に定着させ、**企業特殊的技能**（firm-specific skill）を蓄積させるために、企業内訓練（熟練工養成制度）、長期雇用制度、年功的賃金制度、福利厚生制度など、日本的雇用慣行の重要パーツと言える制度が導入されることとなった（兵藤1971、中馬 1987、尾高 1993など）[7]。

　このような企業の雇用政策は、外部労働市場から必要な人材を調達できないという問題に対する企業側の経済合理的な対応策であり、**内部労働市場**形成の一面と見ることができる[8]。したがって、こうした観点からすると、日本に固有であるとされることの多い日本的雇用慣行も、経済発展の過程における企業の経済合理的な反応という普遍的な側面を持っていると言うことができるだろう[9]。

設備投資の増大と外部資金の必要性

　重化学工業化という産業構造の変化は、企業の資金調達面から金融システムにも影響を与えた。重化学工業は巨大な装置産業であり、巨額の設備投資を必要とする。したがって、それまでの株式発行や内部資金だけでは資金調達額が足りず、企業は外部資金、とりわけ銀行に新たな資金供給源を求めた。この点では、日本が後発国で企業の内部蓄積が少なかったことも影響したとみられる。こうして重化学工業化は、資金の需要面から銀行を中心とする間接金融システムの発達を促すこととなった。

7）尾高（1993）によれば、三菱造船において、職員（ホワイトカラー）では1919年に、工員（ブルーカラー）では遅くとも1933年までに、昇進を条件としてではあるが、勤続年数とともに賃金が上昇するという年功的賃金が制度化されていた。
8）これと類似した人材育成策は、江戸時代の呉服商でも見られた。第2章参照。
9）中馬（1987）は、電動力革命を背景に重化学工業化と工場大規模化が進んだ1920年代の米国において、企業が近代的技術知識を持った希少な労働者を囲い込むために、長期雇用、年功的賃金、福利厚生などの日本的雇用慣行と同様の制度を導入したことを明らかにし、日本的雇用慣行における経済合理性の普遍性を強調している。

（2）関東大震災と金融恐慌の影響[10]

　関東大震災とその後の金融恐慌は、次のような経緯で日本の金融システムの形成に大きな影響を与えたと考えられる。

関東大震災と震災手形

　1923年9月1日に起きた関東大震災は、未曽有の人的、物的、経済的被害をもたらした。政府は資金繰り悪化によって企業や銀行が連鎖倒産することを防ぐために、政府の損失補償（1億円を限度）の下に、銀行が保有する震災地関連の手形（「震災手形」）を日本銀行に再割引（手形担保融資）させ、事業の復旧を待つという緊急避難的な救済策を講じた。これにより当面の金融的混乱は避けられたが、実はこの震災手形の中に震災とは無関係の手形がかなり含まれていた。この時期の銀行には、第1次世界大戦ブーム期に急激に事業拡大した企業への集中的な貸出がその後の反動不況で焦げ付き、不良債権に苦しんでいた銀行が多かったが、こうした状況下で震災手形が利用されたのである。中でも、当時政商として投機的な商社ビジネスを積極的に展開していた鈴木商店に対する台湾銀行の不良債権額は巨額であり、しかも抜本的な事業再建の目途は立っていなかった。こうして震災手形の決済がなかなか進まない中、1927年3月14日の衆議院予算委員会において、震災手形処理の法案を巡る審議の過程で、片岡直温大蔵大臣が「本日の正午頃に東京渡辺銀行が破綻しました」と誤って発言してしまった。東京渡辺銀行の資金繰りはかなり悪化していたが、その日も営業を続けていたのでこれは失言となった。翌日、この失言の影響で東京渡辺銀行が休業すると、不安を感じた預金者が預金を降ろしに銀行へ殺到し（**銀行取り付け；bank runs**）、これを引き金に年内に多数の銀行の休業をもたらすことになる金融恐慌が起こった。

問題の多かった銀行の経営と銀行規制

　このように金融恐慌の始まりは突発的であったが、実はこの背後には銀行の経営と銀行規制に関する構造的な問題があった。明治期に作られた銀行制度は基本

10）本節の議論は、寺西（1982、1993、2011）、薮下（1995、第10章）などに多くを負っている。

的に自由競争的なものであった。1890年に制定された銀行条例には、最低資本金、貸出金利・預金金利、兼業禁止などに関する規制が原則としてなく、参入も当初は事実上自由であった。こうした環境下で銀行の設立は全国各地で増加し、日清戦争（1984-85年）後の設立ブームを経て、銀行数は1901年末には2,334行（普通銀行1,890行、貯蓄銀行444行）のピークに達した（**表3-3**）。しかし、規模は零細で小規模なものが多く、また無理な高金利で預金を集めたり、リスクの高い融資を行ったりする銀行も多かったことから、経営は不安定であった。特に、事業会社の株主が銀行の株主を兼ね、その会社に優先的・集中的に融資を行う**機関銀行**は、モニタリング機能が発揮できず、リスク分散が図れない点で非常に不健全で、頻繁に問題を起こしたが、こうした性格の銀行は少なくなかった。企業と銀行の双方において情報の開示が不十分であったことも、経済の安定性や資源配分の効率性を達成する上でマイナスに作用した。これらの結果、銀行（普通・貯蓄銀行）の開業数と倒産数はともに多く、表3-3にあるとおり、例えば1902-1919年の18年間においては、平均して、毎年15.8行の銀行が新設される一方で、破綻による減少が24.6行、合同による減少が9.9行であり、結果として18.5行の減少となっている。

　したがって、銀行市場は、新規開業と倒産、すなわち参入と退出が多いという意味では産業組織論的に効率的な市場に見えるが、銀行が連鎖倒産などによってもたらす負の外部性を考慮するならば、銀行システムが不安定であることによる弊害は潜在的には極めて大きかったと言えよう[11]。こうした不安定性に対して、政府および日本銀行は対症療法的に銀行の救済を行っていたが、救済をあてにしたモラル・ハザード的行動を誘発した面もあり、システム全体の安定性にはあまり貢献しなかった。上記のとおり、関東大震災と片岡失言が契機となって金融恐慌が引き起こされたわけだが、このような脆弱な銀行システムを前提とすれば、何らかの大きなショックによって金融恐慌的な現象が起きることはある程度不可

11）非効率な銀行を容赦なく速やかに退出させる銀行システムを効率的と考えると、1つの銀行の破綻は取引先である企業や他の銀行の連鎖倒産を引き起こすことによって銀行システム全体を不安定化させることから、しばしば銀行システムの効率性と安定性の間にはトレードオフの関係があると言われる。つまり、システムの効率性を上げれば安定性が犠牲になり、安定性を上げれば効率性が損なわれる。この関係は現代の銀行システムにおいても妥当する面があるであろう。藪下（1995、第10章）などを参照。

表3-3 銀行数の変動（普通銀行＋貯蓄銀行）

(単位：行)

	（1）年末銀行数	（2）新設による増加	（3）破綻による減少	（4）合同による減少		（1）年末銀行数	（2）新設による増加	（3）破綻による減少	（4）合同による減少
1900年	2,289	381	56	18	1925年	1,670	14	38	71
1901年	2,334	119	63	11	1926年	1,544	16	49	93
1902年	2,291	6	42	7	1927年	1,396	11	67	92
1903年	2,256	8	36	7	1928年	1,131	29	61	233
1904年	2,204	3	48	7	1929年	976	15	57	113
1905年	2,178	10	31	5	1930年	872	6	28	82
1906年	2,159	9	25	3	1931年	771	9	53	57
1907年	2,149	32	31	11	1932年	625	17	102	61
1908年	2,120	10	34	4	(1920-32年平均)		(19.6)	(43.5)	(84.6)
1909年	2,100	15	33	4					
1910年	2,092	12	17	3	1933年	601	2	15	11
1911年	2,093	10	7	2	1934年	563	6	19	25
1912年	2,100	22	5	10	1935年	545	3	7	14
1913年	2,105	27	20	2	1936年	498	3	25	25
1914年	2,103	16	15	5	1937年	449	4	12	41
1915年	2,099	8	8	4	1938年	417	2	5	29
1916年	2,091	20	19	9	1939年	389	2	5	25
1917年	2,062	18	27	20	1940年	357	4	1	35
1918年	2,039	23	21	25	1941年	255	12	3	111
1919年	2,001	36	23	51	1942年	217	1	2	37
(1902-19年平均)		(15.8)	(24.6)	(9.9)	1943年	141	7	2	81
					1944年	109	2	0	34
1920年	1,987	52	14	52	1945年	65	6	5	45
1921年	2,001	55	20	55	(1933-45年平均)		(4.2)	(7.8)	(39.5)
1922年	1,945	20	24	52					
1923年	1,840	2	18	89	(1902-45年平均)		(13.2)	(25.3)	(44.7)
1924年	1,765	9	34	50					

（注） 1 原データは、大蔵省『銀行局年報』による。
　　　 2 1908、1909、1914、1921の各年については原資料にデータの不突合がある。
（出所）寺西（1982）の統計付録表5-Ⅰより筆者作成。

避的であったという見方ができよう[12]。

　以上より、金融恐慌の基本的原因は、第1次世界大戦ブーム期における企業の行き過ぎた事業拡大とその反動、関東大震災とその後の救済策、銀行システムの

脆弱性、という要因に求めることができよう。

銀行法の制定と護送船団方式の始まり

　政府・大蔵省は、第1次世界大戦後の反動不況の頃からこうした銀行制度の抜本的改革の必要性を認識していたが、関東大震災後に検討が進み、1927年3月に**銀行法**が公布された（施行は1928年1月）。銀行法の主たるねらいは、銀行経営の健全化を図るとともに監督・規制を強化し、もって銀行システムの安定性を確保することにあった。具体的な内容と特徴は次のとおりである。

　第1に、銀行の業態を株式会社に限定した（合名会社、合資会社、個人経営は除かれた）。これにより情報開示が担保された。第2に、最低資本金を原則100万円に設定した（ただし、地域の人口規模により50万円、200万円も認められた）。これにより基準を満たさない小規模な銀行は合併を余儀なくされた。合併が集中した1928-29年の2年間には合併により銀行数が346行も減少している（表3-3）。第3に、銀行以外の事業の兼業や常勤役員の兼職を禁止した。これにより利益相反的な行為や特定企業への偏った融資などの機関銀行的な行動が抑制された。第4に、大蔵省に監督・検査・命令・処分などについての強い権限を与えた。第5に、支店以外の営業所設置などについても認可の対象とし、過度な競争の制限を図った。第6に、ただし、自己資本の拡充、大口融資の抑制、不動産保有の制限、支払い準備の維持などの具体的な健全経営政策の実施については、規定を設けず、別途定めた銀行法施行細則に従い、行政指導という形で裁量的に行うこととした。

　これらの結果、銀行システムは安定化に向かった。小規模銀行の合併が進み、普通・貯蓄銀行数が1927年の1,396行から1932年には625行へ急減するとともに、5大銀行（三井、三菱、住友、第一、安田）への集中が進んだ（表3-3）。銀行行政は、明治期の自由競争的なものから一転して競争制限的なものに変わり、監督官庁の権限は強化され、大きな裁量権も付与された。

　こうして銀行法は1981年に新銀行法として改正されるまで、日本の銀行行政の

12）銀行取り付けの重要な問題点の1つは、健全な銀行までもが流動性不足により破綻に追い込まれる点である（Diamond and Dybvig 1983）。金融恐慌時においても、休業は経営が不健全で財務内容の悪化した銀行だけでなく、それ以外の銀行においても発生したという主張がある（寺西 2011）。東京渡辺銀行については、貸出の大半が渡辺一族関連に集中しており、失言がなくても破綻しただろうと見られている（寺西 1982、有沢監修 1994、藪下 1995）。

根幹に据えられることとなった。ここに、いわゆる「**護送船団方式**」と呼ばれる競争制限的な日本の銀行行政の始まりを見ることができる。ただしこの後、1937年の日中戦争の開始を契機に統制経済が導入されると、銀行システムにも戦時統制という新たな影響が及ぶことになる（以下、時系列的には本章の第2節につながる）。

　以上見てきたように、関東大震災とその後の金融恐慌というエポックは、銀行法の制定を通じて、日本の金融システムの形成に無視できない大きな影響を与えたと考えられる。

（3）労働運動の影響

　労働運動も、企業における労働者の採用・管理という側面から、日本的経済システムの形成に影響を与えることになった。第1次世界大戦を契機に重化学工業化が本格化すると、大正デモクラシーやロシア革命（1917年）の影響もあって、労働条件に不満を感じていた労働者を中心に、団結権や団体交渉権獲得を巡って、過激な労働争議が多発するようになった。

　こうした動きに危機感を抱いた大企業は、米国の例を参考に工場委員会制度を導入し企業側と労働者側の懇談を図る一方で、労働者の採用に際して、身元を調査するなど極めて慎重な態度をとるようになった。この結果、大企業では、労働者の労働条件を改善し、慎重に採用した貴重な労働者の定着を図る目的から、定期昇給制度や若手職工のための技能養成プログラムなどが導入され、労働者の長期雇用あるいは固定化が促進されることとなった（兵藤 1971、尾高 1993）。

　労働争議は1930年代後半に労働需給の逼迫を背景に再び急増したが、内務省・厚生省は経営側と労働者側の調整を図る目的から各事業所に産業報国会という機関の設置を推進した。組織的にはこれが戦後の企業別組合の母体になったという見方がある[13]。

4　戦前・戦時経済の影響の考え方

　以上、日本的経済システム形成への影響として、第2節では戦時経済の影響、

---

13) 戦後の企業別組合に関しては、第4章の労働改革も参照のこと。

第3節では、重化学工業化、関東大震災と金融恐慌、労働運動の影響を検討した。本節では、これらの影響の整理を試みる。

　第1に、労働のサブシステムの特徴である長期雇用、年功賃金の生成について見ると、戦時期の皇国的勤労観や賃金統制令などはその後の日本の雇用慣行に無視できない影響を与えたものと思われる。しかし同時に、経済合理性の観点からは、技術的要因の影響、すなわち第1次世界大戦後の重化学工業化の過程において海外から輸入した技術に対応するために、当時希少であった技能労働者の企業特殊的技能の蓄積を図るべく長期雇用や年功賃金が大企業に導入されたことは重要であった。この動きは、環境変化に対して企業が内発的に、そして経済合理的に対応したものであり、日本に固有であるとされることの多い日本的経済システムの普遍的な側面を示していると言えよう。労働運動に対する企業の反応も同様に評価することができよう。また、戦後の企業別組合については、労働争議を抑制するために政府が各事業所に設置を進めた産業報国会が、組織的には母体となっているという見方がある。

　第2に、金融のサブシステムの特徴である銀行を中心とした間接金融型の金融仲介システムの形成については、戦時下の配当規制等によって株式市場の機能が損なわれる一方で、軍需産業への設備資金配分の必要性から時局共同融資団や軍需会社指定金融機関制度などが採用されたことは、間接金融の拡大に大きな影響を与えたと考えられる[14]。一方、経済発展における工業化をいかにファイナンスするかという観点からすると、巨額の設備資金を必要とする重化学工業の発展を推進するためには、株式発行や内部資金では足りず、外部資金の調達が必要であったという事情が重要であろう。このことは資金の需要面から銀行を中心とする間接金融の発達を促す力が働いていたことを示している。さらに、資金供給側におけるリスク負担能力の観点からは、戦前に存在した富裕層が、戦後の財閥解体、農地改革やハイパー・インフレによって、戦後に激減してしまったことも、金融システムが直接金融中心から間接金融中心にシフトした重要な要因の1つと

14）このような戦時統制の影響を重視する見方に対して、寺西（1993）は戦時統制が日本のシステム形成に一定の役割を果たしたことを認めながらも、それは全体のメカニズムの一部であると主張している。そして戦後の金融システムの重要な特徴の1つであるメインバンク制と協調融資は、1939年頃からのリスク増大に対応するために銀行部門で自発的に発生したが、戦時統制によって異質なものに変換された、と論じている。

言えよう。

　また、戦後の金融行政の特徴である「護送船団方式」、すなわち、銀行システムの安定性を偏重した規制・監督制度の生成に関しては、関東大震災を契機とした金融恐慌の経験が、大きく関わっているものと思われる。

　第3に、企業のあり方や株主の権限に関しては、戦時期における企画院の「経済新体制」構想、配当規制、皇国的勤労観、軍需会社法など一連の経済統制が、株主・株主総会の権限を制限し、相対的に経営者・労働者の地位を高める効果を持ったであろう。そして、このような企業システムの変化は次章で述べる戦後の財閥解体によって一層進められたとみられる。しかし、これらの経緯が現在の日本の企業システムにどのように反映されているかについては、より詳細な検討が必要であろう。

　第4に、上では明示的に取り上げなかったが、政府と企業との協調的な関係、あるいは情報の交換もしばしば日本的経済システムの特徴として指摘される。この関係は、特に高度成長期の産業政策などで強調されることが多いが、その発想や手段、仕組みのルーツをこの戦時期に求めることができるかもしれない。例えば、企画院の「経済新体制」構想の下、重要産業団体令（1941年8月公布）に基づいて設立された鉄鋼統制会などの統制会は、企業の情報を集めて生産計画に反映させるなど、計画の遂行において重要な役割を担ったが、これらの機能は、日本鉄鋼連盟に代表されるように、戦後の業界団体に継承され、審議会など産業政策立案の過程で活用されたという見方がある（米倉 1993）。

　以上を大まかに総括するならば、日本的経済システムの形成には、後発国における急激な重化学工業化に対する内生的で合理的な適応のプロセスという要因と、戦時下での経済統制という人為的要因の2つが関わっていると言えよう。

参考文献

青木昌彦・奥野正寛編著（1996）『経済システムの比較制度分析』東京大学出版会
有沢広巳監修、安藤良雄・伊牟田敏充・金森久雄・向坂正男・篠原三代平・竹中一雄・
　中村隆英・原朗編（1994）『昭和経済史　上』日本経済新聞社
伊藤修（1995）『日本型金融の歴史的構造』東京大学出版会
伊藤正直（2001）『昭和初年の金融システム危機－その構造と対応』IMES Discussion
　Paper Series, No.2001-J-24、日本銀行金融研究所

植田和男（1993）「金融システム・規制」、岡崎・奥野編

岡崎哲二（1993）「企業システム」、岡崎・奥野編

岡崎哲二（1996）「戦後経済復興期の金融システムと日本銀行融資斡旋」、『経済学論集』第61巻第 4 号、東京大学経済学会

岡崎哲二（1997）『工業化の軌跡－経済大国前史』読売新聞社

岡崎哲二・奥野正寛（1993）「現代日本の経済システムとその歴史的源流」、岡崎・奥野編

岡崎哲二・奥野正寛編（1993）『現代日本経済システムの源流』日本経済新聞社

尾高煌之助（1984）『労働市場分析』岩波書店

尾高煌之助（1993）「『日本的』労使関係」、岡崎・奥野編

菅山真次（2011）『「就社」社会の誕生－ホワイトカラーからブルーカラーへ』名古屋大学出版会

高橋亀吉・森垣淑（1968）『昭和金融恐慌史』清明会出版部（1993年講談社学術文庫として復刊）

中馬宏之（1987）「"日本的" 雇用慣行の経済合理性検討－1920年代の日米比較の視点から」、『経済研究』第38巻第 4 号、一橋大学経済研究所編、岩波書店

寺西重郎（1982）『日本の経済発展と金融』岩波書店

寺西重郎（1993）「メインバンク・システム」、岡崎・奥野編

寺西重郎（2011）『戦前期日本の金融システム』岩波書店

内藤純一（2003）『金融の1930年代モデルの終焉と21世紀型システムへの展望』PRI Discussion Paper Series、No.03 A-12、財務省総合政策研究所研究部

中村隆英（1986）『昭和経済史』岩波書店

野口悠紀雄（2010）『1940年体制－さらば戦時経済（増補版）』東洋経済新報社

兵藤釗（1971）『日本における労使関係の展開』東京大学出版会

三和良一（2012）『概説日本経済史　近現代（第 3 版）』東京大学出版会

藪下史郎（1995）『金融システムと情報の理論』東京大学出版会

米倉誠一郎（1993）「業界団体の機能」、岡崎・奥野編

Diamond, Douglas W., and Philip H. Dybvig（1983）"Bank Runs, Deposit Insurance, and Liquidity," *Journal of Political Economy*, 91(3), pp.401-419.

第4章

戦後改革と復興

　1945年8月15日、日本は終戦を迎えた。以後約7年間にわたり日本は連合国の占領下に置かれることになる。終戦後、日本はどのような経済的困難に直面し、そしてどのようにして経済復興を遂げたのだろうか。また、占領下で行われた経済改革はその後の日本経済においていかなる効果と意味を持ったのだろうか。

　この時期の経験がその後の日本経済に与えた様々な影響のうち、本章では次の2点に注目する。第1は、GHQ占領下で進められた財閥解体、農地改革、労働改革などの経済民主化政策とそれに伴う改革が、戦前に極めて大きかった所得格差を縮小させ中流階層の形成を準備するとともに、経済システムの中に新たなプレーヤーを招来し、いわゆる日本的経済システムの基盤を整備した点である。特に大企業のガバナンス構造においては、株主の地位が低下し、代わって内部昇進の経営者、ブルーカラーを含む従業員、取引銀行の影響力が高まった。また富裕層の衰退は、資金供給側におけるリスク負担能力の低下を通じて、銀行を中心とした間接金融による仲介システムの形成に影響を与えたと考えられる。

　第2は、市場の規律を回復させ、市場メカニズムが機能する条件を整備した点である。東西冷戦が明確になると米国の対日占領政策の目標は日本の「経済復興」に転換されたが、GHQの経済顧問として派遣されたドッジは、緊縮的な財政金融政策とともに、補助金撤廃、単一為替レート設定などの市場の規律を重視する構造改革を断行し、当時最大の経済的課題であったインフレを収束させた。ドッジ・ラインと呼ばれるこれら一連の構造改革は、デフレ的効果を生んだが、結果として、市場メカニズムが働く環境を整備し、その後の成長のための基盤を形成したと見ることができる。

　以下ではこれらの過程を振り返ろう。

1　戦後の経済改革

（1）連合国の対日占領政策

初期の目的は非軍事化

　日本は1945年8月にポツダム宣言を受諾し、以後1952年4月のサンフランシスコ講和条約発効までの約7年間にわたり、連合国の占領下に置かれた。連合国の統治の仕方は、中央政府が解体されて直接統治されたドイツと異なり、日本政府を介した間接統治であった。連合国の占領といっても、実質的には米国政府の意向が支配した。占領政策の実施機関は連合国軍最高司令官総司令部（General Head Quarters：GHQ）であり、連合国軍最高司令官には、米国太平洋陸軍総司令官であるダグラス・マッカーサーが任命された。つまりマッカーサーは、連合国軍最高司令官と米国太平洋陸軍総司令官の2つの顔を持っていた。こうして戦後改革の基本的な方向性は連合国、実質的には米国の対日占領政策によって規定されることとなった。

　GHQの初期の目的は、日本が二度と戦争を起こさないように日本の「非軍事化」と「経済民主化」を図ることであり、この目的達成の手段として、①物的な戦争遂行能力を除去する政策、②侵略的傾向を生み出す社会的・経済的発生源を除去する政策、が検討された。前者の政策として、まず軍需工場の解体が行われた。続いて工場生産能力を1926-30年の生活維持水準まで削減する計画が策定され、もしこれが実行されれば日本経済に壊滅的な打撃を与えるところであったが、以下で述べる米国の対日占領政策の転換により実施は見送られた。後者の政策は、財閥解体、農地改革、労働改革などの経済民主化政策であった。GHQは、財閥や寄生地主が富を独占し、労働者や小作農の権利や地位が抑圧されていた日本の後進的で不平等な経済社会が侵略的傾向や軍国主義の温床となったと分析し、経済民主化を進めれば非軍事化が達成できると考えたのである。

非軍事化から復興優先へ

　しかし、こうした非軍事化・民主化政策は、冷戦の激化を背景にその後転換された。1947年3月のトルーマン・ドクトリンにより東西対立が明確になると、米

国はマーシャル・プランを発表し（1947年 6 月）、ヨーロッパの復興に舵を切った。さらにアジアにおける中国の共産化の動きに刺激され、また占領費用負担を軽減すべきだという米国納税者の意見を受けて、米国政府内では、日本を早く経済復興させ、アジアにおける共産化の防波堤とすべきだという意見が台頭した。この議論を主導したのは、マーシャル・プランを立案した国務省企画室長ジョージ・ケナンであった。ケナンの主張は、同様に復興優先を唱えていた陸軍次官ウィリアム・ドレーパーの見解を加えて、米国国家安全保障会議において「対日政策に関する勧告」（1948年10月）として採択され、ここに対日占領政策の方針は非軍事化から経済復興へ公式に転換された（この方針転換はしばしば「逆コース」とも呼ばれる）。この方針転換は、後述するように、過度経済力集中排除法の適用緩和や賠償金額の減額など、日本経済への打撃を小さくする効果を持ったと考えられるが、別の観点からすると、改革を不徹底なものにし、改革すべき制度等を温存してしまったという指摘もある。

　以下では、まず経済民主化の 3 大改革と呼ばれる、財閥解体、農地改革、労働改革について見てみよう。

（2）財閥解体

　財閥に対する占領軍の基本的な認識は、「財閥は、同族により産業を集中的に支配し、中産階級の発展を妨げ、日本の非民主化・軍事化を推し進めた構造的要因である」というものであった。

　経済学的に考えて、当時の財閥には次の 2 つの問題があった。第 1 は、所得分配の不平等である（本章コラム参照）。財閥の役員は企業利益の配分という形で極めて高額の所得を得ていた。第 2 は、独占的企業が価格支配力を持つことにより価格が高く吊り上げられ、消費者の経済厚生が減少するという市場構造の問題である。このため現在では多くの国で独占を禁止し競争を促進する政策が採られている。

　財閥解体は、早い段階から占領計画における重点政策として位置づけられた。GHQ は、まず 4 大財閥（三井、三菱、住友、安田）に自発的な解体計画を提出させ、それを修正して具体策を考案するという作戦をとった。そして、日本政府に「持株会社の解散に関する覚書」を提出させ、これを承認する形で財閥解体の基本指令となる覚書を発令した（1945年11月）。持株会社とは本社機能を持つ財

コラム　日本と米国の所得格差の推移

　コラムの図は、個人を所得の高い順に並べたときに上位１％の人数が全体の所得の何％を占めるかを、戦前から最近までの日本と米国について示したものである。税務データに基づくこのデータベースは、フランスの経済学者ピケティを中心に、日本の森口千晶一橋大教授らの協力を得て作成されている。図から、上位１％の占める所得シェアは日米ともに戦前において極めて高く、戦前は格差社会であったことがわかる。1930年代では日本の値は17-20％と米国を上回っていた。このような日本の高額所得者には財閥の大株主や大地主が含まれていたものとみられる。しかし、戦後になると日本の上位１％の所得シェアは10％以下に低下し所得格差はかなり縮小した。これには財閥解体、農地改革、財産税の導入、ハイパー・インフレなどが影響しているとみられる。

コラム図　日本と米国のトップ１％の所得シェア：1910-2015年

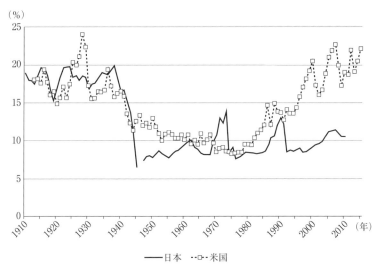

（出所）The World Wealth and Income Database.

　一方、米国では1980年代後半から、所得格差は急速に拡大している。米国における熟練労働者と非熟練労働者の賃金格差拡大に関するこれまでの研究

によると、IT などの技術革新によるスキル偏向的技術進歩（Skill-Biased Technological Change）の要因や、低賃金国との貿易やオフショアリングの拡大などのグローバル化の要因、経営者報酬の高額化、などの要因が影響しているという仮説が提示されている。

閥の中枢部分である。翌年、財閥解体の執行機関として持株会社整理委員会が設置され、順次指定された83社のリストに基づき、持株会社の解散・清算が実施された（ただし一部は事業会社として存続）。これに伴い、財閥家族と持株会社が保有していた株式は一旦この整理委員会に譲渡された後、従業員を含む一般個人に順次売却されていった。こうして財閥は解体され、株式の民主化・分散化が進められた。

　同時に、財閥家族による人的な支配を排除するために財閥家族を含む多くの経営者が、公職追放令（1947年1月）および財閥同族支配力排除法（1948年1月）により財界から追放された。そして、これに伴い内部昇進者が経営者となるケースが増加した[1]。

　後述するように、これらの変化は、株主の地位の低下や所有と経営の分離などを通じて、企業のガバナンス構造に影響を与えることとなった。

　法制度においては、公正且つ自由な競争の実現に向けて、1947年4月に米国の反トラスト立法を参考に「独占禁止法」（独禁法）が公布された他、同年12月には大企業の市場支配力の縮小を目的に「過度経済力集中排除法」（集排法）が公布された[2]。集排法に基づき、当初は325社もの大企業が分割の対象として指定され、実行されれば日本経済に大きな影響が及ぶところであったが、上述のとおり、米ソ冷戦の激化を背景に米国政府の対日占領政策の方針が非軍事化・民主化

　1）このような役員に関し、大株主でも創業者でもないサラリーマン重役という意味で「三等重役」という言葉が一種の流行語となった。この言葉は1951年から1952年にかけて週刊誌に連載された源氏鶏太の小説『三等重役』によって広まった。
　2）米国政府内では集排法の実施に慎重な見方もあった。財界出身の陸軍次官であるウィリアム・ドレーパーは、日本で進められている民主化政策が社会主義の内容を含んでいるとするカウフマンの批判的な調査報告を読み、復興を優先すべきとの考えから、集排法の延期をマッカーサーに訴えた。マッカーサーの反対により集排法は成立したが、このような主張は後の集排法の内容緩和の一因となった（中村 1986、三和 1989）。

から経済復興優先に転換されたため、実際に分割されたのは18社にとどまった[3]。この結果、財閥系の大銀行を含む多くの大企業の分割が見送られた。

こうして財閥解体は、株式の民主化、富の配分の是正において、一定の貢献を果たし、独占禁止法および過度経済力集中排除法は、一部の不徹底さは否めないが、競争促進的な市場創出のための法的整備を通じて長期的にその後の経済活性化に貢献したものと評価できるだろう[4]。

（3）農地改革

明治政府による地租改正は、土地の所有権を確立したという意味で近代化における画期的な政策と位置づけられるが、その後、農地の所有者である「地主」と地主から土地を借りて耕作する「小作農」との格差が生じることとなった。経済に占める農業のウェイトが大きかった当時では、この格差が社会にもたらす影響は甚大であった。零細な経営規模と重い小作料負担に苦しんだ小作農は、1920年代・30年代に地主に対して頻繁に小作争議を起こし、大きな社会不安の原因となっていた。占領軍は、こうした封建的色彩の強い古い地主・小作関係が、日本の軍事化をもたらした社会構造の基底にあると考えて、改革の対象とした。しかし、財閥解体などのケースと異なって、農地改革への着手はまず日本側の手によって自発的に行われた。その背景には、食糧不足に対して小作農の生産意欲を向上させ食糧の増産を図り、また社会情勢が不安定化する中で小作農の政治勢力化を防ぐことが急務であるという事情があった。実際、進歩的な官僚は1920年代から農業改革の構想を持っていた。こうした経緯から、1945年11月、農林省は、①自作農創設のために在村地主の土地所有を5ヘクタールに制限し、残りを強制的に譲渡させ、②小作料を金納化し同時に軽減化を図ること、を骨子とする第1次農地改革案を作成し成立させた。

しかし、これを不十分と見たGHQはより徹底した農地改革案を日本政府に要求し、その結果、第2次農地改革案が作成され公布された（1946年10月）。第2

3）集排法が適用された例として、日本製鉄の八幡製鉄と富士製鉄への分割、大日本麦酒の日本麦酒（現サッポロビール）と朝日麦酒（現アサヒビール）への分割などがある。

4）持株会社は1947年の独禁法により禁止されていたが、1997年の同法改正により解禁され、今日に至っている。

次案の内容は、不在地主が所有する全ての小作地と、在村地主が所有する1ヘクタール（北海道は4ヘクタール）を超える小作地を、政府が公定価格で強制的に買収し小作農に売却するもので、より厳しい内容であった。この有償買い上げ方式は、インフレが高進する中で買収価格が低く抑えられたため、事実上没収に等しかったとも言われる。これにより、農地に占める小作地の割合は1946年の46％から1950年には10％まで低下するとともに、小作農に代わって自作農が主体となり、地主制はほぼ解体された。

　このように、農地改革は、それまでの封建的色彩の残る地主・小作関係を解体し、自作農を創出することにより、戦後の民主化、平等化、社会的安定に大きく貢献した。この点は高く評価することができる。

今日的問題意識からの農地改革の評価

　しかし、日本の農業はどうして現在のような非効率的で低生産性の産業になっているのかという今日的問題意識からすると、次のような別の評価ができるかもしれない。農業の経営規模に関して、第2次農地改革案は自作農の農地保有の上限を3ヘクタール（北海道は12ヘクタール）に制限したが、その結果、平均経営規模はむしろ縮小した。さらに、地主制の復活を防止することを企図して、1952年に「農地法」が制定された。この法律では、自作農を保護すべきとする農地改革の理念が、「農地はその耕作者が所有することが最も適当である」という内容、すなわち「耕作者以外には農地の所有を認めない」という内容で明文化され、また農地の売買・賃貸が厳しく規制された。これらの改革や法律、そしてその背後にある理念は、その後の農業政策と相まって、農地の効率的利用や農地の流動化による経営規模拡大に大きな制約を課し、現在の非効率な小規模経営の形成・温存につながったという指摘がある[5]。換言すれば、農業に対する産業としての視点、あるいは経済学で言うところの資源配分の効率性の視点が欠落していたということである。もっとも、これらの批判は農地改革そのものではなく、その後の

5）川越（1993）は、農地改革は政治的・社会的公正の達成を第一義的目的とし、農業の生産構造についての明確な将来展望を持っておらず、農業の投資増につながったかどうかは明らかでない、と論じている。戦後日本の農業政策に関する経済学の立場からの評価については、本間（2010）を参照のこと。

日本の農業政策に向けられるべきであるとの見方もできる。

（4）労働改革

　労働の民主化政策は、かなり早い段階から米国側で意識され、検討されていた。その関心の高さは、マッカーサーが、来日後間もない1945年10月に幣原首相に対して指示した「5大改革指令」の中で労働組合の結成を奨励したことにも現れている[6]。1945年12月、労務法制審議委員会によって起案された「労働組合法」が公布され、労働者の団結権、団体交渉権、争議権が確立した。異例のスピードでこの法律が制定できた背景には、GHQ の要求に加えて、労働組合法が以前からの懸案事項で、既に1920年代から内務省等で検討が重ねられてきたという経緯がある。労働組合法の公布に続いて、1946年9月に「労働関係調整法」、1947年4月に「労働基準法」が公布され、ここに労働3法が成立し民主的な労働関係の基礎ができた。

　労働組合法の成立を受け、労働組合の結成と組合員数は爆発的に増加した。1945年末に38万人であった組合員数は、1946年6月には368万人に達し、組合組織率は1949年に約56％に及んだ[7]。

　しかし、その後労働運動が激化し、また米国の対日占領政策が転換されると、GHQ の労働運動への態度は変化し、1947年2月1日予定のゼネスト中止、国家公務員のスト権の剥奪（1948年7月政令）など、弾圧的なものに変容していった。

企業別組合という特徴

　戦後のこの時期に結成された労働組合は「企業別組合」という特徴を有し、いわゆる日本的な雇用システム形成との関連で重要なインプリケーションを持つ。すなわち、欧米で一般的であった産業別組合や職種別組合と異なって、新たに結成された組合の多くは、ブルーカラー（工員）とホワイトカラー（職員）が同じ

6）5大改革指令には、婦人解放、労働組合結成の奨励、学校教育の民主化、秘密審問司法制度の撤廃、経済機構の民主化が含まれる。

7）当初の組合の形態は、米国で発達していた産業別組合を導入したい GHQ の影響を受けて、産業別組合の要素と、職員と工員を一体とする日本的な企業別組合の要素を併せ持った「産業別企業別組合」とも呼ぶべきものであったが、50年代前半の激しい労働争議を経て、次第に、次に述べるような企業別組合に変わっていったとされる（橋本 1995）。

従業員として1つの組合に属する「従業員組合」であり、しかも管理者も含まれていた。これにより職員と工員の身分的な差別は基本的に解消された。このような特徴を持つ企業別組合が生まれた理由としては、組織的には戦時期の産業報国会が母体となったことが影響しているという指摘がある[8]。産業報国会とは、労働争議を防止するために内務省・厚生省が1930年代後半から各事業所において組織化を進めた労使調整の機関である。一方、企業や労働の理念の観点からは、戦時期に醸成された「企業は生産によって国家目的に貢献する協同体である」という企業観と、企業内にそれまで存在した差別的処遇に対する不満等を背景に、「職員も工員も同じ労働者であることに違いはない」という意識が労使間で共有されたことが本質的に重要であるという見方がある[9]。

（5）戦後改革の影響と評価

日本的経済システムへの影響

　上の3大改革、すなわち財閥解体、農地改革、労働改革とそれに伴う改革は、戦前に極めて大きかった所得格差を縮小させるとともに、経済システムの中に新たなプレーヤーを参加させ、いわゆる日本的経済システムの基盤を整備したと考えられる。まず大企業においては、財閥解体によって財閥家族を含む多くの経営者が追放されると、後任として内部昇進者が経営者となるケースが増加した。労働面では、ブルーカラーとホワイトカラーが同じ「従業員組合」に属することとなり、両者間に存在した賃金制度や職務規定等での格差は基本的に解消された。金融面では、財閥解体、農地改革、財産税の導入（1946年11月）によって富裕層が衰退すると、資金供給側でのリスク負担能力の低下を通じて、直接金融の存立基盤が弱体化し、銀行を中心とする間接金融のシステムへの移行が促された。銀行はまた、財閥解体によってガバナンスの空白が生じた取引企業に対して、発言力を強めることとなった。これらの結果、大企業のガバナンス構造において、株主の地位が低下し、代わって内部昇進の経営者、ブルーカラーを含む従業員、取引銀行の発言力が高まった。こうして戦後の経済民主化政策とそれに伴う改革は、

8）戦時期の産業報国会が戦後の企業別組合の母体となったという見方には反対意見もある。尾高（1993）を参照。

9）菅山（2011、第3章）を参照のこと。

戦前・戦時期に源流が形成された日本的経済システムの基盤を整備することとなった。

改革されずに残ったもの

　上記の3大改革はいずれも GHQ の指示の下に実施された改革である。しかし、GHQ あるいは米国政府が構想した全ての改革が実現されたわけではない。

　抜本的な改革は行われず、その結果、戦前・戦時体制の多くがそのまま戦後に継承された大きな分野として、金融制度が挙げられる。例えば、GHQ は、大蔵省や日銀から独立した金融当局を設置する構想を持っていたが、米国側の対日占領政策の転換と大蔵省の反対により、最終的には日本銀行の中に日銀政策委員会を設置することで決着した。また金融仲介システムを、銀行を中心とする間接金融型から米国のような株式・債券市場を中心とする直接金融型に改革するという構想も実現しなかった（植田 1993、野口 2010）。さらに、過度経済力集中排除法の立法過程では、当初は金融機関も対象とされ、帝国、三菱、安田、住友の4銀行も分割されることになっていたが、対日政策の転換により、帝国銀行の分割（新帝国銀行と第一銀行）のみが実施され、財閥系大銀行はその寡占的構造とともに戦後に引き継がれた（寺西 1993b）。

　官僚機構も、部分的な改革はあったものの、システム全体としては、あるいは経済官庁については抜本的な改革は行われなかった（野口 2010）。

不徹底な改革の要因

　このように、改革は必ずしも貫徹されたわけではなく、また今日的視点からすると十分でないと評されるものもある。その要因としては、①日本政府を介した間接統治であったこと、②対日占領政策が冷戦激化を背景に途中から復興優先に転換されたこと、③日本側の、特に官僚の抵抗が強かったこと、④米国・GHQ 側がシステマティックな改革案を持っていなかったこと、⑤米国・GHQ 側が日本の制度やシステムに関して十分に理解していなかったこと、⑥以下で述べるドッジ・ラインによって景気が悪化し改革を途中で修正せざるを得なかったこと、などの要因が指摘できる。もっとも、GHQ の改革の全てが日本側の反対を押し切って強行されたと見るのは正しくない。農地改革の第1次案に代表されるように、日本側においても改革の必要性が共有され、だからこそ改革が進んだという

面があることにも留意を要する。

　官僚が果たした役割について付言すると、GHQ が官僚制度を解体せずうまく活用したために経済改革が比較的短期に達成できたという面と、官僚制度が残ったために GHQ の改革を官僚が戦略的に誘導できたという面の両方が指摘されている[10]。

戦後経済改革の評価

　以上、財閥解体、農地改革、労働改革を中心に、GHQ の占領下で実施された経済改革を振り返った。これらは経済社会の民主化、所得格差の是正などを通じて中流階層の形成を準備するとともに、戦前・戦時期に源流が形成された日本的経済システムの基盤の整備を後押しすることとなった。

　資源配分の効率性や経済成長といった観点からは、各経済主体、特にそれまで厳しい環境下、あるいは大きな格差の下に置かれていた労働者や小作農の労働インセンティブを改善するように環境が整備されたことは、その後の経済活動にプラスの影響を与えたと評価できよう。ただし、今日的観点からすると、農地改革はその後の農業政策と相まって土地利用の効率性を妨げた可能性があり、また金融制度や官僚制度などについては改革が不十分であったという指摘もある。

2　経済復興とインフレーション

　戦後の経済改革が進む中、日本経済は様々な困難に見舞われた。生産水準が戦前の数分の1に落ち込み、物資が不足し、1945年には冷害による凶作も重なった。中でも最大の難敵は、猛威をふるうハイパー・インフレーションであった。経済復興の条件として、また国民生活の観点からも、インフレの克服が最優先の課題となった。

（1）インフレーションと傾斜生産方式

　終戦後の数年間にわたり、日本経済を混乱に陥れたのは激しいインフレーションであった。消費財物価の実勢を示す「ヤミおよび自由物価指数（東京）」の推

10）このような問題意識は、野口（2010）、八代（2013）で示されている。

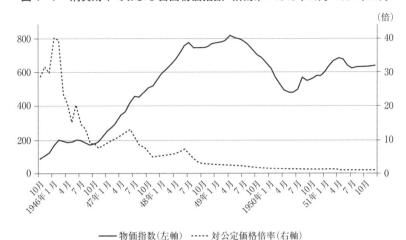

図4−1　消費財ヤミおよび自由物価指数（東京）：1945年10月−1951年12月

——物価指数（左軸）　　·····対公定価格倍率（右軸）

（注）　1　対象品目は50品目。
　　　　2　指数は1945年9月＝100。
　　　　3　日本銀行調べ。
（出所）大蔵省財政史室編『昭和財政史　第19巻（統計）』東洋経済新報社、1978年。

移を見ると（**図4−1**）、消費者物価は1945年9月から1948年9月までのわずか3年間で約7倍にも上昇している（年平均上昇率95％）。また公定価格をベースとした卸売物価指数は1945年から1950年までの5年間で約70倍になっている。この時期、米、石炭をはじめとする多くの物資が価格統制下にあったが、自由市場価格は公定価格を大きく上回り、インフレと物資不足により、国民生活は困窮を極めた。また国際的に見ても日本のインフレは突出していた。

インフレの原因

このようなインフレの基本的原因は、財市場における需給の不均衡と、財政赤字や国債等を日銀がファイナンス（対政府貸出、国債等の引受）したことによる貨幣供給量の増加と考えられる。インフレの要因は、インフレ対策が新たなインフレの原因となるという複雑な関係にあったが、以下のように整理できよう。第1に、終戦直後の要因としては、物資が不足する一方で、海外からの兵士の復員と引揚げにより人口が増加したことに加えて、軍人に対する多額の臨時軍事費が支払われ、需要とともに通貨発行が急増したという要因が挙げられる。加えて、

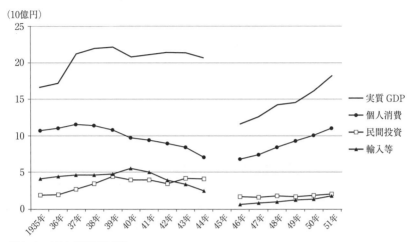

図 4 - 2　実質 GNP 等の推移：1935-1951年

（注）　1　1934-36年価格基準。
　　　　2　1945年以前は暦年、1946年以降は年度。
　　　　3　民間投資には住宅を含む。
　　　　4　データは、経済企画庁『国民所得統計年報』による。
（出所）総務庁統計局監修『日本長期統計総覧　第 3 巻』日本統計協会、1988年。

戦後の混乱と情報不足の中、一度高まったインフレ期待がなかなか収まらなかっ
たという事情も想像に難くない。
　第 2 に、より重要な構造的要因として供給サイドの制約が指摘できる。終戦直
後の物理的生産能力は、戦前の水準に比べて、鉄鋼、化学、工作機械などの重化
学工業では戦時中の設備拡張によりむしろ増加したが、船舶や消費財産業で大き
く減少したため、全体としては減少した。しかし、生産能力を実質的に制約した
のは、原燃料等の輸入の途絶であった。当時、日本の貿易は GHQ の管理下にあ
り、日本の非軍事化を図る目的から、石炭、原油、鉄鉱石などの原燃料等の輸入
は著しく制限されていたのである。この結果、鉱工業生産指数は戦前の数分の 1
にまで減少し、また実質 GNP は1939年のピークに対し1946年には約半分の水準
にまで減少した。図 4 - 2 は実質 GNP の主要項目の推移を示したものだが、戦
後に輸入が急減していることがわかる。実質輸入等を実質 GNP で除した輸入比
率は、1939年の21.1％から1946年には4.6％まで低下している。こうした原燃料
のボトルネックの解消を図ろうとしたのが、下で述べる傾斜生産方式であったが、

この政策に伴う財政・金融の膨張からインフレを却って助長することになってしまった。

　第3の要因として、公定価格と企業の生産コストを埋める価格差補給金、後述する複数為替レートの適用による「隠れた補助金」、さらに企業への賃金補給や赤字補塡などの補助金が、財政を圧迫し通貨発行増を招いたことが挙げられる。

インフレ克服のための政策と傾斜生産方式

　以上のようなインフレーションに対して、どのような対策が採られたのだろうか。第1に、終戦直後のインフレに対しては、「経済危機緊急対策」（1946年2月）により預金封鎖と価格統制策が採られた。預金封鎖は、一定額以上の日銀券を強制的に預金させ、その引出しを制限するとともに、新円を発行し新円での給与支払額を制限し、民間の購買力を抑制しようとするものであった。同時に公布された物価統制令は、実勢と乖離していた戦時下の物価統制令に代わって、米価、賃金、石炭価格を基準とする新公定価格体系（3.3公定価格体系）の構築を企図するものであった。この措置には、価格水準の抑制とともに、相対価格体系を維持しようとする意図も見出せる[11]。しかし、これらの統制的な緊急措置は、経済構造を抜本的に変えるものではなく、これ以上切り詰められないぎりぎりの生活水準を前にして、効果は一時的であった[12]。

　第2に、上の3.3公定価格体系に続き、その後も1947年7月（第2次改定）、1948年6月（第3次改定）と、実勢に合わせた公定価格体系の改定が実施され、国民生活に配慮した価格の安定化が図られた。また、1948年10月には臨時物資需給調整法が施行され、指定された財は配給制となった。公定価格体系の導入には、現代の経済理論風に言えば、インフレ期待の発散を防ぐねらいもあったものと思われる。しかし、消費者向けに低く抑えた公定価格と生産コストとの差額は価格

11）　一般に、ハイパー・インフレの弊害としては、混乱の中で相対価格体系が乱れ価格のシグナル機能が失われること、資産の実質価値が失われ所得分配が変わることの2つが指摘される。

12）　経済危機緊急対策が策定された際に、省庁間を調整し経済政策を統一的に推進する組織の必要性が強く認識されたことを受けて、1946年8月に経済安定本部が設置された。経済安定本部は講和独立後の1952年7月に歴史的使命を終えて、その後機能の一部は旧経済企画庁を経て、現内閣府に継承されている。

差補給金という形で補助金として企業に支給されたため、財政の負担は増加した。なお、こうした価格規制などの統制を志向する政策は、GHQ内のニューディーラーと呼ばれる経済官僚達の介入主義的な政策理念を反映していたとされる。

　インフレ対策の本命と言える第3の政策は、原燃料のボトルネックを解消し供給構造を改善させることを企図して採用された**傾斜生産方式**（1946年12月閣議決定）である。この構想は、吉田首相の特命で石炭小委員会委員長を務めていた有沢広巳東大教授の発案とされるが、その内容は、第1次吉田内閣がGHQに要請して輸入したわずかな重油を使ってまず鉄鋼を増産し、それを集中的に石炭の生産に投入し、さらに石炭を鉄鋼の生産に集中的に投入するという形で、両産業間で生産物を相互に傾斜的に投入することにより、両産業の生産拡大を図るというものであった。この政策は、途絶した輸入を国内生産で代替しようとしたことから「強制された輸入代替政策」という性格を有したが、統制色の強い資源配分政策であった。傾斜生産の開始後、米国の対日援助（EROA援助）による原燃料の輸入増もあって、石炭と鉄鋼の生産は増加していった。しかし、次のような手段を用いたために、インフレーションという大きな犠牲を払うことになった。まず、鉄鋼、石炭などの生産コストと公定価格との差額である価格差補給金は一般会計が負担したため、財政が膨張し、日銀の対政府貸出を通じてインフレーションが高進した。価格差補給金制度は戦時期から存在したが、この制度が傾斜生産方式、特に鉄鋼業において活用された。さらに、経済復興を資金面から支える目的で「復興金融金庫」（復金）が1947年1月に設立され、傾斜生産方式に従って石炭産業を重点に融資が行われたが、その原資となる債券（復金債）のかなりの部分を日銀が引受けたため、通貨発行を通じてインフレーションが加速することとなった。このように傾斜生産方式は、統制的な資源配分により原燃料のボトルネックを解消しインフレの抑制を図るという対策であったが、石炭、鉄鋼等の生産の回復は果たしたものの、そのしわ寄せが財政・金融面の拡大によるインフレーションという形で現れてしまった。この傾斜生産方式の評価については、議論のあるところであるが、市場メカニズムによる資源配分機能が十分でない状況下、政府が直接的に資源を配分したことは資源の適正な配分において一定の役割を果たしたと認められる一方で、マクロ的には財政・金融面での需要拡大からインフレーションというコストが発生した、というのが1つの見方であろう[13]。

　しかし、以上の努力の結果、石炭生産は目標であった年産3,000万トンを1947

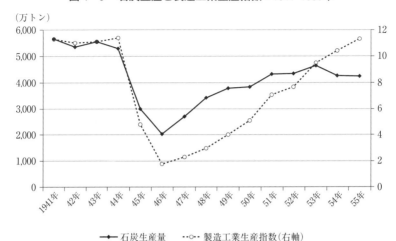

図 4 - 3 　石炭生産と製造工業生産指数：1941-1955年

（注）生産指数は、1975年＝100。データは通商産業省による。
（出所）『昭和国勢総覧』東洋経済新報社、1980年。

年後半に達成し、製造業全体の生産も回復していった（**図 4 - 3**）。これに伴い
1948年後半にはインフレは安定化の兆候を示し、公定価格と自由市場価格との乖
離も急速に縮小していった（図 4 - 1）。そして、次に述べるドッジ・ラインによ
って事態は大きく変化した。

インフレの再分配効果

　激しいインフレはフローの経済活動だけでなく、資産・負債というストックに
も影響を与えた。インフレにより、大量の国債発行で積み上がった政府債務、企
業の負債、個人の預金、地主の所有していた土地などの実質価値は、大幅に減少
した（岡崎・吉川 1993）。この変化は、政府や企業の債務負担を軽減するととも
に、資産による貧富の差を大きく縮小させた。

13）傾斜生産方式の効果に関しては、懐疑的な見方もある。大来（2010）は、生産の回復には、
　　傾斜生産方式よりも米国の対日援助による原燃料の輸入増や民間貿易の再開の方が大きく貢
　　献したと論じている。EROA（Economic Rehabilitation in Occupied Areas）援助は、占領地
　　経済復興援助資金を意味し、米国の対日政策の転換を受けて創設された。

（2）ドッジ・ライン

単一為替レートを巡る議論

　日本経済がインフレーションに苦しんでいるさなか、米国ワシントンでは冷戦激化を背景に対日政策転換を巡る議論が活発化していた。そして、日本の世界貿易復帰を視野に入れて、単一為替レート設定について調査すべく、連邦準備理事会（FRB）調査統計局次長のラルフ・ヤングを団長とする調査団が日本に派遣された（1948年5月）。ヤング調査団は、単一為替レートが設定されていないことがインフレの原因の1つであるとして、1948年10月までに1ドル300円を中心にその上下10％の範囲内に為替レートを設定することを勧告した（1948年6月）。

　当時、日本の為替レートは、日本政府およびGHQによる貿易管理と価格統制の下、外貨価格と国内円価格との相対比率として、個別の取引ごとに事後的に計算されるだけであった。政府は、輸出振興を図るために国内生産者から高く買い上げた輸出品を国際価格で輸出する一方、国内物価安定の観点から国際価格で輸入した輸入品を国内で安く売却したため、輸出の為替レートは円安に、輸入の為替レートは円高に決定される傾向にあった。例えば、1948年10月の平均円ドルレートは、輸出レート約350円、輸入レート約150円であった（深尾他 1993）。この結果、政府が高く買い上げ、安く売却した分は事実上の輸出・輸入補助金として財政の負担となり、日銀の対政府貸出等を通じてインフレの原因となっていた。

　ヤング調査団の勧告に対しGHQは、単一為替レートの設定は時期尚早であるとして反対した（三和 1989）。マッカーサーらは、インフレを収束させてから単一為替レートを導入すべきであると考えていたのである。そしてGHQはヤング勧告の残りの部分を取り入れた「経済安定10原則」を日本政府に提示した。

　しかし、GHQの対応を不十分と見た米国政府（陸軍省）は、1948年12月の国家安全保障会議での対日政策転換の正式決定を受けて、日本政府に指示すべき「経済安定9原則」を決定し、GHQに伝達した（1948年12月）。9原則は、①総予算の均衡、②徴税強化、③貸出増加の制限、④賃金安定、⑤物価統制の強化、⑥貿易と為替の統制強化、⑦輸出向け資材配給制度の効率化、⑧国産原料・製品の増産、⑨食糧統制の効率化、から成り、これらの目標は単一為替レートの設定にあると明記された。④〜⑨が統制主義的なGHQの発想を反映したものであるのに対し、①〜③は米国ワシントンの自由経済主義の発想を体現したものである

という見方がある（中村 1986）。ワシントンのねらいはあくまで単一為替レートを設定し、日本経済を復興させることにあったと考えられる。そしてこの目的を達成するため、デトロイト銀行頭取のジョセフ・ドッジが、公使兼GHQ経済顧問として日本に派遣されることとなった。

ドッジ・ライン

1949年2月に来日したドッジは、保守的で古典的な自由経済主義者であった。言い換えれば、政府の介入を嫌う小さな政府の信奉者ということになろう。彼の信念は、来日後の記者会見での次の発言によく表れている。「日本経済は、政府の補助金と米国からの経済援助という2本の竹馬の足に乗っており、早く竹馬を外さなければならない。あまり足を高くすると、転んで首の骨を折るおそれがある」。

GHQはこのような考えを持つドッジを必ずしも歓迎しなかったとされる。ニューディーラーとして介入的な経済政策を志向したGHQの経済官僚らは、それまでの統制的なインフレ対策等が成功すると信じていたのである。しかし、ドッジは、トルーマン大統領から直接に命を受けたこと、また占領下のドイツにおいて米軍司令部経済顧問として通貨改革等を成功に導いたという自信と持ち前の信念から、来日すると、**ドッジ・ライン**と呼ばれる一連の経済政策を強力に進めた。

ドッジ・ラインの要点は次の5点である。第1は、一般会計のみならず、特別会計、政府関係機関勘定を含めた総予算の均衡である。ドッジが指導して作らせた1949年度予算は総合収支をそれまでの赤字から一転して黒字とさせる「超」均衡予算であった。第2は、全ての補助金の可視化と廃止である。これは、貿易管理特別会計などに隠れていた事実上の補助金を可視化させるとともに、価格差補給金などの全ての補助金を廃止するもので、財政の健全化と企業の経営改善インセンティブの向上に寄与した。第3は、復興金融金庫の債券発行と新規貸出の停止である。これは事実上復金の機能を停止させるものであり、債券の日銀引受を通じて発生していたインフレ要因を根絶させた。第4は、1ドル360円による単一為替レートの設定（1949年4月）である。これにより、隠れた輸出・輸入補助金がなくなるとともに、断ち切られていた海外の価格体系と国内の価格体系とのリンクが回復し、価格メカニズムに依拠した日本経済の国際市場への復帰が可能となった[14]。第5は、ドッジ・ラインに連動して、物資統制と価格統制が漸次

廃止されたことである[15]。これにより、価格のシグナル機能と価格メカニズムの機能が改善された。このようにドッジ・ラインは、「経済安定9原則」をそのまま適用したのではなく、統制的な政策を排し、市場メカニズムを重視した自由経済主義に基づく政策を選択的に採用したと考えられる。

ドッジ・ラインのプラスの効果は次のように考えられる。第1は、インフレの収束である。インフレの主たる要因は、価格差補給金や隠れた補助金により膨張した財政赤字と復金債を、日銀がファイナンスしたことにあったので、補助金の廃止、財政の均衡、復金債発行の停止は、財政・金融面からこうしたインフレ要因を除去することになった。換言すれば、緊縮的な財政・金融政策によるインフレ抑制効果である。1947年後半から48年はじめにかけて前年比で3桁を記録した実勢の消費者物価上昇率（東京）は、1949年の秋からはマイナスに転じた（図4-1）。ドッジ・ライン実施直前の1948年後半にはインフレは安定化の兆しを見せていたが、ドッジ・ラインがその収束を決定的なものにしたのである。

第2は、市場の機能の改善である。価格差補給金、円安に設定された輸出為替レート、企業の赤字補填、賃金補給などの事実上の補助金は、企業のコスト削減や経営改善のインセンティブを削ぐとともに、本来規模縮小あるいは淘汰されるべき企業や産業を温存し、効率的な資源配分を損ねていた。また価格統制は価格のシグナル機能を阻害し、効率的な資源配分の妨げとなっていた。これらの措置によりこうした市場の機能が改善された。

第3は、単一為替レートの設定により、価格メカニズムが働く形で日本経済が世界経済にリンクされ、国際市場への復帰の条件が整ったことである。

しかし、当然のごとくドッジ・ラインはデフレ効果を伴った。緊縮財政への劇的な転換や、全金融機関貸出残高の約4分の1（1949年3月末時点）を占める復金融資の停止等は、マクロ経済に大きな負の影響を与えた。失業、倒産は急増し、労働争議も多発した。さらに同時期には、GHQの強硬な指導により国営事業であった国鉄、専売（塩、たばこの専売事業）が公社化され（1949年6月）、大量

14）　1ドル360円というレートについては、当時の日本の競争力に照らして、割高、割安の両方の評価があるが、概ね適切であるという見方が多いように思われる。

15）　経済企画庁（1976）によると、価格統制件数（大分類での告示数）は最も多かった2,129件（1948年3月）から、531件（50年4月）、148件（52年3月）と急速に減少した。

の人員整理が行われる中で、国鉄にまつわる不可解な事件も相次いで発生し、社会不安が高まった。

　しかし、こうした状況は1950年6月に朝鮮戦争が勃発すると一変した。世界的に戦略物資の需給が逼迫し、日本の輸出環境が改善するとともに、国連軍の主力である在日米軍が日本から出動するために、繊維製品（綿布、毛布、麻袋）、トラック、鋼材、有刺鉄線などの軍用物資を日本で大量に買付けることになり、日本の財・サービスに対する需要が急増した。これが「朝鮮特需」と呼ばれるものである。しかも、米軍の支払いはドルで行われたために、外貨不足による輸入制約は大幅に緩和され、生産拡大に必要な原材料の輸入も容易となった。この結果、1951年には鉱工業生産も大きく回復し、ドッジ不況にあえいでいた日本経済は息を吹き返した。

ドッジ・ラインの真の意義

　インフレ収束に対する有効性という点では、緊縮的な財政・金融政策を断行したドッジ・ラインは、それまでの統制的な政策に比べて極めて強力であった。ただし、当然その代償としてデフレ的な影響が発生した。またドッジ・ラインの直前の1948年後半にはインフレは生産回復等により安定化の兆しを見せていたことから、それまでの傾斜生産方式や公定価格体系を用いた統制的政策もある程度有効であったと見ることができる。

　しかし、インフレ収束とデフレ的影響という短期的成果だけに注目してしまうと、ドッジ・ラインの真の意義を過小評価しかねない。経済諸制度が未整備な中での混乱という当時の経済状況を考慮するならば、市場メカニズムの働き方など経済構造全般への影響という観点からの評価、あるいはより長期の視点からの評価が必要であろう。一般に、市場メカニズムが十全に機能し本来の成果が達成されるためには、マクロ経済が安定し、価格のシグナル機能が正しく働くとともに、各経済主体のインセンティブが適正に働き、資源が効率的に配分されることが必要である。このような条件に照らしてドッジ・ラインを見ると、各政策は次のような意味を持ったと考えられる。第1に、財政の均衡および金融の規律はインフレを収束させ、マクロ経済の安定をもたらした。第2に、インフレが落ち着く中で価格統制が廃止されたことは、価格のシグナル機能を回復させた。第3に、隠れた補助金を含めた補助金の廃止等は、企業のインセンティブ機能と効率的な資

源配分の機能を改善させた。第4に、単一為替レートの設定は、市場メカニズム
が働く形で日本経済を世界市場に復帰させた。第5に、貯蓄投資バランスの観点
からは、財政の均衡は個人貯蓄が民間企業の設備投資に向かうことを可能にした
（野口 2010）。これらを総合すれば、ドッジ・ラインは、民間企業の経済活動を
中心に市場メカニズムが働きやすい環境を整備したと評価できるだろう。その後
日本経済が1970年代初頭まで、財政・金融の規律を保ち、1ドル360円の為替レ
ートの下で、民間企業の活力を中心に経済成長を遂げたことを踏まえると、ドッ
ジ・ラインの効果は一過性のものではなく、長期的に成長促進的なものであり、
1950年代後半からの高度成長を準備したとも言えるだろう[16]。

参考文献

雨宮昭一（2008）『占領と改革』岩波書店

有沢広巳監修、安藤良雄・伊牟田敏充・金森久雄・向坂正男・篠原三代平・竹中一雄・
　　中村隆英・原朗編（1994）『昭和経済史　中』日本経済新聞社

伊藤修（1995）『日本型金融の歴史的構造』東京大学出版会

植田和男（1993）「金融システム」、岡崎・奥野編

大来洋一（2010）『戦後日本経済論－成長経済から成熟経済への転換』東洋経済新報社

岡崎哲二（1993）「企業システム」、岡崎・奥野編

岡崎哲二（1997）『工業化の軌跡－経済大国前史』読売新聞社

岡崎哲二・奥野正寛編（1993）『現代日本経済システムの源流』日本経済新聞社

岡崎哲二・奥野正寛（1993）「現代日本の経済システムとその歴史的源流」、岡崎・奥野
　　編

岡崎哲二・吉川洋（1993）「戦後インフレーションとドッジ・ライン」、香西・寺西編

尾高煌之助（1993）「『日本的』労使関係」、岡崎・奥野編

川越俊彦（1993）「農地改革」、香西・寺西編

経済企画庁（1976）『現代日本経済の展開－経済企画庁30年史』大蔵省印刷局

黒田昌裕（1993）「戦後インフレ期における物価・物資統制」、香西・寺西編

香西泰（1981）『高度成長の時代－現代日本経済史ノート』日本評論社

16）大来（2010）は、1990年代に生じた計画経済から市場移行への体制移行問題との比較にお
　　いて、ドッジ・ラインは、グラジュアリズム（漸進主義）とIMF型ビッグバンの2つの市
　　場化戦略のうち後者に近い政策であるとしている。ただし、同時に当時の日本経済は市場経
　　済の制度の発達や経験の点で初期条件が異なることも指摘している。

香西泰・寺西重郎編（1993）『戦後日本の経済改革－市場と政府』東京大学出版会

菅山真次（2011）『「就社」社会の誕生－ホワイトカラーからブルーカラーへ』名古屋大学出版会

寺西重郎（1993a）「安定化政策と生産拡大・成長」、香西・寺西編

寺西重郎（1993b）「終戦直後における金融制度改革」、香西・寺西編

寺西重郎（2003）『日本の経済システム』岩波書店

寺西重郎（2011）『戦前期日本の金融システム』岩波書店

中村隆英（1986）『昭和経済史』岩波書店

中村隆英（1993）『昭和史 II 1945-89』東洋経済新報社

永江雅和（2009）「戦時経済から民主化・復興へ」、浜野潔・井奥成彦・中村宗悦・岸田真・永江雅和・牛島利明『日本経済史1600-2000－歴史に読む現代』慶應義塾大学出版会

野口悠紀雄（2008）『戦後日本経済史』新潮社

野口悠紀雄（2010）『1940年体制－さらば戦時経済（増補版）』東洋経済新報社

橋本寿朗（1995）『戦後の日本経済』岩波書店

橋本寿朗・長谷川信・宮島英昭・齋藤直（2011）『現代日本経済（第3版）』有斐閣

深尾光洋・大海正雄・衛藤公洋（1993）「単一為替レート採用と貿易民営化」、香西・寺西編

本間正義（2010）『現代日本農業の政策過程』慶應義塾大学出版会

三和良一（1989）「戦後民主化と経済再建」、中村隆英編『「計画化」と「民主化」』（日本経済史7）岩波書店

三和良一（2012）『概説日本経済史　近現代（第3版）』東京大学出版会

谷沢弘毅（1992）「高額所得者の分布に関する戦前・戦後比較」、『日本経済研究』No.23、日本経済研究センター

八代尚宏（2013）『日本経済論・入門－戦後復興からアベノミクスまで』有斐閣

第5章

高度成長

1950年代半ばから1970年代初頭まで続いた高度成長期は、高成長が長期間持続した点で極めて画期的な時代であったが、以下の点においても特別な時代であった。第1に、高度成長期は単に所得が上昇しただけでなく、テレビ、電気洗濯機、電気冷蔵庫などの耐久消費財の普及に象徴されるように、消費の増加とともに生活水準や生活の質の向上を大いに実感できた時代であった。第2に、この時代は、日本がGATT、IMF、OECDへの加盟を経て国際社会に復帰を果たすとともに、GNP規模で世界第2位の経済大国になるなど、第2次世界大戦で失った自信や威信を取り戻した時代でもあった。第3に、高度成長を実現する過程で、日本的経済システムが確立し、定着した時代であった。

しかし意外なことだが、1950年代前半の時点で高度成長を予見することは異端であった。また高度成長のさなかにおいても、景気後退の度ごとに悲観論が台頭し、高度成長の実現を困難視する見方が少なくなかった。

このような高度成長はいかにして達成されたのだろうか。需要面、供給面から支えた要因、あるいはメカニズムは何だったのだろうか。貿易や資本の自由化はどのような役割を果たしたのだろうか。海外から好奇と賞賛の眼で見られた「産業政策」はどのように評価されるのだろうか。本章では高度成長を振り返りながらこれらの問題を検討する。

1 高度成長の足跡

（1）高度成長の始まり

初期条件としての「もはや戦後ではない」

　日本経済が高度成長したことを既に歴史的事実として知っている我々は、高度成長が当然のように予測され、期待どおりに実現されたと思いがちである。しかし、1950年代前半の時点で高度成長を予見することは異端であった。復興は果たしたものの、日本経済は依然として不安定で未発達な状況にあり、リアルタイムで生きていた当時の人々にとって高度成長は夢物語であったと想像される。

　高度経済成長の始まりは一般に、内外の政治経済的諸条件が整備された1955-56年（昭和30-31年）頃とされる。『経済白書』が「もはや戦後ではない」という有名なフレーズで戦後復興の終わりを告げたのは1956年度（昭和31年度）のことであった。その後、このフレーズは独り歩きし、日本経済の明るい前途を示唆したものと解釈されることがしばしばあった。しかしその真意は、下に引用する文脈からわかるとおり、戦後復興という一時的な浮揚力による成長は終わり、今後は近代化をしなければ日本経済の成長は持続できないとする、むしろ危機感や戒めを込めたものであった。

　『1956年度経済白書』は、短期的分析として、1955年度の日本経済が、国際収支の改善、インフレなき景気拡大、オーバー・ローン（日銀借入に依存した銀行の貸出）の是正、という3拍子そろった戦後最良の年であったと分析し、さらに中長期的分析として、戦後復興過程を振り返り、今後の成長率鈍化への懸念と対策を述べている。そして総論の最後に総括と展望が格調高く謳われている。やや長くなるがその前段部分を引用しよう。

　　　戦後日本経済の回復の速やかさには誠に万人の意表外にでるものがあった。それは日本国民の勤勉な努力によって培われ、世界情勢の好都合な発展によって育まれた。
　　　しかし敗戦によって落ち込んだ谷が深かったという事実そのものが、その谷からはい上がるスピードを速からしめたという事情も忘れることはできな

い。経済の浮揚力には事欠かなかった。経済政策としては、ただ浮き揚る過程で国際収支の悪化やインフレの壁に突き当るのを避けることに努めれば良かった。消費者は常にもっと多く物を買おうと心掛け、企業者は常にもっと多く投資しようと待ち構えていた。いまや経済の回復による浮揚力はほぼ使い尽された。なるほど、貧乏な日本のこと故、世界の他の国々にくらべれば、消費や投資の潜在需要はまだ高いかもしれないが、戦後の一時期にくらべれば、その欲望の熾烈さは明らかに減少した。もはや「戦後」ではない。われわれはいまや異なった事態に当面しようとしている。回復を通じての成長は終った。今後の成長は近代化によって支えられる。そして近代化の進歩も速やかにしてかつ安定的な経済の成長によって初めて可能となるのである（『1956年度経済白書』第一部総説「結語」より引用）。

　このように『1956年度経済白書』は、近代化とそのための経済構造の改革の必要性を訴えて、結びとしている。こうした「もはや戦後ではない」状況が、高度成長の初期条件だったと言える。

繰り返された悲観論

　実は、日本経済の先行きに楽観的になれなかったのはこのときだけではない。昭和30年代には、景気が拡大から後退に反転する度に悲観論が繰り返された（有沢監修 1994）。第 3 循環の拡張期（1954年11月–1957年 6 月）である「神武景気」後の後退期は、「なべ底」を這うように長期化することが懸念されたが、景気は予想を裏切って V 字型回復を果たした。また、第 4 循環の拡張期（1958年 6 月–1961年12月）である「岩戸景気」後の後退期の頃から、「転型期」という言葉が流行し、構造不況や高成長の終わりといったことまで議論されるようになったが、結果的にこれらは杞憂に終わった。

　このようなエピソードからわかるとおり、当時の日本人は日本経済に対してなかなか自信を持てなかった。と同時に、日本経済の成長が当時の日本人の予想を超えていたことがうかがわれる。

（2）高度成長の展開

　高度成長は具体的にどのような展開を見せたのだろうか。以下、その足跡を振

り返ろう。

高度成長への助走

　ドッジ・ラインが市場メカニズムの働く環境を整備したことは第4章で述べたが、朝鮮特需の盛り上がりを経て、鉄鋼業での第1次合理化計画をはじめとする積極的な設備投資が高度成長への助走となった。当時の鉄鋼業の重要課題は品質の改善であった。1952年からの第1次合理化計画は、従来の圧延設備を、最新鋭の熱間連続圧延設備および冷間連続圧延設備に転換することを柱としたものであり、これによりコスト削減とともに飛躍的な品質の向上が図られた。

　また、この時期には新たな寡占的競争関係が形成された。国策会社として独占的なシェアを有していた日本製鉄株式会社が過度経済力集中排除法（1947年）により1950年に八幡製鉄と富士製鉄に分割民営化され、さらに戦前には高炉を持たなかった川崎製鉄（川崎重工業より分離独立）、住友金属工業、神戸製鋼所の3社が新たに銑鋼一貫メーカーとして参入し、日本鋼管を含めた6社体制が出来上がった[1]。この時期の業界の動向については、以下に述べるように、川崎製鉄の千葉における銑鋼一貫製鉄所の建設が業界に大きな刺激を与えたとされる[2]。

　当時、資源を持たない日本では鉄鋼業の将来は必ずしも明るくないと見られていた。しかも、平炉メーカーへの銑鉄の安定供給者であった日本製鉄の分割民営化によって、平炉メーカーの競争条件は一層厳しくなることが予想された。こうした事態に対し、技術者出身で平炉の限界を以前から認識していた川崎重工業の西山弥太郎は、1950年8月に同社から分離独立した川崎製鉄の初代社長に就任するや否や、強力なリーダーシップを発揮し、千葉における銑鋼一貫製鉄所建設の計画を発表した。当初この計画は、他社の高炉が遊休化していたことから過剰な投資計画であり、また資金計画に無理がある等の理由で、通産省、財界、金融界から猛反対された[3]。しかし、最終的には問題点はクリアされ、1953年6月に最新鋭の一貫工場が操業を開始した。結果的にこの一貫工場は成功を収め、後の住

1）1970年に八幡製鉄と富士製鉄が合併してできた新日本製鉄は、2012年に住友金属工業を吸収合併し現在は日本製鉄となっている。川崎製鉄と日本鋼管は2002年に経営統合し、現在はJFEホールディングスとなっている。
2）銑鋼一貫製鉄所とは、鉄鉱石から銑鉄をつくる工程（製鉄あるいは製銑）と、銑鉄から鋼をつくる工程（製鋼）の両方を持つ製鉄所のことであり、前者の工程に高炉が用いられる。

友金属工業および神戸製鋼所の参入を誘発することとなった。このエピソードは、戦後復興後の不安定で不確実な状況下で、周到な技術的準備と大胆な企業家精神が事業を成功に導いたことを、まさに溶鉱炉さながらの熱気をもって伝えている[4]。

設備投資主導の神武景気と岩戸景気

　高度成長は、1955年頃からの景気拡大とともに幕を開けた。この景気拡大は神武天皇以来の好景気という意味で「神武景気」と命名された。高度成長のダイナミズムの主役は何といっても設備投資である。**図5-1**は、消費、設備投資、GDPの実質伸び率を四半期の前年比で示したものであるが、設備投資の変動がいかに急激であるかがわかる。1956年度の設備投資の伸び率は、名目ベースで56.0%、実質ベースで39.1%と爆発的な伸び率であった。業種としては、鉄鋼業で本格的な銑鋼一貫製鉄所の建設などが1956年から第2次合理化計画として始まった他、電力、機械などの基幹的な産業の投資が増加した。しかし、輸入急増による国際収支の急激な悪化から金融引き締めが発動され、景気拡大は31カ月で終わった。

　「神武景気」後の景気後退は、急激な設備投資増加の後の資本ストック調整により「なべ底」を這うように長期化するのではないかという弱気の見方があったが、後退の主因が一時的な要因を含む在庫調整にあったことから、景気はV字回復を果たし、1958年6月から次の景気拡大に入っていった。この景気拡大は、神武景気を凌駕するという意味から、神武天皇よりも古い「天の岩戸」の神話にちなんで「岩戸景気」と呼ばれた。図5-1からわかるとおり、この景気拡大も設備投資に牽引されたものである。1960年度の設備投資の伸び率は、名目ベースで42.7%、実質ベースで39.6%であった。拡大期間が1961年12月までの42カ月と比

3）反対意見の中では、メディアによる脚色が多分にあるとみられるが、一万田尚登日銀総裁の「千葉製鉄所にペンペン草を生やしてみせる」という発言がとりわけ有名である。これに関し岡崎（1996b）は、日銀は、千葉計画には必ずしも積極的ではなかったが、協調融資団の斡旋を通じて資金面で重要な役割を果たしたと論じている。

4）千葉製鉄所新設の評価に際し、米倉（1983）は経営史の観点から西山社長の企業家精神の役割に注目し、岡崎（1996b）は、戦後の不安定な市場移行過程で果たした政府（通産省）、日銀、日本開発銀行、協調融資団の役割を強調している。

図 5-1　消費、設備投資、GDP の伸び率（実質ベース、前年比）

（1）1956年第Ⅱ-1964年第Ⅳ四半期

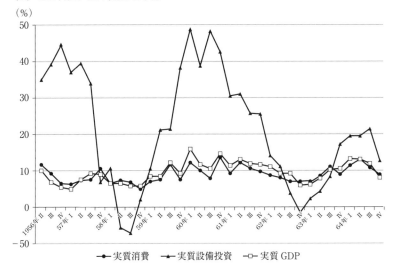

（2）1965年第Ⅰ-1971年第Ⅳ四半期

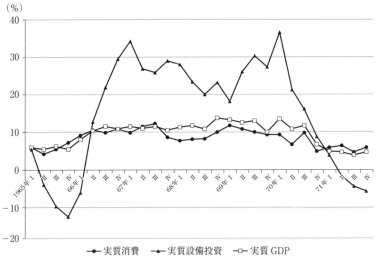

（注）1990年基準。
（出所）内閣府『国民経済計算』

較的長期に及んだ理由としては次の 2 つの要因が重要であろう。第 1 の要因は、図からも見て取れるが、消費ブームとも呼べる消費の持続的拡大である。その中心は電気洗濯機、白黒テレビ、電気冷蔵庫などの家電製品で、この 3 つは「**三種の神器**」と呼ばれた。消費拡大の背景には、所得の増加に加えて、技術進歩によって家電製品などの価格が下がったこと、地方圏から都市圏への若年人口の移動によって世帯数が増えたこと、労働需給の逼迫から賃金が上昇し中間層と呼ばれる階層が増加したこと、などがあったと考えられる。この頃の消費の熱気は、例えば1959年 4 月の皇太子御成婚記念パレードを見るためにテレビの店頭在庫までもが売り切れたという話からもうかがわれる[5]。第 2 の要因は、鉄鋼、工作機械、自動車、家電製品などの産業間で技術革新を伴った設備投資が、他産業の投資を誘発する形で連鎖的・相互拡大的に増加したことである。『1960年度（昭和35年度）経済白書』はこの現象を「投資が投資を呼ぶ」と表現した。例えば、圧延部門の技術革新により鉄鋼の薄板（川上産業）の価格が下がり品質が向上すると、コスト低下と品質向上を通じて自動車や家電製品など最終製品（川下産業）の需要が増加する。一方、最終製品（川下産業）に対する需要の増加は、その生産に必要な鉄鋼、工作機械など（川上産業）の需要を増加させ、これらの産業や関連する産業での投資を誘発する。こうして技術革新を伴った設備投資は、関連する産業間での相互依存関係を緊密化させながら連鎖的に投資を増加させたのである。

　しかし、またもや国際収支の悪化から金融引き締めが発動され、岩戸景気は1961年12月にピークを打ち、景気は後退期間に入った。

国民所得倍増計画：計画を大きく上回った実績

　ここで、高度成長期に策定され、高度成長の象徴とも言える**国民所得倍増計画**について触れておこう。1960年 7 月、新安保条約自然承認の直後に岸内閣が総辞職すると、それを引き継いだ池田勇人内閣は、同年12月に国民所得倍増計画を閣議決定し、経済成長路線を大々的に打ち出した。ただし「計画」と言っても、終戦直後から経済復興期（1946-54年）に採られた統制色の強い計画とは異なって、1955年以降に策定された計画は、資源配分は基本的に市場で決定されるという認

---

5 ）吉川（1997）は、経済分析に様々なエピソードをおりまぜて、高度成長のダイナミックな
　様子を生き生きと描写している。

識の下、市場メカニズムを補完し、経済のガイドラインと経済政策の方向性を示すという性格のものであった（小峰 1993）。

　1970年度までの10年間で所得を２倍にするというこの計画は、当初、あまり現実的ではないと受けとめられていた。経済の専門家の間では、目標値が高すぎ、無理に実現しようとするとインフレになる、あるいはひずみが生じるという否定的な見方が多かった。こうした批判に対し、日本の高い成長力を信じ、池田首相のブレーンとして所得倍増政策を理論的に支えた下村治は、企業の設備投資やイノベーションによって日本の供給能力が高まることを考慮して、計画は十分に達成可能であると反論した。それどころか下村は、計画期間の目標成長率（10年間の年率平均7.2%、実質ベース）は日本の実力に比べて低すぎるとして、平均10.4%（実質ベース）の予測を独自に作成していた[6]。

　計画に対し実績はどうだったのだろうか。国民所得倍増計画は冒頭で、「この計画が到達目標とする10年後の国民総生産26兆円（昭和33年度価格）は、昭和35年度の国民総生産の２倍の大きさである」と述べている。10年で２倍になるための平均成長率は年率7.2%である。実績はこの目標をはるかに上回った。1990年基準のデータを用いると、1961-70年度の実績の平均成長率は10.0%と計算される。10年間で所得（実質GNP）は実に2.6倍の成長を遂げたのである。**図5-2**は、この計画と実績を指数化して対比させたものだが、実績が計画を大きく上回ったことがよくわかる。このエピソードは、高度成長期の勢いを最も強く印象づける出来事であったと言えよう。

40年不況：高度成長期最大の危機

　話をもとに戻すと、岩戸景気後の後退期間終了後、1964年10月の東京オリンピック開催に向けて、東海道新幹線、首都高速道路、地下鉄、ホテルなどの建設ブームにより景気は拡大したが、生産増に伴う輸入増と金融引き締めから、10月をピークに後退に転じた。精神の高揚とともに盛り上がった「オリンピック景気」（1962年10月-1964年10月）はオリンピックの閉幕（10月24日）とともに終了したのである。政治面でも、一時代の終わりを告げるかのように、高度成長の推進役であった池田首相が病気を理由にオリンピック閉幕直後に退陣し、代わって安定

6）下村氏が予測した成長率は下村（1961）に示されている。

図5-2　国民所得倍増計画の目標と実績：1960-70年度

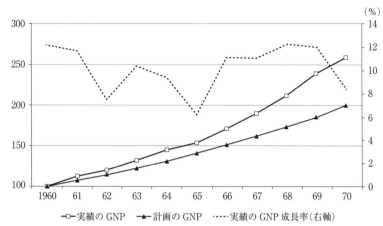

- □ 実績の GNP
- ▲ 計画の GNP
- ‥‥‥ 実績の GNP 成長率（右軸）

(注)　1　1960年度の実質 GNP（国民総生産）を100に指数化している。
　　　2　計画の GNP は各年の成長率を7.2%としている。
　　　3　実績は1990年基準。
(出所) 経済企画庁編『国民所得倍増計画』（1960年12月27日閣議決定）、内閣府『国民経済計算』

成長を標榜する佐藤栄作内閣が誕生した[7]。

　1964年10月からの景気後退はその後、日本特殊鋼、サンウェーブ工業、山陽特殊鋼など大企業の相次ぐ倒産に伴い次第に不況色を強めていった。そして、1965年5月に証券大手である山一證券が金融引き締めによる株価下落の中で経営再建計画を発表すると、投資信託等を解約する個人客が山一證券に殺到し（取り付け）、信用不安が一気に広がった。設備投資も大きく減少するなど、不況は深刻化し、「構造不況」という言葉まで生まれた。こうした事態に対し、日銀は特別融資により山一證券を救済して取り付け騒ぎを鎮静化させるとともに、公定歩合の一層の引き下げなどの金融緩和策を採った。さらに政府は、ドッジ・ライン以来堅持してきた均衡財政主義を放棄し、赤字国債の発行による拡張的な財政政策を実行した。これらの拡張的金融財政政策を受けて、株価はようやく回復に向かい、景気後退は12カ月で終わった。こうして、高度成長は最大の危機であった

　7）池田首相は、東京オリンピック閉会式の翌日に辞任を表明し、1965年夏、所得倍増計画の成功を見届けることなく他界した。

「40年不況（証券不況）」を乗り切り、景気は高度成長の総仕上げとも言える戦後最大の「いざなぎ景気」に入っていった。

いざなぎ景気：57カ月の長期拡大

　「40年不況」後の景気拡大は、57カ月（1965年10月-1970年7月）の長期に及び、その時点での戦後最長の拡大期間となった。この好景気は神武景気や岩戸景気を超えるという意味で、日本列島を創造したという「いざなぎのみこと」の神話にちなんで「いざなぎ景気」と命名された。これほど景気拡大が長期化した理由としては以下の点が指摘できる。第1は、輸出が、輸出競争力の向上や海外の好景気を背景に趨勢的に増加し、それまで制約となっていた国際収支の天井がなくなったことである。貿易収支および経常収支は1968年度から黒字基調が定着した。この結果、1967年度に一時的な国際収支の悪化から公定歩合が引き上げられたが、それ以降は外貨準備の不足を理由とする金融引き締めの必要性はなくなった。第2は、消費が堅調であったことである。この時期には、乗用車（car）、カラーテレビ（color TV）、クーラー（cooler）、の「3C」と呼ばれる「新三種の神器」への消費支出が増加した。表5-1に示してあるとおり、いざなぎ景気にほぼ対応する1966-70年度の消費の平均伸び率や寄与度は他の時期に比べて高くなっている。第3は、設備投資が依然として旺盛であったことである。この時期には、輸出増による市場の拡大などを背景とした大型化投資に加え人手不足に対応した省力化投資も増加した。神武景気や岩戸景気のような爆発力はなかったが、設備投資は1966-70年度の期間を通じて実質ベースで平均23％程度の伸び率を持続した。

　こうした経済成長の結果、日本は1968年にはGNP規模で西ドイツを抜き、資本主義圏で米国に次ぐ世界第2位の経済大国となった。

　この景気拡大はこれまでとは異なった理由で反転を迎えた。すなわち、国際収支の天井がなくなり、代わって製品需給や労働需給の逼迫を原因とする物価上昇が新たな反転要因となった。1969年9月から公定歩合の引き上げ等の金融引き締め政策が発動されたことに加え、財政も緊縮策が採られ、未曽有の長期拡大は、大阪万国博覧会（1970年3月-9月）の宴の中で、1970年7月に終焉を迎えた。

（3）GDPコンポーネントから見た高度成長

　GDPの内訳から見て、高度成長はどのような特徴を持っていたのだろうか。

表5-1　高度成長期における実質 GDP 成長率の内訳

(単位：%)

	1956-60 年度	1961-65 年度	1966-70 年度	1956-70 年度
国内総支出	8.9	9.1	10.9	9.6
民間最終消費支出	8.5	8.6	9.2	8.8
	(5.5)	(5.5)	(5.6)	(5.4)
民間住宅	14.5	18.0	14.6	15.7
	(0.5)	(0.9)	(1.0)	(0.8)
民間企業設備	25.5	8.6	22.8	18.7
	(1.7)	(0.8)	(2.7)	(1.9)
政府支出	5.2	8.6	7.5	7.1
	(1.3)	(1.9)	(1.5)	(1.5)
政府最終消費支出	3.3	5.3	4.4	4.3
	(0.6)	(0.8)	(0.5)	(0.6)
公的固定資本形成	12.1	16.1	12.1	13.5
	(0.7)	(1.1)	(1.0)	(0.9)
財・サービスの純輸出	(−0.3)	(0.0)	(−0.3)	(−0.2)
輸出	11.1	15.1	17.1	14.4
	(0.4)	(0.6)	(0.9)	(0.7)
輸入	15.6	11.8	17.4	14.9
	(−0.7)	(−0.6)	(−1.2)	(−0.9)

(注)　1　数字は各期間の年平均伸び率。
　　　2　( ) 内数字は寄与度。輸入の寄与度はマイナスで表示。
　　　3　1990年基準。
(出所)　内閣府『国民経済計算』

　表5-1は、1956-70年度の15年間を5年ごとの3つの期間に分けて、実質GDP
を構成するコンポーネント（支出項目）ごとに年平均伸び率と寄与度を示したも
のである。全期間の実質GDPの年平均成長率は9.6％であった。景気日付に関
係なく一律に5年で区切っているが、3つの期間の成長率にそれ程大きな差はな
い。ただし、いざなぎ景気にほぼ対応する1966-70年度の成長率は10.9％とやや
高くなっている。コンポーネントのうち、全期間を通じて寄与度が最も高いのは
民間最終消費支出であり、成長率の約6割を消費が稼いでいる計算となる。よっ
て、上で見たように高度成長期のダイナミックな変動の主役は設備投資であった
が、需要面から成長率を最も大きく押し上げたのは消費であった。この点、高度
成長期は豊かさの上昇を伴った成長期であったと言える。民間企業設備（設備投
資）は、期間によって伸び率が大きく異なるが、全期間平均で18.7％もの伸び率

表 5 - 2　高度成長期における名目 GDP の構成比

(単位：%)

	1956-60 年度	1961-65 年度	1966-70 年度	1956-70 年度	(参考) 2000-10 年度
国内総支出	100.0	100.0	100.0	100.0	100.0
民間最終消費支出	61.3	58.1	54.3	56.3	58.0
民間住宅	3.6	4.9	6.2	5.5	3.4
民間企業設備	15.8	17.8	19.4	18.5	13.7
政府支出	15.6	16.6	15.7	16.0	23.7
政府最終消費支出	8.4	8.1	7.5	7.8	18.4
公的固定資本形成	7.1	8.6	8.3	8.2	5.3
在庫品増加	3.6	2.5	3.2	3.0	0.0
財・サービスの純輸出	0.1	0.1	1.2	0.7	1.2
輸出	11.1	9.7	10.4	10.3	13.9
輸入	11.1	9.6	9.2	9.6	12.7

(注)　1　数値は各期間の平均値。
　　　2　1970年度までは1990年基準。2000年度以降は2005年基準。名目ベース。
(出所)　内閣府『国民経済計算』

を示しており、この結果、名目 GDP に占める構成比は1966-70年度には19.4％まで高まり（表 5 - 2 ）、成長への寄与度もほぼ時系列的に増加している。民間住宅の構成比と寄与度も同様な傾向を示している。公的固定資本形成の寄与度が時系列的に増加しているのは、オリンピックへの準備、景気対策、インフラ整備などで社会資本関連の公共投資が次第に増えたことによる。輸出と輸入はともに成長率以上に伸びているが、純輸出の寄与度はゼロか、わずかなマイナスであり、この数字からは高度成長は輸出主導ではなく内需主導であったと言えよう。ただ貿易の果たした重要な役割については下で詳しく触れる。なお、参考として示した2000-10年度の GDP 構成比を見ると、高度成長期に比べて、民間住宅、民間企業設備、公的固定資本形成の構成比が低下し、政府最終消費支出の構成比が上昇しているのが特徴的である[8]。

---

8 ）近年、政府最終消費支出の構成比が上昇しているのは、国民経済計算（SNA）の移行
　　（1968SNA から1993SNA へ）に伴う医療保険給付等の民間最終消費支出から政府最終消費
　　支出への移し替えと、医療保険給付の増加等によるとみられる。

2　高度成長を支えたもの

　高度成長の達成はいかにして可能となったのだろうか。以下、高度成長を支えたものをいくつかの視点から検討しよう。なお、貿易と資本の自由化、産業政策については、節を改めて検討する。

（1）需要要因と供給要因

旺盛な消費需要

　需要面から高度成長を牽引したものの筆頭は、表5−1からも明らかなように、個人消費である。ただし消費と言っても、当初は、家事労働負担を軽減し生活を便利にする耐久消費財へ向けられた部分が多かった。「三種の神器」のうち、電気洗濯機、電気冷蔵庫はこうしたタイプのものであろう。テレビは娯楽的な要素が強いが、情報を得るためのメディアとしての機能も持ったと考えられる。これらの耐久消費財は事実上の生活必需品とみなされ、各家庭に急速に普及した。続く「新三種の神器」である、乗用車、カラーテレビ、クーラーは、より快適でより質の高い生活を楽しむために求められたと考えられる。こうして個人消費は、必需的な性格の強い耐久消費財から次第に質の高い生活を楽しむためのものへと広がりを見せていった。そこでは家事労働から解放された時間が余暇時間に充てられ、レジャー関連の支出が増えるという効果も働いた。　旺盛な消費活動の背景には、所得の上昇に加え、技術革新が価格の低下や新製品の開発を可能にしたこと、スーパーマーケットなど流通面での整備と効率化が進んだこと、人口移動により世帯数が増えたこと（後述）、中間層が厚みを増したこと等の要因があったと考えられる。そしてこうした消費活動は我々の生活スタイルを一変させるものであった。

設備投資と技術革新

　一方、供給面では設備投資と技術革新（イノベーション）の果たした役割が重要であった。設備投資は、1956-70年度の15年間で平均18.7％（実質ベース）もの伸びを示し、供給能力を大幅に拡大させた。イノベーションは、火力発電、エチレンセンター、鉄鋼、工作機械などのエネルギー・基礎素材・資本財産業から、

自動車、家電等の加工組立型の耐久消費財産業に至るまで、幅広い分野で起こった。そしてこれらの新技術の多くは、新しい資本に体化される形で設備投資とともに導入された。したがって、設備投資は単に供給能力を拡大させただけでなく、コスト削減、品質の向上、製品の高度化などを通じて新たな需要の創造にも貢献したと考えられる。高度成長期において、急激な設備投資の増加にもかかわらず、深刻な資本ストック調整に見舞われることが少なかった理由の1つとして、このような効果が考えられよう。

（2）大都市圏への人口移動

　耐久消費財を中心とした個人消費の増加が需要面から高度成長を支えたことは上で述べたが、その重要な背景の1つとして地方から大都市圏への大規模な人口移動があった。吉川（1992、1997）は、第1次産業から第2次産業への産業構造の変化に伴って農村から大都市圏へ大量の人口移動が起きたことに注目し、大都市圏で増加した世帯が家電製品などの耐久消費財の需要増に大きく貢献したと分析している。**図5-3**は3大都市圏（首都圏、大阪圏、名古屋圏）の転入超過人口の推移を示したものだが、高度成長期には毎年50万人前後の転入超過が10年以上も続いたことがわかる。こうした転入者のかなりの割合は若年者であった。**表5-3**は1960年と2010年における東京都への転入者の年齢区分別構成比を比較したものだが、1960年では15～19歳を中心に15～29歳の転入者が全体の約75％を占めた。15～19歳の転入者は当時社会現象となった「集団就職」に対応したものとみられる。これに対し、2010年では30代前後の転入者が多く、年齢の分布がかなり異なっている。

　このような人口移動の結果、3大都市圏の世帯数は他地域に比べて大きく増加した。1960-70年の10年間で全国の世帯数は776万世帯増加したが、そのうち3大都市圏での増加が71％を占めている。とりわけ首都圏の増加が目覚ましく、10年間の増加率は65％にも上る。日本経済全体で見ても、高度成長期においては世帯数の増加率は人口の増加率を大きく上回っている（**図5-4**）。一方、テレビ、電気洗濯機、電気冷蔵庫などの耐久消費財は都市部で急速に普及した。独立した世帯にとって、これらの財が生活のための必需品であったと考えられる。したがって、こうした大都市圏における世帯数の増加が耐久消費財の需要増に大きく貢献したとみられる。

図 5 - 3　3 大都市圏の転入超過人口の推移：1955-2010年

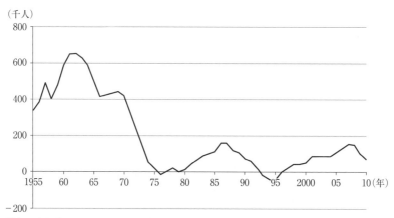

（注）　3 大都市圏は、首都圏（東京、埼玉、神奈川、千葉）、
　　　大阪圏（大阪、京都、兵庫、奈良）および名古屋圏（愛知、岐阜、静岡、三重）
（出所）総務省『住民基本台帳人口移動調査報告』

表 5 - 3　東京都への転入人口の年齢区分別構成比

（単位：％）

	1960年	2010年
1 〜14歳	8.2	8.5
15〜19歳	37.6	6.3
20〜24歳	23.9	17.1
25〜29歳	13.1	16.1
30〜39歳	9.1	26.7
40〜49歳	3.8	12.6
50〜59歳	2.3	6.2
60〜69歳	1.2	3.4
70歳〜	0.8	3.1
合　　計	100.0	100.0

（注）　1　男女計。他県からの転入者数。
　　　　2　転入者総数は、576,680人（1960年）、974,554人（2010年）。
（出所）総務省『国勢調査報告』

図5-4　世帯数増加率と人口増加率：1956-2010年

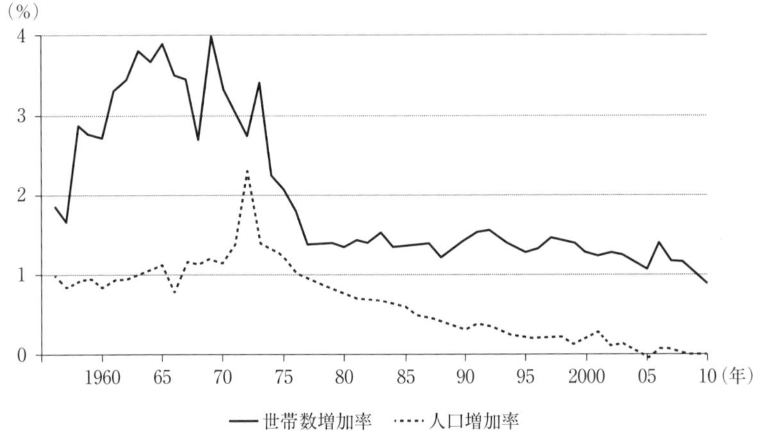

(注) 世帯数では1973年から、人口では1972年から沖縄県が含まれる。
(出所) 総務省『住民基本台帳』、総務省『人口推計』

（3）産業構造

重化学工業化の進展

　高度成長期の産業を牽引したのは重化学工業であった。いま、重化学工業＝金属＋機械＋化学、とし、金属＝鉄鋼＋非鉄金属＋金属製品、機械＝一般機械＋電気機械＋輸送機械＋精密機械、とすると、産業連関表の実質粗付加価値（1970年価格基準）で見た重化学工業の構成比は、**表5-4**に示してあるとおり、1960年の40.0％から1970年の59.3％へと大きく上昇している。中でも、機械、特に電気機械の増加が目覚ましい。これには家電製品の需要増が大きく影響しているとみられる。重化学工業の構成比が上昇する一方で、食料品、繊維などの構成比が低下した。このような産業構造の変化は基本的には日本の比較優位構造に沿ったものと考えられる。すなわち、所得の上昇や労働需給の逼迫による賃金の上昇、そして資本の蓄積や技術進歩に伴う資本価格や技術のコストの低下によって、食料品や繊維などの労働集約的産業が競争力を失い、資本集約的、技術集約的産業が競争力を向上させ、その結果、産業構造が変わっていったと考えられる。ただし、高度成長期以前の時点では、日本の比較優位は依然として労働集約的な軽工業にあるのだから重化学工業化は容易でないという見方が一般的であったことには留

表5-4　高度成長期の産業構造：実質粗付加価値の構成比（製造業）

（単位：％）

	1960年	1965年	1970年	1960-70年
食料品	22.2	16.3	10.5	− 11.7
繊維	14.8	10.8	6.5	− 8.3
パルプ・紙・木製品	7.9	7.8	6.6	− 1.3
印刷・出版	2.5	3.5	3.5	1.0
皮革・皮革製品	0.6	0.5	0.2	− 0.4
ゴム製品	1.2	1.1	1.0	− 0.1
化学	2.2	5.5	8.4	6.2
石油・石炭製品	5.3	5.1	5.0	− 0.3
窯業土石製品	4.3	4.7	4.2	− 0.1
金属	13.8	14.9	16.9	3.1
鉄鋼	6.4	6.5	8.9	2.5
非鉄金属	2.7	1.5	1.6	− 1.1
金属製品	4.7	6.8	6.4	1.8
機械	24.0	27.1	34.1	10.0
一般機械	8.9	8.8	11.7	2.8
電気機械	4.3	6.2	10.5	6.1
輸送機械	8.9	10.1	10.1	1.2
精密機械	1.9	2.0	1.8	− 0.1
その他の製造業	1.2	2.7	3.1	1.8
（重工業計）	(37.8)	(42.0)	(51.0)	(13.2)
（重化学工業計）	(40.0)	(47.5)	(59.3)	(19.3)
製造業計	100.0	100.0	100.0	―

（注）　1　1970年価格基準。
　　　　2　重工業＝金属＋機械。重化学工業＝重工業＋化学。
（出所）行政管理庁他『昭和35-40-45年接続産業連関表』（1975年）

意を要する[9]。したがって、重化学工業化は無為無策のまま自然に達成されたというよりも、比較優位構造を変えるような努力によって達成されたと見るべきであろう。重化学工業化を可能にした要因として、企業の技術導入や技術革新、人的資本、積極的な設備投資とそれを資金的に支えた銀行貸出、産業政策等を指摘

9）1949年、ドッジ・ラインによる不況で苦しんでいた自動車産業に関して、日銀の一万田総裁は、「日本に乗用車工業を育成するのは無意味だ。国際分業の時代だからアメリカに依存すればよい」という発言をしたとされる（有沢監修 1994）。

できよう。

（4）日本的経済システム

　高度成長期は、戦前・戦時期に起源を持つ日本的経済システムが完成し、その機能を十分に発揮した時代であった。日本的経済システムは、労働、金融、企業のサブシステムから成る。

労働のサブシステムの特徴と貢献

　一般に日本的雇用慣行は、長期雇用（終身雇用）、年功賃金、企業別組合から成ると言われる。

　戦後、日本企業と欧米企業との技術格差は大きく、また技術的知識や技能を持った労働者は日本経済全体でも希少であった。そのため、熟練労働者を企業内で育成すべく、技能形成のための企業内訓練が積極的に導入された。企業内訓練が効果的であるためには、現場の労働者、とりわけブルーカラーのインセンティブが重要になるが、その点において、戦後、ブルーカラー（職工）とホワイトカラー（職員）が一体化した「従業員組合」に属し、両者の差別が解消されたことは大きな意味を持った。また小池（1997）によれば、技能の査定によって賃金が上がるシステムは、ホワイトカラーについては欧米でも見られたが、ブルーカラーについては日本に特徴的であるとされ、この年功賃金も技能形成を促すインセンティブとして機能したと考えられる。

　一方、経営者は、1950年代前半の激しい労働争議の経験から、雇用の安定を経営の優先課題に位置づけるようになった。経営者の多くが内部昇進者であったこともこの傾向を強めた。こうして長期雇用（終身雇用）が事実上保証された状況下で、労使協調による企業特殊的技能の蓄積が進み、それが日本企業の競争力の源泉となった。

　当時の企業のもう1つの重要課題は、新しい技術の導入であった。新技術の導入は、労働生産性の向上や、機械による労働の代替によって労働需要を減らすため、労働組合の反対に遭うのが常であり、産業別組合、職種別組合が支配的であった欧米の企業は新技術の導入に苦労した。これに対し日本企業の場合は、「企業別組合」の下で労使が運命共同体としての意識を強く持っていたことに加えて、長期雇用（終身雇用）の下で、配置転換が可能であったため、新技術の導入は比

較的スムースに行われた。配置転換が可能であったことには、幅広い技能形成や
キャリア形成がなされていたことも影響しているとされる。

　そしてこの労働のサブシステムは、企業・雇用の安定的な成長を確保するとい
う意味において、銀行を中心とする金融のサブシステム、株主の権限の弱い企業
のサブシステムと相性が良かった、つまり補完的であった。

金融の果たした役割

　上で見た重化学工業は装置産業、すなわち資本集約的産業であり、多額の設備
投資を必要とした。こうした多額の設備投資を資金的に支えたのは銀行システム
と豊富な貯蓄であった。特に設備投資を中心とする長期の産業資金については、
1952年に「長期信用銀行法」が制定され民間 3 行による長信銀体制が整備される
とともに、1951年に政府系金融機関として日本開発銀行が設立された。そして銀
行システムは、全体として、規制金利体系や様々な規制や制度の下で、家計部門
から企業部門への金融仲介において重要な役割を果たした。株式市場や社債市場
が主要な役割を担えなかった理由としては、戦後に資産階級が激減したことに加
え、戦時期に形成された金融システムの戦後への影響、公社債市場の規制、証券
不況（40年不況）や資本自由化の影響による株式持ち合いの慣行、などの要因が
考えられる。

3　貿易と資本の自由化[10]

　高度成長期は、ブレトンウッズ体制の下で世界貿易が拡大する中、日本が世界
経済に組み込まれていく過程でもあった。一般に貿易や資本の自由化は、資源配
分の効率化や貿易の利益を通じて一国の経済厚生を改善させると考えられる。一
方、性急な自由化や過度な政府介入には国内産業の発展を損なうリスクが存在す
る。高度成長期に行われた日本の貿易と資本の自由化はどのように評価できるの
だろうか（関連するテーマである産業政策は次節で扱う）。

10）貿易と資本の自由化に関する基本文献として、伊藤・清野（1984）、中北（1993）、小浜・
　　渡辺（1996）、須田（2003）などがある。

（1）貿易の自由化が果たした役割

貿易自由化の経緯

　戦後復興後の日本の貿易における最大の課題は外貨不足であった。この制約のため、当初は、外貨予算制度の下で外貨割当と輸入制限が行われていた。日本がIMF に加盟し（1952年）、GATT に加盟し（1955年）、国際社会への復帰を果たした時点でも、国際収支上の理由による輸入制限や為替制限が例外的に認められていた。しかし政府や産業界は、これらの例外措置は日本経済の発展とともにいずれ撤廃されることを既に予見していた。したがって、やがて到来するであろう貿易や為替の自由化に備えて、できるだけ早く国際競争力を向上させておくことが必要であるという認識が政府や産業界で広く共有されたと推測される。こうした時代の流れを背景に、1960年 6 月岸内閣は、「貿易為替自由化計画大綱」を閣議決定し、貿易自由化へ大きく舵を切った。計画ではその時点で約40％であった輸入自由化率（通関輸入額に占める自由化品目輸入額の比率）を 3 年後に約80％に引き上げることなどが目標とされた。その後日本は、1963年 2 月に GATT11条国（国際収支上の理由で輸入制限のできない国）に移行し、1964年 4 月には IMF 8 条国（国際収支の悪化を理由に為替制限ができない国）に移行し、外貨予算制度は廃止された。こうして日本企業は、貿易自由化の圧力の中で国際競争力の向上に努め、その結果、1968年以降は景気拡大の中にあっても国際収支の黒字が定着するような競争力を獲得した。輸出品目では特に自動車を含む機械機器の増加が目覚ましかった（**表 5 - 5**）。輸出金額の構成比を見ると、食料品や繊維製品が低下する一方で機械機器が大幅な上昇を示し、比較優位構造の明確な変化が確認できる。一方、輸入の自由化率は、1964年 4 月に93％、1972年 4 月には95％と先進国として一応の水準に達した。ただし、乗用車は1965年、自動車エンジンは1971年、電子計算機は1975年と、戦略的に重要視された産業は保護育成の目的から自由化が遅れた。

貿易自由化の評価

　経済学では、一般に自由貿易は、①一国の産業構造をその国の比較優位構造に沿った形で変化させ、資源配分の効率化と貿易の利益をもたらし、②国際市場での競争に直面させることによって企業に持続的な生産性向上のインセンティブを

表5-5 輸出金額の製品別構成比

(単位：%)

	1955年	1960年	1965年	1970年
食料品	6.3	6.3	4.1	3.4
繊維製品	37.3	30.2	18.7	12.5
化学製品	5.1	4.5	6.5	6.4
非金属鉱物製品	4.6	4.2	3.1	1.9
金属・金属製品	19.2	14.0	20.3	19.7
鉄鋼	12.9	9.6	15.3	14.7
金属製品	3.0	3.6	3.6	3.7
機械機器	13.6	25.5	35.2	46.3
一般機械	n.a.	n.a.	n.a.	10.4
電気機械	n.a.	n.a.	n.a.	12.3
輸送機械	n.a.	n.a.	n.a.	17.8
自動車	0.3	1.9	2.8	6.9
精密機械	n.a.	n.a.	n.a.	5.7
その他	n.a.	15.3	12.1	5.6
合　計	100.0	100.0	100.0	100.0

（注）原データは大蔵省『外国貿易概況』
（出所）総務省『日本統計年鑑』（1980年）、経済企画庁『日本の経済統計上』至誠堂（1964年）

与える等の効果を持つ、と考えられている。これは市場メカニズムに基づく効率性に関する効果である。一方、現実には、競争に晒され縮小を余儀なくされる産業が、ロビー活動を通じて政府に保護政策を求め、その結果、非効率な産業や企業が温存される場合も少なくない。これは政治や政策の問題であり途上国でしばしば観察された。また幼稚産業のケースでは、自由化を遅らせ一時的に保護することがその産業の長期的な発展を可能とし、経済厚生を改善させることが期待できる。以上のような貿易および貿易政策の効果に照らして、日本の高度成長期の貿易自由化はどのように評価されるのだろうか。

　第1に、基本的な視点として貿易の自由化は、資源配分の効率化や競争促進による生産性向上等を通じて、日本の経済厚生を改善させたと評価することができる。GDP成長に対する純輸出の寄与度はほぼゼロであるが（表5-1）、貿易の持つこうした市場機能促進効果は高く評価できる。中でも、企業が自由化は避けられないという見通しの下で、競争に備えるべく生産性の向上に努めたことは極

めて重要である。この点で保護政策が時限的であったことの意味は大きい。第2に、一方で、日本の特徴として、自由化によって国内産業が決定的な打撃を受けないよう政府が自由化を慎重に、段階的に進めたことが指摘できる。自動車やコンピュータなど戦略的に重要視された産業については、自由化を遅らせ、国際競争力が向上するまでの時間稼ぎを行った感がある。このような対応は、後述する幼稚産業保護の観点から正当化できる一方で、対外的には閉鎖的なイメージを与えたであろう。第3に、いま述べたとおり、確かに重要産業に関しては自由化の過程で国内産業保護の配慮がなされたが、途上国でしばしば発生したような「レントシーキング活動」や過度な政府介入に起因する深刻な非効率性の問題は回避されたように思われる。この点に関しては、廃案となった「特定産業振興臨時措置法（特振法）」が示唆的である。貿易の自由化が進められ海外との競争激化が懸念される中、通商産業省では、自動車、特殊鋼、石油化学を指定産業とし、集約化や優遇措置により国際競争力の強化を図ろうとする「特振法」が策定され、国会提出が決まっていた（1963年3月）。しかしこの法案は官僚による統制が強すぎるとして、石坂泰三が率いる経団連をはじめ産業界等の強い反対に遭い、廃案となった[11]。その後の自動車産業の躍進を見れば明らかなように、この事例は、日本の高度成長が官僚主導ではなく主に民間のダイナミズムと市場メカニズムによって達成されたことを裏付けている。

（2）資本の自由化が果たした役割

資本の自由化の経緯

　貿易の自由化に比べると、資本の自由化は国内産業の保護という性格をより強く持っていた。

　戦後の資本規制あるいは外資導入政策の基本的性格は、1950年制定の「外資に関する法律（外資法）」によって規定された。ここで言う資本規制とは、対内直接投資、すなわち外国企業が合弁や100％子会社設立などによって日本に進出することに関する規制である。外資法が制定された頃の日本の状況は、未だ戦後の

11）鶴田（1984）は、審議会に民間人が入ることのメリットは市場経済の発展方向と異なった方向の政府介入に歯止めをかけることであるとの考え方から、特振法の作成過程に民間人が参加しなかったことが法案を官僚統制的なものにしたと論じている。

復興過程にあり、外貨不足への対応とともに技術導入と国内産業の自立的な発展
が大きな課題となっていた。このような厳しい状況を反映して、外資法（第8
条）は、対日直接投資の認可要件として「国際収支の改善、重要産業等の発達に
寄与すること」、非認可要件として「日本経済の復興に悪影響を及ぼすもの」と
いう条件を課した。そして案件の認可に際しては、これらの要件を念頭に、外資
委員会においてかなりの裁量をもって個別審査が行われた。

　しかし、これらの要件を同時に満たすのは容易ではないと考えられた。外貨不
足や技術導入の問題を解決するには、外国企業に子会社を設立してもらえば済む
のだが、政府や産業界では、外国企業の対日進出は国内産業の発展の妨げになる
という意識が非常に強かった。その警戒心は当時の「第2の黒船」という表現に
よく表れている。この結果、政府は、技術契約等を奨励する一方で、外国企業の
対日進出（対日直接投資）時期を極力遅らせるという方針を採用することとなっ
た。

　資本の自由化は、OECD や米国などからの外圧によって進められた。1964年
4月、日本は OECD に加盟し、同時に「資本取引の自由化に関する規約」に加
入した。これにより日本は資本自由化の義務を負うことになったが、国内産業保
護の目的から、自由化は国際競争力を十分に備えた業種から段階的に進められた。
1967年の第1次自由化では、普通鋼製造業など17業種における100％外資の認可
等が決定された。その後、第2次自由化（1969年）、第3次自由化（1970年）と
段階的に自由化が進められ（自動車は第3次の後の1971年）、1973年の第5次自
由化でようやく、農林水産業、石油業などの5業種を例外として、100％外資が
原則自由化された。しかしこの段階でも業種によっては制限が付され、集積回路、
医薬品・農薬、電子計算機、情報処理などにおける100％外資の自由化は1974-76
年までずれ込んだ[12]。一方、国内企業では、こうした自由化に伴う競争激化や
企業買収に備えて、企業の合併や株式の相互持ち合いが進んだ。

資本自由化の評価

　このような日本の資本自由化はどのように評価されるのだろうか。第1に、各

12）詳しい資本自由化のスケジュールについては、伊藤・清野（1984）、小浜・渡辺（1996）
　を参照されたい。

産業の国際競争力の状況に合わせた段階的自由化は、各企業に設備投資などによって生産性を向上させる十分な時間的余裕を与え、国内産業を保護育成するという効果を持ったとみられる。その後の日本の製造業の発展を見れば、こうした政策は成功を収めたという見方が可能であり、また幼稚産業保護の観点からも正当化が可能であろう[13]。第2に、しかし、今日から振り返って見ると、当時の制限的な外資導入政策は、必要以上に対日直接投資を抑制し、経営資源の移転という直接投資の持つ効果を減じてしまった可能性も否定できない[14]。現在、日本における外資系企業のプレゼンス、あるいは対内直接投資残高の対GDP比は、他の先進国に比べて著しく低く、政府は対日投資促進政策を積極的に進めようとしているが、この外資の低いプレゼンスには戦後の外資導入政策が少なからず影響しているとみられる。このような問題意識からの評価も必要であろう。

4　産業政策が果たした役割

　戦後日本の経済発展を議論する際には、必ずと言ってよいほど産業政策が取り上げられる。高度成長期の産業政策はどのような役割を果たしたのだろうか。

（1）産業政策を巡る議論

世界的に注目された産業政策

　時代は少し先に進むが、日本の輸出製品が世界の市場で急速にシェアを伸ばし始めた1970年代後半から1980年代前半にかけて、日本の成功の秘密を解明しようとする研究書・啓蒙書が世界的に大きな関心を集めた[15]。政治学者らによるこれらの分析は、欧米諸国には見られないような政府と民間企業との協調的な関係や政府の産業育成的な政策、とりわけ通商産業省が中心となって行う「産業政策」に注目し、日本が短期間で急速に発展できたのはこの産業政策があったから

13）この点は別な角度から見ると、日本が直接投資の受入れに依存せず技術導入だけで発展できたことを意味する。このような発展パターンは、一般的な途上国との比較においてユニークと言えよう。

14）小宮（1967）は、資本自由化の是非を巡る議論の中で、直接投資を経営資源の移転ととらえ、対日直接投資が日本の経済厚生に寄与することを強く主張した。

15）代表的には、ボーゲル（1979）、ジョンソン（1982）がある。

である、と主張した。しかし、経済学的な分析の裏付けを欠いたこれらの研究は、産業政策を過大評価する傾向にあった。その後1980年代半ば以降、日本の経済学者を中心に産業政策に関する経済学的分析が精力的に進められた。これまでの代表的な研究成果である小宮・奥野・鈴村編（1984）および伊藤・清野・奥野・鈴村（1988）によると、経済学的にプラスに評価できる産業政策は、それまで喧伝されてきた多くの政策に比べてかなり限定的であった。本節ではこれらの研究成果に基づき、高度成長期における代表的な産業政策のメカニズムについて検討する。

新古典派経済学 VS. 東アジアの奇跡

　一般的に新古典派経済学は、「市場の失敗」のケースを除き、市場経済への政府の介入は効率性を損ねる、と考える。したがって、この考え方によれば、「日本は産業政策を行ったにもかかわらず、発展した」、「日本は通商産業省があったにもかかわらず、発展した」というロジックになる。経済学の世界のみならず、IMF や世界銀行など国際機関のエコノミストたちも基本的にこうした考え方を採用してきた。しかし、1993年に世界銀行が『東アジアの奇跡』という報告書を発表し、日本、アジア NIEs、アセアン諸国の政府が戦後に行った介入政策の中には経済成長に寄与したケースもあったことを紹介すると、これを契機に、途上国における開発戦略のお手本として、日本の産業政策への関心が再び高まった。しかし同時に、この報告書は、成功したとされる日本のケースでも介入の程度はあまり強くなく、市場メカニズムを補完するものであったこと、官僚機構などの政府の「制度能力」が高くない国では介入政策の多くが失敗したことなどにも言及し、安易な政府介入を戒めている。

（2）経済学的に評価できる産業政策

産業政策の経済学的理解

　以下では、主に伊藤・清野・奥野・鈴村（1988）に基づき、高度成長期の産業政策を中心にそのメカニズムを経済学的に検討する。

　まず、彼らは産業政策を、「市場の失敗によって資源配分あるいは所得分配上の問題が生じる場合に、産業間の資源配分または個別産業の産業組織に介入することによって一国の経済厚生水準を高めようとする政策」と定義する。したがっ

て、市場の失敗がなく、放っておいても自力で育つ産業を支援することは産業政策としては正当化できない。同様に、経済厚生（消費者の便益、企業の効率性や利潤）を犠牲にして国家の威信を保つためだけの産業育成策も産業政策とは認められない。

幼稚産業保護政策

　経済学的に評価できる産業政策の1つは、幼稚産業保護を目的とした輸入制限などの国内産業保護政策である。幼稚産業保護とは、産業発展の初期段階を一時的に保護することによって、その産業を長期的に自立させようとするものである[16]。いま、ある産業が後発国でゼロからスタートする状況を考えよう。後発国では経験不足等の理由から生産コストが高くなるため、そのままでは先発国からの安い輸入品と競争できず、操業が不可能である。しかしここで、輸入規制、輸入関税、補助金等の政策で当該産業を輸入品との競争から保護すると、操業が可能となる。操業が開始されると、生産の増加とともに「学習効果」（learning by doing）等が働き生産コストが低下していき、それが輸入品と競争できる水準にまで十分に下がれば、輸入規制等を撤廃しても自立できるようになる。これが幼稚産業保護論のメカニズムである。

　この議論が成立するためには以下の条件が満たされなければならない。まず第1に、生産増とともに生産コストが下がっていくこと（**動学的規模の経済**）が最低限必要である。上の例では学習効果を想定したが、こうした生産増に伴う生産コストの低下は他のケースでも生じる。多数の専門化した部品メーカーに支えられる自動車産業において、産業全体の生産が拡大することによって部品メーカーの分業による「規模の経済」が発揮される場合や、寡占を含む複数の産業間（例えば、鉄鋼、機械、自動車など）で産業連関により相互に生産が誘発され、経済全体として「規模の経済」が働く場合などがそうであり、これらは一種の「マーシャルの外部効果」と考えられる[17]。第2に、この政策が正当化されるために

16）幼稚産業保護論は、19世紀半ばのドイツにおいて、イギリスに追いつくための工業化戦略として経済学者フリードリッヒ・リストによって最初に提唱された。

17）マーシャルの外部効果とは、産業全体の生産の増加によって、個々の企業の生産コストが低下することを言う。

は、保護政策の後に得られる経済厚生の増加が、保護政策にかかった費用を上回らなければならない。第3に、市場の失敗、すなわち民間企業の私的なインセンティブだけではこうした状況が達成できないことが必要である。もし民間企業が、最初の数年間は赤字でも長期的には大幅な黒字になることを知っているならば、彼らは自主的に操業に踏み切るため、政府の保護は必要ない。しかし現実には、上で見たとおり、高度成長を予見できた経済人は極めて少なく、自立を予見するのが困難な産業は多かったと思われる。

　こうした幼稚産業保護政策は、第2次世界大戦後、多くの途上国で輸入代替工業化戦略の一環として採用されたが、ラテンアメリカや東南アジア諸国では、保護の長期化やレントシーキング活動の問題から失敗に終わるケースが多かった。失敗した国との対比で日本が成功した要因を検討すると、①経営者が保護を一時的あるいは時限的なものと正しく認識し、自由化に備えて生産性の向上に努めたこと、換言すれば、予定された自由化が心理的圧力となって企業に競争力向上のための努力を促す強力なインセンティブとして作用したこと、②政府と企業との間に癒着や非公正な関係がなかったこと、③保護されている期間においても国内企業間で有効な競争が行われたこと、④国内市場が大きく動学的規模の経済が追求できたこと、などが指摘できる。

情報を通じた産業政策

　経済学で評価できるもう1つの産業政策は、審議会・委員会、ビジョン・経済計画の策定などを通じた情報の交換である。審議会とは各省庁が公の立場から政策上の重要事項を決定する際に諮問を目的に設置する会議のことである。通商産業省が主催した産業構造審議会などでは、構成メンバーである民間企業経営者、金融機関経営者、官僚OB、担当セクションの官僚などの間で、政策に関する意見のみならず、当該業界の製品需給見通し、設備投資計画、関連する業界の動向、マクロ経済の見通しなどに関して、様々な情報が交換、提供された。

　一般に、情報が完全で将来の見通しに不安がなければ、経営者は自信を持って増産や投資を決断できるが、情報が不完全で不確実性が高ければ、最悪の事態を避けるために増産や投資を控えることが合理的となる。このような状況において情報が果たす役割を理解するため、次のような事例を考えてみよう。いま、経済が「鉄鋼業」と「トラック製造業」の2つの産業から成っているとする。この2

つの産業の間には、鉄鋼の生産増が運搬の仕事の増加を通じてトラックの需要を増やし、トラックの生産増がその材料である鉄鋼の需要を増やす、という相互依存の関係がある。2つの産業の経営者は、「増産する」、「増産を控える」という2つの選択肢を持つとする。

このとき、本当は例えば米国経済の好転により両産業で需要増加が見込めるにもかかわらず、情報不足のために両産業の経営者が過度に慎重になって増産を控えてしまうと、お互いの産業で需要は増えず、景気は停滞してしまう。しかし、ここで審議会が開かれ、米国経済の好転に加え、需要先の産業の経営者が需要増加を見込んでいることなどの情報が得られれば、両産業の経営者は自信を持って増産を決断することができ、その結果、景気は拡大し両産業の利益は増える。ここで問題とすべきは、各産業の経営者が個々には合理的に行動しているにもかかわらず、経済全体としては情報不足のために悪い状況（上の例では経済の停滞）が実現してしまうことである。これはゲーム理論の用語で**協調の失敗**（coordination failure）と呼ばれ、市場の失敗の1つと考えられる。悪い状況は「低い均衡」、良い状況（上の例では景気拡大）は「高い均衡」とも呼ばれる。したがって、審議会・委員会、ビジョン・経済計画の策定を通じて様々な情報が交換され、提供されたことは、協調の失敗を回避し、より望ましい状況を実現する上で重要な役割を果たしたと評価できよう。上で見たように、高度成長の予見が困難だったこと、高度成長期にあっても景気後退の度ごとに悲観論が台頭したという事実は、このような情報交換の重要性を示唆しているように思われる。

もっとも、こうした審議会などのシステムが、不必要な政府介入、情報操作、レントシーキング活動等のリスクを常に抱えていたことには留意が必要である。

産業政策の評価

以上の2つの事例で示した産業政策は経済学的観点から積極的に評価できる。しかし、再度強調するが、日本の高度成長を可能にした基本的要因は、民間の旺盛な企業家精神、優秀な人的資本、競争を通じた市場メカニズムの働きであり、産業政策はこれらを補完する役割にとどまったと見るべきであろう。加えて、産業政策を評価する際には、廃案になった「特振法」のように市場の効率を阻害する可能性を持つ産業政策（案）があったことや、産業政策に依存せずに立派に成長を遂げた多くの企業や産業があったことにも留意が必要である。

5　高度成長の成果

　高度成長は国民生活に様々な影響をもたらしたが、ここでは以下のプラスとマイナスの面について触れる。

完全雇用の達成と所得格差の是正

　高度成長は所得の上昇や失業率の低下だけでなく、所得格差の是正という恩恵ももたらした。日本では1920年代頃から、近代的な大企業と前近代的な中小企業との間で労働生産性や賃金の格差が存在するという「**二重構造**」の問題があった。二重構造は構造的な問題であるから解消は困難であると理解されていたが、戦後の民主化政策を経て、1960年前後を境に労働市場が労働過剰の状態から労働不足の状態に変わっていくと、企業規模間の賃金格差は縮小に向かい、二重構造の問題は大幅に改善された。また男子の完全失業率は、1962年から1970年にかけて1.1〜1.3％まで低下し、事実上の完全雇用が達成された（**図5-5**）。これらの改善をもたらしたのは、基本的には工業部門を中心とする労働需要の増加であったが、労働供給側においても、農村の労働供給源が次第に枯渇していったこと、高校・大学への進学率が高まり中学・高校の新卒者が次第に希少になったことなどの要因があった[18]。一方、賃金格差の縮小は、社会的には中流意識を持つ階層、すなわち中間層の形成に貢献した。この時期の経験は、景気拡大が所得格差の拡大を伴うという近年の傾向と極めて対照的と言えるだろう。

公害問題などのひずみ

　しかし、高度成長には光だけでなく影の面もあった。環境への負荷を考慮せず経済成長を優先させた結果、水俣病、イタイイタイ病、四日市ぜんそくなどの深刻な公害問題が発生した他、光化学スモッグ等の環境汚染が全国各地で観察され

18）経済発展を農業と工業の2部門からとらえたルイス・モデルによれば、農村から都市の工業部門への無制限労働供給が、農村での過剰労働力の枯渇によって止まる点は「転換点」と呼ばれる。日本では1960年を中心とする数年間にこの転換点を迎えたという見方がある（南1992）。

図5-5　完全失業率の推移：1955-2016年

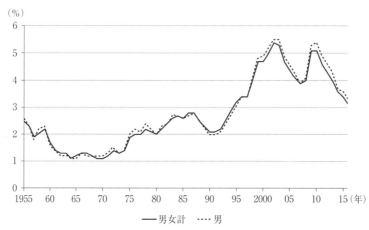

（注）1973年より沖縄県を含む。
（出所）総務省『労働力調査』

るようになった。これらの公害問題をはじめ、先進国として十分でない福祉水準、都市の過密、社会資本の遅れなどは、高度成長のひずみとして認識され、1970年には「くたばれGNP」という流行語まで現れた。こうした高度成長のひずみに対応すべく、公害対策基本法が制定され環境庁が発足するなど、政策面でも、それまでの経済成長重視路線から真の豊かさを追求する方向へ転換されていった。

参考文献

有沢広巳監修、安藤良雄・伊牟田敏充・金森久雄・向坂正男・篠原三代平・竹中一雄・中村隆英・原朗編（1994）『昭和経済史　中』日本経済新聞社

伊藤元重（1993）「温室の中での競争－日本の産業政策と日本の自動車産業」、伊丹敬之・加護野忠男・伊藤元重編『企業と市場』（リーディングス日本の企業システム第4巻）有斐閣

伊藤元重・清野一治（1984）「貿易と直接投資」、小宮・奥野・鈴村編

伊藤元重・清野一治・奥野正寛・鈴村興太郎（1984）「産業育成と貿易」、小宮・奥野・鈴村編

伊藤元重・清野一治・奥野正寛・鈴村興太郎（1988）『産業政策の経済分析』東京大学出版会

大野健一・桜井宏二郎（1997）『東アジアの開発経済学』有斐閣

岡崎哲二（1996a）「戦後経済復興期の金融システムと日本銀行融資斡旋」、『経済学論集』第61巻第4号、東京大学経済学会

岡崎哲二（1996b）「戦後市場経済移行期の政府・企業間関係－産業合理化政策と企業」、伊藤秀史編著『日本の企業システム』東京大学出版会

小田切宏之・久保克行（2003）「企業－ガバナンス・行動・組織」、橘木編

上久保敏（2008）『下村治－「日本経済学」の実践者』日本経済評論社

小池和男（1997）『日本企業の人材育成』中央公論社

香西泰（1981）『高度成長の時代－現代日本経済史ノート』日本評論社

小浜裕久・渡辺真知子（1996）『戦後日本経済の50年－途上国から先進国へ』日本評論社

小峰隆夫（1993）「日本における経済計画の役割」、香西泰・寺西重郎編『戦後日本の経済改革－市場と政府』東京大学出版会

小宮隆太郎（1967）「資本自由化の経済学」、『エコノミスト』毎日新聞社、7月25日号（小宮隆太郎（1975）『現代日本経済研究』東京大学出版会、に所収）

小宮隆太郎・奥野正寛・鈴村興太郎編（1984）『日本の産業政策』東京大学出版会

島村髙嘉（2014）『戦後歴代日本銀行総裁とその時代』東洋経済新報社

下村治（1952）『経済変動の乗数分析』東洋経済新報社

下村治（1961）「成長政策の基本問題」、『季刊理論経済学』第11巻第3・4号、理論経済学会・日本計量経済学会編（下村治（2009）『日本経済成長論』中央公論新社、に所収）

須田美矢子（2003）「国際貿易」、橘木編

世界銀行（1994）『東アジアの奇跡－経済成長と政府の役割』（白鳥正喜監訳・海外経済協力基金開発問題研究会訳）東洋経済新報社（World Bank, *The East Asian Miracle : Economic Growth and Public Policy*, Oxford University Press, 1993）

竹内宏（1988）『昭和経済史』筑摩書房

武田晴人（2008）『高度成長』岩波書店

武田晴人（2014）『「国民所得倍増計画」を読み解く』日本経済評論社

橘木俊詔編『戦後日本経済を検証する』東京大学出版会

ジョンソン、チャーマーズ（1982）『通産省と日本の軌跡』（矢野俊比古監訳）TBSブリタニカ、1982年（Chalmers Johnson, *MITI and the Japanese Miracle：The Growth of Industrial Policy 1925-1975*, Stanford University Press, 1982）

鶴田俊正（1982）『戦後日本の産業政策』日本経済新聞社

鶴田俊正（1984）「高度成長期」、小宮・奥野・鈴村編

中北徹（1993）「貿易と資本の自由化政策」、香西泰・寺西重郎編『戦後日本の経済改革―市場と政府』東京大学出版会

中村隆英（1993）『昭和史Ⅱ　1945-89』東洋経済新報社

濱田信夫（2005）『革新の企業家史－戦後鉄鋼業の復興と西山弥太郎』白桃書房

藤井信幸（2012）『池田勇人－所得倍増でいくんだ』ミネルヴァ書房

ボーゲル、エズラ（1979）『ジャパン・アズ・ナンバーワン』（広中和歌子訳）TBSブリタニカ（Ezra Vogel, *Japan as Number One : Lessons for America*, Harvard University Press, 1979）

南亮進（1992）『日本の経済発展（第2版）』東洋経済新報社

安場保吉・猪木武徳（1989）『高度成長』（日本経済史8）岩波書店

吉川洋（1992）『日本経済とマクロ経済学』東洋経済新報社

吉川洋（1997）『高度成長－日本を変えた6000日』読売新聞社（中央公論社より復刊、2012年）

吉川洋（2003）「マクロ経済」、橘木編

横溝雅夫・日興リサーチセンター編（1991）『「景気循環」で読む日本経済』日本経済新聞社

米倉誠一郎（1983）「戦後日本鉄鋼業における川崎製鉄の革新性」、『一橋論叢』第90巻第3号

■第6章■

70年代の混乱と安定成長への移行

　高度成長を経て1970年代に入ると、日本経済は、海外発の2つの大きなショックに見舞われ、戦後最大の危機に直面した。1つ目のショックは、「金ドル本位制」の放棄を宣言した1971年夏の「ニクソン・ショック」であり、これにより日本を含む先進国の為替制度は固定相場制から変動相場制に移行した。もう1つのショックは、1973年秋の第1次石油危機であり、これにより世界経済は深刻な「スタグフレーション」に苦しむこととなった。特に日本では、石油危機発生の時点までに金融緩和政策と「列島改造ブーム」によってインフレの下地が醸成されていたため、物価の高騰は激しかった。1974年、消費者物価上昇率は23.2%に上るとともに、経済成長率は戦後初めてのマイナスを記録した。しかし、段階的な金融引き締め政策と労使一体となった企業努力により、日本は先進国の中ではいち早くマクロ経済の安定を取り戻した。ミクロ的にも、逆境を逆手に取り、省エネルギー技術の開発等によって日本企業は国際競争力を向上させた。この点だけに着目すれば、石油危機がなければその後の日本企業の躍進はなかったとさえ言えるかもしれない。

　こうして2つの外的なショックの発生を契機に日本経済は高度成長から安定成長に移行することになるが、高度成長の終焉は基本的には日本経済の国内的な条件の変化によるものと理解される。本章ではこれらの過程を検討する。

1　ニクソン・ショックと国際通貨体制の変化

　最初に日本を襲ったショックは国際通貨体制の動揺であった。

ニクソン・ショック

　IMF を中心として、世界銀行、GATT 等に支えられた第 2 次世界大戦後の国際通貨体制は**ブレトンウッズ体制**と呼ばれる。この体制は、1930年代に生じた為替引き下げ競争や保護貿易化が戦争の遠因になったとの反省から、為替の安定と自由貿易の推進を目的として考案されたもので、1944年、米国ニューハンプシャー州のブレトンウッズにおいて連合国44カ国が協定を締結したことからこの呼称が与えられた。これを受け、為替制度としては、米国の圧倒的な経済力を背景に、1 オンス＝35ドルで金とドルの交換が保証された上で、ドルが IMF 加盟の各国通貨と一定比率で固定されるという**金ドル本位制**が採用され、ドルが基軸通貨となった。円ドルレートは戦後のドッジ・ラインにより1949年 4 月から 1 ドル360円に設定された。

　ブレトンウッズ体制は、1950・60年代の世界貿易の拡大と西側先進国の成長に大いに貢献し、この時代はパックス・アメリカーナとも呼ばれた。日本もこの自由貿易体制のメリットを最大限に享受した国の 1 つと言える。しかし、1960年代後半になると、米国では、ベトナム戦争による軍事支出増大やインフレーション、および日本、西ドイツ等の国際競争力の向上から、財政収支と経常収支が悪化し、ドル信認の低下とともに、金とドルとの交換性の維持が困難になるという問題が出現した。実はこの問題の背景には「流動性のジレンマ」という構造的問題があった[1]。つまり、拡大する貿易の円滑な取引のためには国際流動性であるドルの供給が増えなければならないが、そのためには米国の経常収支が赤字化する必要があり、その結果、いつかは米国の対外短期債務残高（世界のドル残高）が米国の金準備を上回り、金とドルの交換が不可能になってしまうという問題があったのである。こうした問題に対し西ドイツのマルク切り上げなどの措置が採られたが、1970年代初頭には金とドルとの交換性の維持はいよいよ困難となり、ついに1971年 8 月のニクソン声明に至った。

　1971年 8 月15日の午後 9 時（日本時間では16日の午前10時）、米国のニクソン大統領は、①金とドルの交換停止、②10％輸入課徴金の導入、③90日間の賃金・物価の凍結、を骨子とする新経済政策をテレビ放送を通じて突然発表した（**ニク**

---

1 ）この問題は、最初に問題を提起した米国経済学者の名を冠して「トリフィンのジレンマ」とも呼ばれる。

ソン・ショック）。この声明を受け国際金融市場は大きく動揺し、ヨーロッパ諸国は8月23日に、日本は同月28日に変動相場制（フロート制）に移行することとなり、戦後のブレトンウッズ体制はここに崩壊した[2]。移行後円レートは上昇し、1971年12月には1ドル320円程度まで増価した。

スミソニアン体制

　その後、多国間の通貨調整が先進10カ国蔵相会議などで繰り返し交渉されたが、1971年12月に米国ワシントンのスミソニアン博物館で開かれた10カ国蔵相会議で一応の合意に至った。その内容は、ドルの金に対する切り下げ（1オンス＝38ドル）、各国通貨のドルに対する切り上げ、米国の輸入課徴金の廃止、を骨子とするもので、この「スミソニアン協定」により為替制度は再び固定相場制に戻ることとなった。この中で、大きな貿易黒字を抱えた日本に対する圧力は最も強く、円の切り上げ率は16.88％と最大となり、円ドルレートは1ドル308円に設定された。

変動相場制への移行

　しかし、スミソニアン協定後も国際収支の不均衡は改善されなかった。米国が景気刺激策を採ったこともあり、米国の貿易赤字と、日本や西ドイツの貿易黒字はむしろ拡大した。結局ドルへの信認は回復せず、1973年の2月から3月にかけて日本を含む主要国の通貨は**変動相場制**に移行した。こうしてスミソニアン体制は1年2カ月の短命に終わった。円ドルレートは変動相場制移行（2月14日）後に増価を示した後、石油危機が起きる1973年10月頃まで1ドル265円前後で安定的に推移したが、この安定は日銀の外国為替市場への介入によるものとされる（**図6-1**）[3]。

金融緩和政策の展開

　上記のとおり1970年代初頭に国際通貨制度は大きく変貌したが、この間、日本

2）ニクソン声明後、ヨーロッパ諸国は直ちに外国為替市場を閉鎖したが、日本は閉鎖せずに日銀がドル買い介入を行った。
3）小宮（1988）参照。

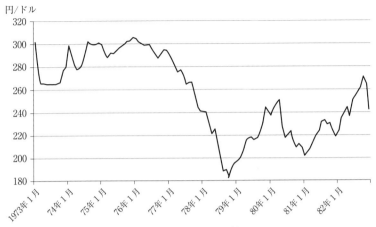

図6-1　円ドル為替レートの推移：1973年1月-1982年12月

（注）東京市場ドル・円スポット。17時時点の月中平均値。
（出所）日本銀行。

　政府および経済界の最大の関心は、円の切り上げあるいは増価を回避することにあった。つまり、企業の輸出競争力を維持するために、固定相場制の下では円の切り上げを防ぐこと、そして変動相場制の下では円の増価を防ぐことが強く望まれたのである。政府は、第1次円対策（1971年6月）、第2次円対策（1972年5月）、第3次円対策（1972年10月）を打ち出し、関税率の引き下げ、輸入促進、財政支出の増加等を決めるとともに、金融政策を緩和的に運営し、貿易黒字拡大の抑制を図ろうとした。いざなぎ景気後の後退局面という事情もあり、公定歩合は1970年10月の6.25％から6回にわたって引き下げられ、1972年6月には4.25％となった（**表6-1**）。景気は1971年12月に既に底を打っていたので、1972年6月の引き下げは明らかに行き過ぎた金融緩和であった。加えて日銀によるドル買い介入も貨幣供給の増加要因となった。こうした金融緩和政策は**過剰流動性**を生み出し、その後のインフレーションや地価上昇の基本的な要因となった。
　小宮（1988）は、1973年から1974年のインフレーションの主要な原因は、1971年から1973年にかけて日銀が積極的に金融緩和を行い、マネー・サプライが高い率で増加し続けたことと、その後の金融引き締め政策への転換の遅れにあると主張し、当時の日銀の金融政策を厳しく批判している。そして、景気が1971年12月

表 6 - 1　　1970年代前半の出来事

	政治・外交	国際金融	金融政策等（公定歩合、％）	列島改造論	石油危機
1971年		8月　ニクソン・ショック 　　　日本、変動相場制へ 12月　スミソニアン協定 　　　1ドル308円	5月　5.75→5.5 7月　5.50→5.25 12月　5.25→4.75 　　　景気の谷		
1972年	1月　日米繊維協定 2月　ニクソン訪中 5月　沖縄本土復帰 7月　第1次田中内閣 9月　日中国交回復 12月　第2次田中内閣		6月　4.75→4.25	6月　列島改造論発表	
1973年	 11月　福田蔵相就任	2月　日本、変動相場制へ	4月　4.25→5.0 5月　5.0→5.5 7月　5.5→6.0 8月　6.0→7.0 11月　景気の山 12月　7.0→9.0		10月　第4次中東戦争（第1次石油危機）
1974年	11月　田中辞意表明 12月　三木内閣 　　　福田経企庁長官				
1975年			3月　景気の谷 4月　9.0→8.5 6月　8.5→8.0 8月　8.0→7.5 10月　7.5→6.5		

に谷をつけて拡大局面に入ってもなお金融緩和を継続した理由として、1971年12月のスミソニアン協定（308円／ドル）の下で、大幅な国際収支の黒字をさらに拡大させる政策を採りにくかった事情を指摘している。マネー・サプライと物価との時系列的な関係を確認すると、130ページの図 6 - 3 にあるとおり、M2+CDが1973年から1974年にかけての物価高騰に先行して大きく増加していることが見て取れる。

2 日本列島改造論

　金融緩和と相まって、1970年代初頭に需要面から大きな影響を与えたのは「日本列島改造論」であった。1972年6月、第3次佐藤内閣の通産大臣であった田中角栄は、翌月の自民党総裁選挙に向けて『日本列島改造論』を出版し大きな注目を集めた。この本の主たる主張は、過密と過疎の問題を解決すべく、①工場の地方移転による工場再配置、②地方中小都市（人口25万人程度）の活性化、③新幹線、高速道路などの高速交通網の整備を図ることであり、これらは事実上の選挙公約となった。この政策には、新潟県中越地方の出身であった田中の強い願望が反映されていると言われる。7月の選挙に勝利し首相となった田中は、これらの公約を1972年度補正予算、1973年度予算の編成、1973年度からの「経済社会基本計画（5カ年）」に盛り込んだ。1971年12月に景気は既に底を打っていたが、為替制度が12月からスミソニアン協定による固定相場に戻っていたため、円の切り上げを防ぐという目的からも、積極的な財政政策は正当化された。この結果、社会資本関連の政府支出増とともに、工場再配置構想の候補地を中心に全国各地で投機を伴った地価の高騰が起こった。

　このとき、地価の高騰に大きな影響を与えたのが、それまでの金融緩和政策に起因する過剰流動性である。上記のとおり、1970年10月から不況対策や円高回避のため数次にわたり公定歩合が引き下げられていた。つまり不況対策や円高回避の結果生じた過剰流動性が、土地や株など資産の投機に回り、資産価格の高騰をもたらしたのである。とりわけ景気が既に拡大局面に入っていた1972年6月の公定歩合引き下げは行き過ぎた金融緩和であり、しかも「日本列島改造論」の発表と同じタイミングで行われたため、投機を煽る結果となった。日本不動産研究所の市街地価格指数によれば、1973年3月の市街地価格指数（総合）は前年比で25％も上昇した。また株価や物価も上昇した。1973年3月の時点で、国内卸売物価指数は前年比11.6％、消費者物価指数は前年比8.7％とかなりの上昇を示し、その後も増勢を強めた。

　こうした特徴から、この時期の景気拡大（1971年12月-1973年11月）は、「列島改造ブーム」と呼ばれた。このときにはバブルという言葉は未だ使われていなかったが、明らかにバブルを伴った景気拡大であった。1972年度の実質GDP成長

図6-2 実質および名目GDP成長率の推移：1970-1985年度

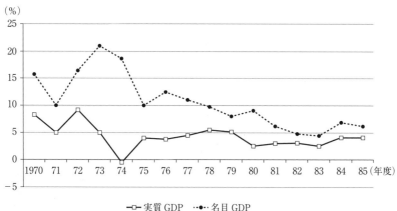

(注) 実質GDPは1990年基準。
(出所) 内閣府『国民経済計算』

率は、消費、住宅投資、公的固定資本形成の寄与が大きく、9.1%という異常に高い成長率を記録した（**図6-2**、**表6-2**）。

3　石油危機[4]

第1次石油危機

　景気の拡大と積極的な金融財政政策によって既にインフレが生じていた日本経済に決定的な一撃を与えたのは第1次石油危機であった。1973年10月6日にイスラエル軍とエジプト・シリア軍との間で第4次中東戦争が勃発すると、アラブ産油国は戦局を有利に進めるため独占力を有する石油資源を戦略的に活用した。まず、サウジアラビア、クウェートなど石油輸出国機構（OPEC）に加盟するペルシャ湾岸6カ国は原油の公示価格をメジャーと交渉せず一方的に引き上げた（約70%）。さらにアラブ石油輸出国機構（OAPEC）は、友好国に対して原油の供給を保証する一方で、イスラエルを支持する非友好国（米国、オランダ）に対し

　4）オイルショックという用語は和製英語であり、英語では oil crisis あるいは energy crisis と呼ばれる。

表 6 - 2　実質 GDP 成長率の内訳：1970-1979年度

（単位：％）

	1970年度	1971年度	1972年度	1973年度	1974年度
国内総支出	8.2	5.0	9.1	5.1	− 0.5
民間最終消費支出	6.6 (3.9)	5.9 (3.4)	9.8 (5.7)	6.0 (3.5)	1.5 (0.9)
民間住宅	9.2 (0.7)	5.6 (0.4)	20.3 (1.5)	11.6 (0.9)	− 17.3 (− 1.5)
民間企業設備	11.7 (1.8)	− 4.2 (− 0.7)	5.8 (0.8)	13.6 (1.9)	− 8.6 (− 1.3)
政府支出	9.4 (1.7)	12.8 (2.3)	8.3 (1.6)	− 1.6 (− 0.3)	1.4 (0.3)
政府最終消費支出	5.0 (0.5)	4.8 (0.5)	4.8 (0.5)	4.3 (0.4)	2.6 (0.3)
公的固定資本形成	15.2 (1.2)	22.2 (1.9)	12.0 (1.2)	− 7.3 (− 0.7)	0.1 (0.0)
財・サービスの純輸出	(− 0.6)	(0.6)	(− 0.8)	(− 1.5)	(1.6)
輸出	17.3 (1.0)	12.5 (0.8)	5.6 (0.4)	5.5 (0.3)	22.8 (1.5)
輸入	22.3 (− 1.5)	2.3 (− 0.2)	15.1 (− 1.1)	22.7 (− 1.8)	− 1.6 (0.1)

	1975年度	1976年度	1977年度	1978年度	1979年度
国内総支出	4.0	3.8	4.5	5.4	5.1
民間最終消費支出	3.5 (2.1)	3.4 (2.0)	4.1 (2.5)	5.9 (3.5)	5.4 (3.2)
民間住宅	12.3 (0.9)	3.3 (0.2)	1.8 (0.1)	2.3 (0.2)	0.4 (0.0)
民間企業設備	− 3.8 (− 0.5)	0.6 (0.1)	− 0.8 (− 0.1)	8.5 (1.0)	10.7 (1.3)
政府支出	8.3 (1.6)	2.0 (0.4)	8.4 (1.6)	9.0 (1.8)	0.9 (0.2)
政府最終消費支出	10.8 (1.1)	4.0 (0.4)	4.2 (0.4)	5.4 (0.6)	3.6 (0.4)
公的固定資本形成	5.6 (0.5)	− 0.4 (0.0)	13.5 (1.2)	13.0 (1.2)	− 1.8 (− 0.2)
財・サービスの純輸出	(0.7)	(0.7)	(0.5)	(− 1.2)	(0.3)
輸出	− 0.1 (0.0)	17.3 (1.3)	9.6 (0.8)	− 3.3 (− 0.3)	10.6 (0.9)
輸入	− 7.4 (0.7)	7.9 (− 0.7)	3.3 (− 0.3)	10.8 (− 0.9)	6.1 (− 0.5)

（注）　1　1990年基準。
　　　　2　数字は各コンポーネントの増加率。
　　　　3　（　）内の数字は寄与度。輸入の寄与度はマイナスで表示。
（出所）内閣府『国民経済計算』

ては石油輸出の全面停止等の措置を決定した。これらを受けて、1973年1月に1バレル2.6ドルであった原油価格は1974年1月には11.65ドルと約4倍に上昇した。日本が友好国とみなされていないことを知った日本政府は、1973年12月に三木武夫副総理を特使としてアラブ8カ国へ派遣し、日本が経済協力の用意があること等を強く訴えた。その結果、何とかアラブ友好国としての認定を取り付け、日本への供給制限は緩和された。

　しかし、原油のほぼ100%を輸入し、しかも中東への依存度が8割を超える日本経済にとってこれらの影響は甚大であり、それまで安価で安定的な石油の供給を当然視していた日本の政府や産業界は大きく動揺した。政府は11月16日に「石油緊急対策要綱」を閣議決定して、石油の大口需要者に対して石油消費の10%削減を要請した他、ガソリンスタンドの休日営業や深夜放送の自粛等を呼びかけ、石油の節約を図ろうとした。一方、消費者も冷静さを失った。1973年11月1日に大阪市千里ニュータウンで消費者がトイレットペーパーの買い占めに殺到する騒動が発生すると、同様のパニック的な買い占め騒動は洗剤や他の生活物資を巻き込んで、全国に広がった。このような群集心理に基づくパニック的な現象は比較的早く収まったが、多くの財の原料である原油の価格上昇は、コスト面から、そして需要面からも経済に深刻な影響を与えた。

　国内卸売物価指数と消費者物価指数の前年比上昇率は**図6-3**に示してある。両指数とも1973年の半ばころから増勢を強め、国内卸売物価の上昇率は1974年前半に30%を超え、また消費者物価の上昇率は1974年を通じて20%を超えた。インフレ率は他の先進国よりも高く、まさに「**狂乱物価**」と呼べるような状況であった。同時期の輸入物価指数が、1974年2月から70%を超える急上昇を示していることから、国内卸売物価や消費者物価が原油価格の高騰の影響を受けたことは明らかである（**図6-4**）。しかし、1973年半ばの時点で両物価とも2桁の上昇を記録しており、石油危機の発生を待たずして国内的な条件だけで既にインフレーションが始まっていたことがわかる。前述のとおり、これには1971年から1973年頃までの金融緩和政策や列島改造論による積極的な財政政策が影響しているとみられる。

総需要抑制政策への転換と戦後最大の不況

　上記の激しいインフレーションへの対策としては、基本的に金融・財政両面の

図6-3　消費者物価指数、国内卸売物価指数、M2＋CD の前年比上昇率：1970年 1 月
　　　　－1982年12月

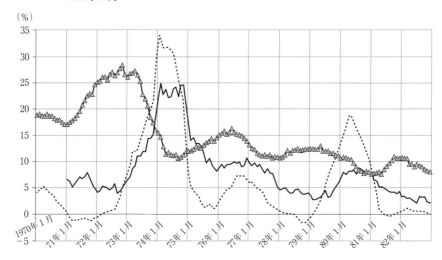

（注）国内卸売物価は総平均。消費者物価は総合。M2＋CD は平均残高。
（出所）総務省統計局、日本銀行。

図6-4　輸入物価指数の前年比上昇率：1970年 1 月-1982年12月

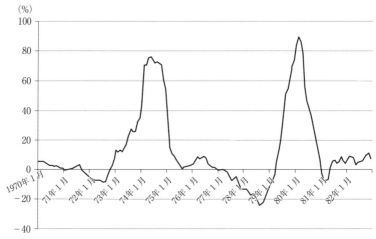

（注）円ベース。
（出所）日本銀行。

総需要抑制政策が採られた。1972年半ばから景気拡大が本格化していたが、金融
政策は、1973年1月に預金準備率を引き上げ、4月に公定歩合を引き上げるなど、
1973年初めにようやく引き締めに転換された。その後公定歩合は、5月、7月、
8月、12月と急速に引き上げられ、12月には一気に2ポイント引き上げられ
9.0%という戦後最高の水準に達した（表6-1）。財政政策については、愛知揆
一蔵相の急死を受けて1973年11月に福田赳夫が蔵相に就任すると、インフレ克服
を最優先の目標に掲げるとともに、田中首相主導の列島改造計画を棚上げし、
1974年度予算から財政の抑制に舵を切った。こうしてマクロ経済政策は、金融政
策、財政政策ともに、総需要抑制政策が採られることとなった。

　一方、民間部門については、消費が、実質所得の低下と貯蓄率の上昇（消費性
向の低下）から伸びが大きく低下した他、設備投資は金融引き締めと予想収益率
の低下から1974、75年度と連続して実質ベースでマイナスとなり、さらに住宅投
資も住宅ローン金利の上昇と住宅価格の高騰を受けて激減した（表6-2）。これ
らの結果、1974年度の実質GDPは戦後初めてのマイナス成長（-0.5%）を記
録した（1974暦年は-1.2%）。景気は1973年11月をピークに、その時点で戦後最
大の景気後退に入っていった。対外面では、輸入原油価格の急騰から経常収支は
戦後最大の赤字を記録し、円レートも減価した（図6-1）。

　1973年11月からの景気後退は、それまで企業が積極的に設備投資を行ったこと
が災いし、大きな過剰設備を抱えて長期化し、1975年3月まで続いた。特に、ア
ルミ精錬、鉄鋼（平電炉）、合成繊維などのエネルギー多消費型産業は、コスト
面で深刻な打撃を受け、後に構造不況業種として政府の支援を受けることになる。
企業倒産は1974年から1977年まで戦後最多を更新し続け、大型倒産も相次いだ。
雇用面では、労働需要は激減したが、日本的雇用慣行の下で、企業内の配置転換
や子会社・関連会社への出向などの対策が採られ、完全失業率の上昇は最小限に
抑えられた（図5-5）。

　一方、石油危機に際し、商社や石油会社の買い占め、便乗値上げ、石油闇カル
テルなどの問題が発覚し、大企業を中心に企業の社会的責任が厳しく問われた。

　こうした中、金権政治への批判から1974年11月26日に田中首相は辞意を表明し、
12月9日に三木武夫内閣が発足した。

図6-5　1970年代前半のマクロ経済の描写

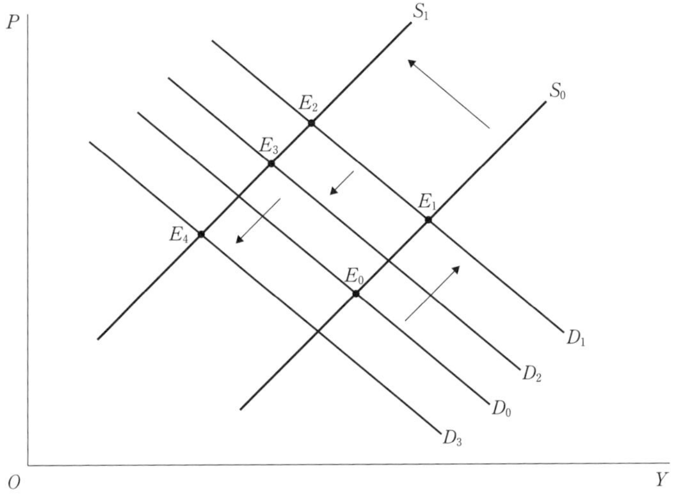

スタグフレーション：未体験の難問

　石油危機を含む1970年代前半のマクロ経済的状況は、マクロ経済学の総需要曲線と総供給曲線を用いて、以下のように描写することができよう。**図6-5**には、縦軸に物価（P）、横軸にGDP（Y）をとって、総需要曲線と総供給曲線が描かれている。1971年からの金融緩和政策や1972年6月発表の日本列島改造論を受けた景気拡大（1971年12月-1973年11月）は、総需要曲線の D_0 から D_1 へのシフトで示される。これに伴い均衡点は E_0 から E_1 に移り、GDPの増加とともに物価は上昇した。その後、第1次石油危機が発生すると、生産コストの上昇から、総供給曲線は S_0 から S_1 へシフトし、これに伴い均衡点は E_2 にシフトする。このとき、輸入石油価格の上昇は、交易条件の悪化、あるいは輸入代金の増額による産油国への所得移転をもたらすことから、総需要曲線は D_2 にシフトし、均衡点は E_3 に移る。さらに、インフレ克服のために金融引き締めと緊縮財政による総需要抑制政策が発動されると、総需要曲線が D_3 にシフトし、均衡点は E_4 に移る。これらの結果 E_4 においては、最初の均衡点 E_0 と比べて、物価は上昇し、GDPは減少している。

　日本や他の先進国が1960年代までに経験した主なマクロ経済の変動は、総需要曲線のシフトが中心であった。消費や設備投資の増加などによって総需要が増え

ればGDP（所得や生産）の増加とともに物価は上昇し、総需要が減少すれば
GDPの減少とともに物価は低下する、という変動のパターンが一般的であった。
したがって、需要不足による失業とデフレの問題や、需要超過による景気過熱と
インフレの問題には、総需要を管理するケインズ政策が有効であった。これに対
し、今回の石油危機は総供給曲線の上方（同じことだが左方）シフトをもたらし
た。このシフトは、ミクロ経済学の考え方を援用すると、1単位のGDPを生産
するのに必要な限界費用が上昇することを意味する。総需要曲線を一定として総
供給曲線が上方にシフトすると、GDPの減少、すなわち景気の後退と、物価の
上昇、すなわちインフレーションが同時に起きる。このことから、景気の停滞を
意味するスタグネーションとインフレーションを組み合わせて、「**スタグフレー
ション**」という用語が生まれた。スタグフレーションは、1960年代のイギリス等
で既に観察されていたとみられるが、石油危機の発生によって世界各国が共通に
直面する問題となった。スタグフレーションの困難な点は、景気と物価の間にト
レードオフが生じることである。つまり、景気を良くしようとして拡張的な金融
財政政策を発動するとインフレが悪化し、逆にインフレを克服しようとして引き
締め的金融財政政策を採ると景気が悪化してしまう[5]。1970年代は、日本のみな
らず世界各国がこのようなスタグフレーションの問題に直面し、極めて難しい経
済政策運営を余儀なくされた。中でも、石油資源がなく、中東依存度の高い日本
は甚大な影響を受けた。

不況からの脱却：政策の転換と企業における労使協調

　1974年12月に発足した三木内閣は、福田赳夫を経企庁長官に据え、総需要抑制
政策を継続した。その結果、1975年に入ると物価上昇率は急速に低下を示し、
1975年4月には、前年比上昇率で、国内卸売物価は3.6％、消費者物価は13.3％
まで下がった（図6-3）。こうしたインフレーションの鎮静化を受けて、マクロ
経済政策は1975年の初頭から総需要を喚起する方向へ転換された。公定歩合は、
1975年4月から8回にわたり引き下げられ、1978年3月には3.5％まで下がった。

5）スタグフレーションの発生は、政策面でのケインズ経済学の限界を示すとともに、マクロ
　経済学の理論的分野において、マネタリズム、合理的期待形成、サプライサイド経済学など
　の新たな理論の台頭をもたらす契機となった。

この金融緩和は、インフレ率と経済構造調整の進展の両方を見ながら段階的に注意深く進められた。財政政策も1975年度から1978年度まで公共事業の増加や赤字国債の発行等による拡張的な財政政策が採られた。公的固定資本形成の成長への寄与度は特に1977、1978年度に大きかった（表6-2）。これらの総需要を喚起する政策は、図6-5の総需要曲線を上方（同じことだが右方）へシフトさせたと考えられる。

　一方、需要の減少によって過剰雇用と過剰設備を抱えた企業部門は、雇用の削減、設備投資の抑制、有利子負債（借入金）の削減等により、「減量経営」を進めた。ただし雇用の調整に際しては、企業内の配置転換、子会社・系列会社への出向、パートタイマーや臨時工の削減、新卒採用の停止などによって、正社員の解雇を最小限に抑える努力が払われた。

　企業部門の回復、そしてマクロ経済の安定性の回復には、特に**労使協調**が重要な役割を果たしたとされる。2つのケースを紹介しよう。

　第1のケースは、労働組合が賃上げの抑制に協力的であったことである。春闘賃上げ率（主要企業）は、第1次石油危機直後の1974年には激しいストライキが盛り上がる中、前年や当年の消費者物価上昇率を大きく上回る32.9％を達成したが、1975年には13.1％に落ち着き、1976年以降は1桁台に抑えられた。こうした賃上げの抑制は、「賃金と物価のスパイラル（らせん的上昇）」に歯止めをかけ、インフレ期待の収束に貢献したと考えられる。この結果、日本は他の先進国よりも速やかにマクロ経済の安定を取り戻すことができた。欧米諸国に比べて日本の労働組合が経営側により協力的となる理由として、企業別組合の存在が挙げられる。企業別組合の場合には、産業別、職種別の組合に比べて、企業の運命共同体としての性格がより強く意識されるのである。加えて、日本の労働市場で中途採用市場が未発達であることは、職を失った場合のコストを高くして、賃金交渉における労働側のスタンスをより柔軟にしたと考えられる。一方、米国では物価の上昇をほぼ自動的に賃金の上昇に反映させる賃金制度や労使協約の存在により、賃金と物価のスパイラルが生じがちであった。

　第2のケースは、労働組合が、労働者を代替する機械の導入あるいは労働節約的技術の導入に関して協力的であることである。職種別の労働組合の場合、新たな機械の導入によって企業利益や労働生産性が改善されたとしても、労働者は仕事を奪われてしまうため、機械の導入には反対するであろう。これに対し、終身

雇用を前提とした日本企業の場合、機械の導入によって現在の仕事がなくなったとしても、配置転換等により他の仕事が与えられるため、職そのものを失うリスクはかなり小さい[6]。1970年代後半から、マイクロエレクトロニクス（ME）技術の発達によりNC工作機械や産業用ロボットなどの開発が急速に進められたが、日本企業は上記のような協調的な労使関係の下でこれらの新技術を積極的に導入し、その結果、他の先進国に先駆けて労働生産性の向上を図ることができたと考えられる。そしてこうした合理化は、下で述べる省エネルギーの進展とともに、図6-5の総供給曲線を下方にシフトさせる効果を持ったと考えられる。これら日米の労使協調の違いは、日本の労働者が特に聞き分けがよいということではなく、基本的に労働組合の仕組みを含む経済システムの違いによるところが大きいと考えられる。

輸出の増加と貿易摩擦の始まり

　不況からの脱却でもう1つ重要な点は輸出の増加である。内需が力強さを欠き自力での回復が難しい中、米国等で景気刺激策が採られ、また為替レートが円安で推移し、輸出の環境が好転したことの意味は大きかった。輸出は、燃費効率の高い小型車や、カラーテレビ、ビデオ（VTR）などの高品質の家電製品を中心に、米国等へ向けて増加し、外需寄与度は1974年度からプラスに転じた（**図6-6**、表6-2）。経常黒字の増加から1976年頃より急速に円高が進み（図6-1）、経常黒字の縮小が予想されたが、**Jカーブ効果**によってしばらくはドルベースの黒字は増え続けた[7]。

　こうして日本経済は、政策の転換と企業努力等により、他の先進国よりも速やかにマクロ経済の安定性を取り戻し、1975年3月を底に、景気は弱いながらも拡大局面に入っていった。しかし、この輸出の増加は米国等との貿易摩擦をもたらすこととなった。

　6）ただし、一方で、終身雇用の維持は非効率な事業拡大をもたらす可能性があることにも留意を要する。1980年代後半のバブル期における製造業の事業多角化などがそれに当たるかもしれない。
　7）ここでのJカーブ効果とは、円高になった際に、輸出数量がすぐには減らないため、短期的にはドルベースの貿易黒字や経常黒字が増えてしまうことを指す。

図6-6　実質外需寄与度の推移：1970-1985年度

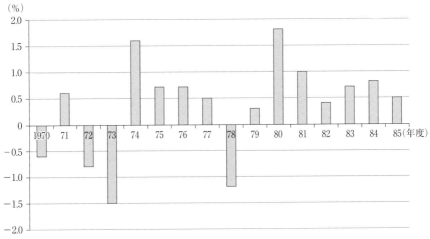

（注）　1　外需は輸出－輸入。
　　　　2　1990年基準。
（出所）内閣府『国民経済計算』

第2次石油危機

　日本経済がようやく安定軌道に乗ったのも束の間、1970年代末から80年代初頭にかけて石油危機が再度発生した。このときのきっかけはイランの政変である。イランでは、1960年代より米国の支援を背景に近代化政策と脱イスラム政策が進められていたが、1978年、宗教勢力を中心にこうした近代化路線に対する不満が爆発し、全国各地で反政府デモや暴動が発生した。1979年1月にパーレビ国王が国外に逃亡すると、パリに亡命していたホメイニ師が2月に帰国し、4月にイスラム共和国の設立を宣言した（イラン革命）。この間、原油の輸出は停止し、またホメイニ師は国内向け需要を優先させて減産を指示したため、世界的に石油需給は逼迫した。さらに、これを契機にOPEC諸国も減産戦略に転じ、また1980年にイラン・イラク戦争が勃発したことから、原油価格は急騰し、1981年には1バレル34ドルにまで上昇した。原油価格の上昇の程度は第1次石油危機に匹敵した。

　こうして日本経済は再度石油価格の高騰に見舞われることになったが、このときは第1次石油危機の学習効果が働き、影響ははるかに軽微であった。前回の失

敗の反省から、金融引き締め政策の発動は早かった。公定歩合は、1979年4月の引き上げ（3.5→4.25％）を皮切りに、7月、11月、1980年2月、3月と短期間に5回にわたり引き上げられ、3月には9％に達した。春闘の賃上げ率も1桁台に抑えられた他、企業部門では省エネルギーの努力や技術開発が進んでいた。これらの結果、輸入物価の上昇率は1980年の1月から3月にかけては前年比で80％を超え、前回よりも高かったものの、消費者物価や国内卸売物価の上昇率は前回よりもかなり低く抑えられた（図6‐3、図6‐4）。このような日本経済のパフォーマンスは、前回と同様に他の先進国に比べて優れたものであった。

省エネルギーの進展：災い転じて福となす

　第2次石油危機の発生により、日本の産業界は、日本への石油の供給が極めて不安定であること、そして経済活動が資源の制約下にあることを、改めて思い知らされた。この危機意識は、省エネルギーを進める強力なインセンティブとなった。エネルギー消費の多い産業を中心に、各企業は省エネルギー技術の開発や投資に懸命に取り組んだ。具体的には、アルミ精錬における新鋭設備の設置、鉄鋼における連続鋳造法の採用・高炉の大型化・廃熱回収の向上、セメントにおけるNSPキルンへの転換、板ガラスにおけるフロート製法への転換、などが挙げられる。こうした努力の結果、製造業におけるエネルギー消費原単位は、**図6‐7**に示してあるように、1970年代後半から急速に改善した。そして乗用車における燃費効率の向上は、輸出競争力の向上に大きく貢献した。こうした省エネルギーの進展は、前述のマイクロエレクトロニクス（ME）技術の導入に基づく合理化とともに、図6‐5の総供給曲線を下方にシフトさせる効果を持ったと考えられる。

　実はこのような省エネルギーの進展は市場メカニズムの帰結と考えられる。市場メカニズムの最も基本的な原理の1つは、価格の高くなった生産要素は節約されるというものである。つまり利潤極大あるいは費用最小化を目指す企業の下では、価格の上がった生産要素を節約し、あるいは他の生産要素で代替することが合理的となる。これに対し、一部の国で行われたように、石油やガソリンの上限価格を規制すると、企業や家計はこれらを節約するインセンティブを失い、省エネルギーは進まない。したがって、原油のほぼ100％を輸入に依存している日本では、原油価格の上昇を受け入れざるを得なかったが（もちろん政府がそれを負

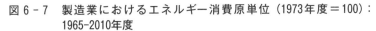

図 6 - 7　製造業におけるエネルギー消費原単位（1973年度＝100）：
　　　　　1965-2010年度

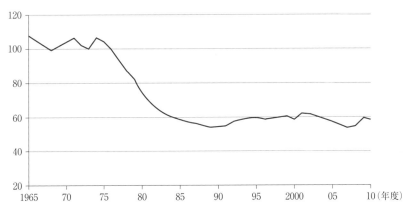

(注)　1　原単位は、製造業 IIP(付加価値ウェイト) 1 単位当たりの最終エネルギー消費量。
　　　2　1990年度以降、数値の算出方法が変更されている。
(出所) 経済産業省資源エネルギー庁『平成25年度エネルギーに関する年次報告』（エネルギー白書2014）

担するという選択肢もあったが）、価格統制を極力避け、原油価格の上昇に真正面から対応したことが、省エネルギーを進める上で有効であったと考えられる[8]。「災い転じて福となす」ということわざがあるが、日本経済は企業努力と市場メカニズムによりこれを実践した。つまり逆境を逆手にとって、国際競争力を一段と向上させた。この点だけに注目すれば、石油危機がなければその後の日本製造業の躍進はなかったとさえ言えるかもしれない。

　しかし一方で、エネルギー価格の高騰は、エネルギー多消費型産業の採算を悪化させ、産業構造の転換をもたらした。鉄鋼、化学、窯業・土石、パルプ・紙、非鉄金属などの素材型、あるいは重厚長大型の産業の構成比は低下し、代わってマイクロエレクトロニクス（ME）の技術を活用した電気機械、輸送機械、工作機械、精密機械などの機械系の産業やサービス産業が構成比を増加させた。言い換えれば、産業構造は技術集約型、知識集約型へ向かった。そしてこうした産業

8）中村（1993）は、当時、GHQ 占領下で発動された「物価統制令」をインフレ対策として検討する動きが自民党内で見られたが、反対に遭い見送られた、というエピソードを紹介している。

構造の転換は、経済全体のエネルギー原単位の低下に貢献するものでもあった。

4　高度成長の終わりをもたらしたもの

　これまで見てきたとおり、日本経済は1970年代に様々なショックに見舞われ、その過程で経済成長率は下方屈折し、高度成長は終わった。高度成長の終焉をもたらした要因は何だったのだろうか。

　第1に、石油危機の発生とほぼ同じタイミングで経済成長率が下方屈折した事実に着目すると、石油資源の制約あるいは石油価格の高騰が1つの候補として浮かび上がる。特にエネルギー多消費型産業は、コストの増加によって採算が悪化した。しかしその後、省エネルギー技術の開発、代替エネルギーの開発等によって石油価格は低下し、石油資源の制約はある程度緩和された。実際、消費者物価指数で実質化した円ベースの輸入石油価格は1980年代後半には石油危機以前の水準に戻っている（小峰・村田 2020）。にもかかわらず経済成長率が元の水準に戻らなかった事実を踏まえると、石油危機だけで構造的な成長屈折を説明することは困難であろう。

　第2に、経済成長の重要な要因である技術の利用可能性に注目すると、日本の技術レベルは1970年代に欧米諸国の技術水準に概ねキャッチアップしていた。つまり1960年代頃までは先行国というお手本があり、先行国が開発した技術を比較的安いコストで導入することで速い成長が可能であったが、キャッチアップ終了後は多額の研究開発費をかけて自前で技術フロンティアを開拓しなければならず、それ以前に比べて成長は鈍化したと考えられる。

　第3は、国内条件の変化と所得水準のキャッチアップに注目するものである。吉川（1992）は、1950・60年代に生じた農村から都市への人口移動が世帯数の増加を通じて耐久消費財の需要を盛り上げ、それが高度成長を牽引したと論じたが、これと整合的に高度成長の終わりを論じている。つまり、1970年代初頭には農村の過剰人口の枯渇により世帯数の伸びが鈍化し、また既存の耐久消費財の普及が一巡し、これらが国内需要の伸びを抑え、高度成長の終焉をもたらしたと主張している。この見方によれば、成長率の下方屈折は、石油危機の発生の有無にかかわらず、このような国内条件の変化によって生じる運命にあった。耐久消費財の一巡はある意味で所得水準のキャッチアップが完了したことに対応していると見

ることもできよう。

　以上より、高度成長の終焉については、石油危機の影響を無視することはできないが、基本的には、技術や所得のキャッチアップの完了、過剰人口の枯渇などの国内的な条件の変化によるものと理解できよう。

参考文献

有沢広巳監修、安藤良雄・伊牟田敏充・金森久雄・向坂正男・篠原三代平・竹中一雄・
　　中村隆英・原朗編（1994）『昭和経済史　中』日本経済新聞社
大来洋一（2010）『戦後日本経済論－成長経済から成熟経済への転換』東洋経済新報社
香西泰（1981）『高度成長の時代－現代日本経済史ノート』日本評論社
黒木祥弘・本田佑三（2003）「金融－金融制度と金融政策」、橘木編
小峰隆夫・村田啓子（2020）『最新｜日本経済入門（第6版）』日本評論社
小宮隆太郎（1988）『現代日本経済－マクロ的展開と国際経済関係』東京大学出版会
佐和隆光（1984）『高度成長－「理念」と政策の同時代史』日本放送出版協会
島村髙嘉（2014）『戦後歴代日本銀行総裁とその時代』東洋経済新報社
須田美矢子（2003）「国際貿易」、橘木編
髙木信二（2011）『入門国際金融（第4版)』日本評論社
竹内宏（1988）『昭和経済史』筑摩書房
武田晴人（2008）『高度成長』岩波書店
館龍一郎（1991）『日本の経済』東京大学出版会
橘木俊詔編（2003）『戦後日本経済を検証する』東京大学出版会
中村隆英（1993）『昭和史Ⅱ　1945-89』東洋経済新報社
野口悠紀雄（2008）『戦後日本経済史』新潮社
橋本寿朗・長谷川信・宮島英昭・齋藤直（2011）『現代日本経済（第3版)』有斐閣
三橋規宏・内田茂男（1994）『日本経済史　下』日本経済新聞社
柳田邦男（1983）『日本は燃えているか』講談社
吉川洋（1992）『日本経済とマクロ経済学』東洋経済新報社
吉川洋（1997）『高度成長－日本を変えた6000日』読売新聞社（中央公論社より復刊、
　　2012年）
吉川洋（2003）「マクロ経済」、橘木俊詔編『戦後日本経済を検証する』東京大学出版会
横溝雅夫・日興リサーチセンター編（1991）『「景気循環」で読む日本経済』日本経済新
　　聞社

第7章

バブルの生成とバブル景気

　1980年代後半、日本経済は高度成長の再来を想起させるに十分な大型で長期の景気拡大を経験した。この大型景気は株価や地価などの資産価格の異常な高騰を伴ったことから「バブル景気」と呼ばれた。この景気は「プラザ合意」後の円高不況を経て突然に始まったという印象があるが、実は1980年代前半までの日本と米国の経済動向や日本の銀行の構造的問題を伏線としていた。

　バブルを発生させた第1の要因は、円高不況と日米貿易不均衡への対策として採られた過度な金融緩和政策である。第2の要因は、銀行部門の環境変化を背景とした不動産融資への傾斜である。これらの要因と、日本経済の良好なパフォーマンスや首都圏を中心としたオフィス需給の逼迫などの実体的要因が同時に起きることによって、異常な期待形成や投機的行動が誘発され、バブルが発生したと考えられる。

　バブル景気は、消費や設備投資などの内需が牽引する形で、51カ月（1986年11月-1991年2月）の長期に及んだ。しかしバブルが崩壊すると、日本経済は極めて深刻な長期の不況に突入した。

　本章では、1980年代前半の日米の経済動向を踏まえて、バブル生成の過程と要因を検討する。

1　1980年代前半の日米経済

　1980年代後半のバブルの生成には、1980年代前半の日米経済の動向が大きく関わっている。まずその動向を確認しておこう。

表7-1　主要商品別輸出額構成比の推移

(単位：%)

| | 総額 | 化学製品 | 鉄鋼 | 一般機械 | | 電気機器 | | | | 輸送用機器 | |
					事務用機器		VTR等	通信機	半導体等電子部品		自動車
1980年	100.0	5.3	11.9	13.9	1.8	14.4	n.a.	6.3	1.8	26.5	17.9
1985年	100.0	4.4	7.8	16.8	4.4	16.9	3.8	7.0	2.7	28.0	19.5
1990年	100.0	5.5	4.4	22.1	7.2	23.0	2.2	2.1	4.7	25.0	17.8
1995年	100.0	6.8	4.0	24.1	7.0	25.6	0.8	1.7	9.2	20.3	12.0
2000年	100.0	7.4	3.1	21.5	6.0	26.5	1.8	1.8	8.9	21.0	13.4

(注）原データは、日本関税協会『外国貿易概況』による。
(出所）総務省統計局HP「日本の長期統計系列」

日本経済の回復と国際競争力の向上

　第6章で見たように、1970年代に日本経済は2度にわたる石油危機に見舞われたが、適切な財政金融政策や懸命な企業努力により、先進国の中ではいち早くスタグフレーションから脱出した。1980年代に入ると日本経済は、消費者物価上昇率が落ち着きを取り戻すとともに、成長率も低いながら安定した伸びを持続し、比較的良好なパフォーマンスを示した。こうした成長のパターンは内需に牽引された高度成長期とは異なって、輸出の増加に支えられたものであった。日本製品の輸出の増加は、マクロ的には米国等の内需拡大政策、輸出入国の貯蓄投資バランス、円安（149ページ、図7-3）による恩恵が大きかったが、ミクロ的にはマイクロエレクトロニクス分野における技術革新や省エネ技術の開発による日本企業の国際競争力の向上が大きく貢献した。

　表7-1は1980年以降の主要商品別の日本の輸出額構成比を示したものである。80年代前半に自動車、通信機（ファクシミリなど）や半導体等電子部品などの電気機器、一般機械などの製品の輸出構成比が増加していることがわかる。特に自動車については、日本の自動車生産台数は1980年に米国を抜いて世界一位となり、その過半が輸出向けであった。ガソリンが高騰し市場の需要が小型車にシフトする中、大型車が主力で需要の変化に機動的に対応できなかった米国の自動車メーカーを尻目に、低燃費を武器とした日本車は世界市場でシェアを伸ばしたのである。しかし、このような世界市場を席巻するかのような輸出の増加は、欧米諸国との間で貿易摩擦を引き起こすこととなった。中でも対日貿易赤字が急拡大した

米国との間ではかつてないほど深刻な貿易摩擦問題が発生した。こうして、世界が日本経済を見る眼は、1979年に出版されたエズラ・ヴォーゲルの『ジャパン・アズ・ナンバーワン』などの影響もあって、1980年代初頭から半ばにかけて、急速に驚嘆と脅威の眼に変わっていった。

米国経済の衰退と苦境

　1980年代に入って急激に国際市場での存在感を示し始めた日本経済とは対照的に、米国経済は1970年代後半から80年代初頭にかけてかつてない苦境に立たされていた。これには米国経済の構造的な問題が関わっている。米国経済は、1960年代前半まで圧倒的な経済力と産業の優位性を背景にパックス・アメリカーナを謳歌したが、1960年代後半から様々な問題が表面化した。企業や産業の競争力の面では、自動車、鉄鋼、家電製品などの大量生産システムを擁した大企業を中心に、硬直的な労使関係や固定的な職務配置の弊害が次第に目立つようになり、経営効率は悪化した。特に、物価の上昇をほぼ自動的に賃金の上昇に反映させる賃金制度や労使協約の存在は、企業の労働生産性の上昇が低迷する中でコスト上昇圧力として作用し、ミクロ面からインフレの要因となった。一方財政面では、ベトナム戦争の軍事費負担増に加えて、ジョンソン政権の「偉大な社会」プログラム下で福祉関連支出が増大し、財政赤字が大きく拡大した。これはマクロ経済面からインフレを助長する要因となった。こうして米国経済は、基幹的な産業が優位性を失うとともに、マクロ経済の不均衡も拡大した。さらに前章で見たように、経常収支の悪化を背景にドルの信認が低下し、1971年 8 月には金とドルの交換停止という通貨制度の変更に追い込まれた（ニクソン・ショック）。1970年代に発生した 2 度の石油危機は、このように弱体化した米国経済に追い打ちをかける形となった。1979年11月にイラン革命下で米国大使館人質事件が勃発すると、米国の威信は政治的、軍事的にも失墜した。

レーガン政権の誕生

　経済のみならず、政治的、軍事的にも強い米国の復活を望んだ米国民は、1980年の大統領選挙で共和党のロナルド・レーガンを選出した。1980年の米国経済は、実質 GDP 成長率－0.2％、完全失業率7.1％、消費者物価上昇率13.5％と、戦後最悪と言ってもよい状況にあった。こうした事態に対するレーガン政権の基本的

な経済政策理念は、大きな政府の下で需要を管理しようとするそれまでの介入的あるいはケインズ主義的なものではなく、市場機能を重視し、小さな政府の下で民間企業の自由な経済活動を保証しようとするものであった。そしてこの理念を支えたのは、次の2つの新たな経済学派であった。1つは、**サプライサイド経済学**と呼ばれる学派で、労働者の労働意欲、企業の設備投資や自由な経済活動、貯蓄の増加など、経済の供給サイドの活性化によって長期的な経済成長を促そうとする考え方である。ここから、個人所得税減税、設備投資減税（加速度償却）、規制緩和などの政策が導かれた[1]。もう1つは、フリードマンが率いる**マネタリズム**であり、裁量的な財政政策等を是とするケインズ政策を否定し、一定の率での貨幣供給による物価の安定や市場メカニズムを重視する自由主義的な考え方であった。レーガン政権は、こうした理念に基づき、①国防費等を除く歳出削減、②個人所得税減税および投資減税（加速度償却）、③規制緩和、④貨幣供給量の抑制、を柱とする経済再生計画を打ち出した。これらの政策は「**レーガノミクス**」と呼ばれる。

レーガノミクスの意図せざる結果

　しかしレーガノミクスは必ずしも期待どおりの成果を生まなかった。所得減税が税収増をもたらさなかっただけでなく、軍事支出増や金利上昇を受けた利払い費増により政府支出が増加したため、財政赤字はむしろ拡大した。他方、連邦準備制度理事会（FRB）議長であるポール・ボルカー（1979年就任）主導による強力な貨幣供給量の抑制は、消費者物価上昇率を低下させたものの、未曽有の高金利を生み（1981年央に公定歩合は史上最高の14％）、1981年から1982年にかけて景気は後退した。またこの高金利は、ドル建てで米国の銀行から借り入れていた中南米諸国の債務危機の契機となった[2]。こうした事態を受け、1982年夏から金融政策は緩和に転換され、1983年、1984年と成長率は急回復を示すが、これは経済の供給サイドの強化による効果というよりは、所得減税や金融緩和を受けた

1）このサプライサイド経済学には、所得税率の低下が税収を増やすという経済学者ラッファーの主張も含まれる。この税率と税収の関係はラッファー・カーブと呼ばれる。

2）累積債務問題のため多くの中南米諸国は1980年代を通して低成長を余儀なくされ、この1980年代はラテンアメリカの「失われた10年」（lost decade）と呼ばれた。

表7-2　米国の実質GDP成長率の内訳

(単位：%)

	1979年	1980年	1981年	1982年	1983年	1984年	1985年
国内総支出	3.2	− 0.2	2.6	− 1.9	4.6	7.3	4.2
民間最終消費支出	2.4	− 0.3	1.5	1.4	5.7	5.3	5.3
	(1.4)	(− 0.2)	(0.9)	(0.8)	(3.7)	(3.4)	(3.3)
民間住宅	− 3.7	− 20.9	− 8.2	− 18.1	42.0	14.8	2.3
	(− 0.2)	(− 1.0)	(− 0.3)	(− 0.6)	(1.3)	(0.6)	(0.1)
民間企業設備	10.0	0.0	6.1	− 3.6	− 0.4	16.7	6.6
	(1.3)	(0.0)	(0.8)	(− 0.5)	(− 0.1)	(1.9)	(0.8)
政府支出	1.9	1.9	1.0	1.8	3.8	3.6	6.8
	(0.4)	(0.4)	(0.2)	(0.4)	(0.8)	(0.8)	(1.4)
うち国防費	2.7	3.9	6.2	7.2	7.3	5.2	8.8
	(0.2)	(0.2)	(0.4)	(0.5)	(0.5)	(0.4)	(0.6)
財・サービスの純輸出	(0.6)	(1.2)	(− 0.1)	(− 0.5)	(− 1.1)	(− 1.4)	(− 0.4)
輸出	9.9	10.8	1.2	− 7.6	− 2.6	8.2	3.3
	(0.7)	(0.8)	(0.1)	(− 0.6)	(− 0.2)	(0.5)	(0.2)
輸入	1.7	− 6.6	2.6	− 1.3	12.6	24.3	6.5
	(− 0.1)	(0.4)	(− 0.2)	(0.1)	(− 0.9)	(− 1.9)	(− 0.6)

(注)　1　数字は伸び率を示す。
　　　 2　（　）内数字は寄与度。輸入の寄与度はマイナスで表示。
　　　 3　1982年までは1972年基準、1983年以降は1992年基準。
(出所)　米国商務省。

消費・住宅投資増と政府支出増による需要増効果、すなわちケインズ的効果によるところが大きかった。**表7-2**に示した実質GDP成長率の内訳からも、1983年以降に消費、住宅投資、国防費などの政府支出が急増していることがわかる。ケインズ主義の否定と小さな政府を目指したレーガノミクスであったが、皮肉にも短期的にはケインズ的な効果に支配されたのである（ただし、1984年に設備投資は回復し、また長期的には規制緩和が経済構造を改善したという見方がある）。

　さらに財政赤字の拡大は、金融緩和によって金利低下の力が働く中で、資金需給の逼迫を通じて金利を高止まりさせ、海外からの資本を呼び込んでドル高をもたらした。このドル高は、強い米国経済の反映であるという楽観的な見方も一部にあったが、明らかに価格面から米国企業の競争条件を悪化させた。一方、貯蓄投資バランスの考え方に基づけば、財政赤字は、所得減税により消費等が増加し民間部門での投資が貯蓄を上回る中で、経常収支の赤字に帰結したと見ることが

できる[3]。こうして1980年代前半の米国のマクロ経済は、レーガノミクスの下、高金利、ドル高、財政赤字と経常赤字の「双子の赤字」によって特徴づけられることとなった。

日米貿易摩擦の激化

拡大する米国の財の貿易赤字を国別に見ると、対日貿易赤字が最大であった（図7-1）。例えば、1984年――この年は好景気で日本以外からの輸入も増えた年であったが――においては、全体の財の貿易赤字に占める対日赤字の構成比は32.9%と、2位カナダの13.0%、3位台湾の9.5%を大きく引き離している。こうして米国の不満と批判の矛先は日本に向けられることとなった。

実は日米貿易摩擦はこのときに始まったわけではなく、1960年代以降、繊維、鉄鋼、カラーテレビなどの分野で激しい交渉が行われ、また日本側において輸出自主規制などの措置が採られてきた。しかし、1980年代の日米貿易摩擦のスケールと深刻さは、それまでのケースをはるかに上回るものであった。その理由としては、①摩擦の対象が自動車、半導体など、米国経済に占める構成比が大きく、また国の威信がかかった産業あるいは戦略的・軍事的に重要な産業であったこと、②日本企業の国際競争力の向上があまりにも急速で、米国側が主要産業の競争力の「日米逆転」が起きるかもしれないとの危機感を強くしたこと、③貿易赤字や経常赤字の増加など米国のマクロ経済の不均衡が拡大する中で、対日貿易赤字がその原因としてとらえられる傾向にあったこと、④米国の対日輸出が増えないのは日本の市場が閉鎖的であるからだと米国側が考える傾向にあったこと、などが挙げられる[4]。

こうした事態を受け、日本の自動車業界は、米国からの圧力に対応する形で、1981年から輸出自主規制を開始し、1984年頃から本格的に米国での現地生産に乗り出した。半導体分野では、日本の市場で米国製品のシェアが低いことが問題となり、日本の市場は閉鎖的であるとの米国の主張の下、1986年9月に日米半導体

3）貯蓄投資バランスの恒等式は、経常収支 = (S−I)+(T−G)のように示される。S、I は民間部門の貯蓄と投資、T、G は税収と政府支出をそれぞれ表す。ここで、財政が赤字で民間部門が投資超過のときは、経常収支が赤字となることがわかる。ただしこの式は恒等式であり、因果関係の解釈には十分な注意が必要である。

4）③と④の認識が誤っているとの理解が広まったのは、かなり後になってからのことである。

図 7 - 1　米国における財の貿易赤字と対日赤字：1978-91年

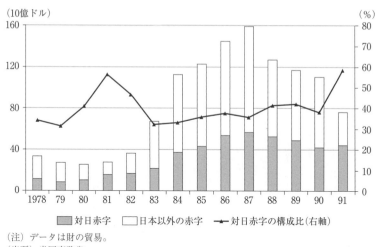

（注）データは財の貿易。
（出所）米国商務省。

　協定が締結され、日本市場での外国製半導体のシェアを高めるよう日本が努力す
ること等が、事実上義務づけられることとなった。また米国は、1988年 8 月に貿
易相手国の不公正な慣行に対抗措置を発動できるとする「通商法301条（スーパ
ー301条）」を成立させたが、これは日本を想定したものであったとみられる。こ
うして貿易不均衡と米国での保護主義の高まりを背景に、特定分野において日米
貿易は急速に管理貿易の色彩を強めていった。
　そして下で詳しく見るように、日米貿易不均衡と米国での保護主義の高まりは、
後に日本の経済政策にも大きな影響を与えることとなった。
　ここで日本と米国のマクロ経済的構造を比較するため、経常収支の対名目
GDP 比の長期推移を確認しておくと、それは**図 7 - 2**のように示される。両国の
経常収支の動きは、静かな湖面に映し出された山並みのように、見事なまでに上
下に対称的な形をしている。つまり米国の経常赤字が拡大するときに日本の経常
黒字が拡大し、逆に前者が縮小するときに後者が縮小している。そしてこの傾向
は特に1980年代と2000年代に明瞭に表れている。これらの動きは様々な要因に依
存するが、1980年代前半については、米国におけるレーガン政権下での総需要増
加や財政赤字の拡大が、高金利によるドル高・円安の効果と相まって、日本から
の輸入を増加させ、日米の経常収支不均衡の拡大に大きく影響したと考えられる。

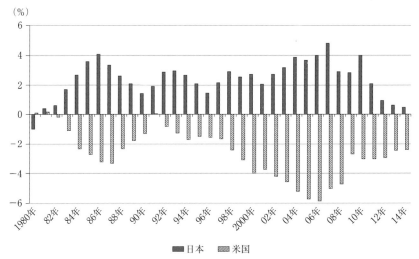

図7-2　日本と米国における経常収支の対名目 GDP 比：1980-2014年

（出所）IMF, *World Economic Outlook Database.*

対照的に1980年代前半の日本では、内需がそれほど強くないことに加えて、1970
年代の景気対策費等による公債発行増を受けて財政再建が重要な政治課題となっ
ていたことから、財政支出は抑制された（表7-4）。日米の対外不均衡にはこう
した両国の対照的な景気動向や財政スタンスも影響していると考えられる。

2　プラザ合意、円高不況と金融緩和

（1）プラザ合意

　上述のとおり、1980年代前半から中盤にかけて米国の経常収支赤字、とりわけ
対日赤字が急増し、これを背景として米国議会では日本に対する市場開放や報復
措置の要求、あるいは保護主義的な動きが活発化した。こうした動きに対し日本
政府（中曽根内閣）は当初、貿易黒字の削減策として関税引き下げや輸入手続き
改善を含むアクション・プログラム等の対策を検討したが、十分な効果が期待で
きる内容ではなかった。米国側は、日本の内需拡大も強く望んだが、日本側、特
に財政再建に取り組んでいた大蔵省は消極的であった。一方、日本の経済界では、

図 7 - 3　円ドル為替レートの推移：1983年 1 月-1990年12月

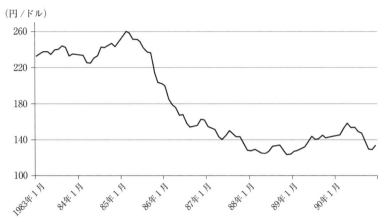

（円／ドル）

（注）東京市場ドル・円スポット。17時時点の月中平均値。
（出所）日本銀行。

米国で高まる保護主義への危機感から円高を容認する声も出ていた。

　こうした中、1985年 9 月22日、米、日、西独、英、仏の 5 カ国による蔵相・中央銀行総裁会議（G5）がニューヨークのプラザホテルで開催され、「**プラザ合意**」が発表された。主たる合意内容は、「為替レートは対外不均衡の調整に役割を果たすべきであり、ドルに対して主要通貨が増価することが望ましい。有用であるときは、各国は協力する用意がある」というものであった。米国 FRB 議長として会議に出席したボルカーは後に回顧録の中で、「会合で私が最も驚いたのは、その後総理大臣になった日本の竹下登大蔵大臣が円の10％以上の上昇を許容すると自発的に申し出たことである。彼はわれわれが予想していたよりもはるかに前向きであった。（中略）竹下大蔵大臣の態度が、他の参加国をも驚かせたことは確かであり、このことは会議の成功に非常に大きな影響を与えた」と述懐している[5]。ここから、米国で台頭する保護主義に対する日本側の危機感の大きさと、不均衡是正の手段として日本が内需拡大よりも為替調整を選択したことがうかがわれる。この時点では、為替の持つ貿易収支調整機能が一般的に信じられていたと考えられる。

---

　5 ）ボルカー・行天（1992）による。

プラザ合意後、各国の通貨当局による協調介入を受けてドル高は急速に修正され、プラザ合意直前の1ドル＝240円台から1985年末には200円程度まで一気にドル安・円高が進んだ。その後も円高はとどまるところを知らず、年明けには200円を切り、1986年7月には155円前後にまで増価した。円はドルに対しわずか9カ月程度で50％以上も増価した計算となる。こうしてプラザ合意は行き過ぎたドル高の修正に貢献した。しかしドル安・円高が進むスピードは想定以上であった。またプラザ合意の際に期待された為替調整による貿易不均衡是正効果は、少なくとも短期的には発揮されなかった（**図7-3**）。

均衡為替レートから見た円高：円高は本当に円高か？

プラザ合意は、国際協調が為替レートの誘導に成功したという意味において画期的であった。このように書くと、政治的な決断が為替レートを自由に誘導できるかのような印象を与えてしまうが、果たしてそうであろうか。為替レートは、経済合理的に説明できる水準から長期にわたって乖離し続けることは可能なのだろうか。

為替レートの長期的な均衡水準を説明する考え方としては、古くから**購買力平価**の理論がある。これは、個別の財について当てはまる「一物一価の法則」を一般物価水準に拡張したもので、次式で示される。

$$e = \frac{P}{P^*} \tag{1}$$

ここで、e は邦貨建ての為替レート（円／ドル）、P、P^* はそれぞれ日本、外国（ここでは米国）の一般物価水準である。しかし、一物一価が成立するのは裁定取引（ある財を価格の高いところで買って安いところで売る行為）が可能である財に限定されるため、購買力平価が成り立つのは基本的に貿易財（tradable goods）である。そこで、P_T、P_T^* をそれぞれ日本と米国の貿易財の物価水準として、(1)式を書き換えると、次式を得る。

$$e = \frac{P_T}{P_T^*} \tag{2}$$

実際にこれを適用する場合には、ある基準時点を設定し、そこから両国の物価

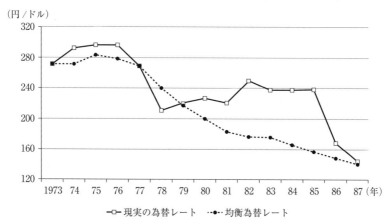

図 7 - 4　均衡為替レートの推計（吉川　1992）：1973-1987年

図 7 - 4　均衡為替レートの推計（吉川　1992）：1973-1987年

（注）　1　均衡レートは吉川（1992）による推計値。
　　　　2　現実のレートは、東京市場ドル・円スポット（17時時点、月中平均）の年平均値。
（出所）吉川（1992）、日本銀行。

　の変化率を用いて延長する。一般的には、1973年を基準時点とし、物価水準としては、国内卸売物価指数、製造業 GDP デフレーター、輸出物価指数などを用いることが多い。このような貿易財の購買力平価は『経済白書』などで度々推計されているが、いずれの物価指数を用いた場合でも、基本的に日本の物価上昇率は米国のそれよりも低いため、購買力平価は円高方向のトレンドを持ち、長期的には為替レートがドル安・円高の方向に進むことが示唆される[6]。

　では、日本の貿易財の価格を低下させた要因は何なのだろうか。残念ながら上の式だけではその要因を明らかにすることはできない。この問いに対し、吉川（1992）は、主要な輸出産業のデータを用いて、1 単位当たりの財の価格が労働と原材料から成る 1 単位当たりのコストに等しいという仮定の下で、日米間で財の価格が均衡する**均衡為替レート**を計測している。つまり、この均衡為替レートはコスト構造を明示的に考慮した購買力平価と言える。1973年を基準年とした推計によると、均衡レートは1985年で156.58円／ドル、1986年で148.13円／ドルと

　6）推計の例としては、例えば、1995年度、1997年度、2000年度の『経済白書』がある。また1996年度の白書では、吉川（1992）と同様の推計を行っている。

推計され、プラザ合意後の急激なドル安・円高は単なる均衡レートへの回帰に過ぎないことが示唆される（**図7-4**）。同時にそれまでのドル高・円安は均衡レートからの乖離であったと解釈される。確かに図7-4を見ると、1980年から1985年にかけて現実の為替レートは均衡レートから大きく乖離している。このドル高は、米国の高金利が海外から資金を呼び込んだこと等によると解釈できる。そして吉川（1992）は、均衡レートの変化をもたらした要因は、第1に日本の労働生産性の上昇、第2に米国の原材料・エネルギーコストの上昇であったと分析している。

　以上のことを踏まえると、日本の経済界が米国で台頭する保護主義圧力に対して円高を容認する発言をしたのは、価格競争力に関してある程度の自信があったからであるとみなせるかもしれない。もちろん、計測された均衡レートは貿易財の加重平均値であるので、個別の産業や企業が受ける影響は異なると考えられる。

（2）円高不況と金融緩和

未曽有の金融緩和

　プラザ合意後の円高は、ある程度は想定の範囲内であったが、かなり急激に進展し、輸出企業の採算を悪化させることによって、製造業を中心に景気に悪影響を与えた（**円高不況**）。実は日本の景気はこの円高が始まる数カ月前の1985年6月に既にピークを打っていた。これは、1985年からの米国成長率の低下を受けて日本の輸出にブレーキがかかったことが原因である。よって、円高は既に後退局面に入っていた景気にさらにマイナスの影響を与えることとなった。

　日銀の短観（「全国企業短期経済観測調査」）によると、製造業の業況判断DI（「良い」-「悪い」）は、1985年の12月調査からマイナスに転じ、以後マイナス幅を拡大させていった。輸出企業の苦境を伝える新聞等の論調は次第に厳しさを増していき、日本の製造業全体が壊滅的な打撃を受けるかのような印象を与えるものまで現れた。一方、日本の貿易黒字、対米黒字は、Jカーブ効果の影響もあってしばらくは増加を続けた。

　これらを受け、内需拡大を要求する米国の政治的な圧力とともに、国内の産業界からも不況対策としての金融緩和を求める声が次第に大きくなっていった。また、中曽根首相の私的諮問機関である「国際協調のための経済構造調整研究会」（座長は前川春雄前日銀総裁）は、国際収支不均衡の是正を強く意識して、1986

年 4 月に内需拡大に向けた経済構造転換を謳った報告書（通称「**前川レポート**」）を発表した。

　一方、プラザ合意後の円高・ドル安が想定以上のスピードで進み、行き過ぎたドル安等の弊害が懸念されるようになったため、為替安定のための政策協調も求められた。1987年 2 月22日、パリで開催された G7（7 カ国蔵相・中央銀行総裁会議）ではその時点での水準の周辺（円ドルレートで153円前後）に為替を安定させることが合意されたが（**ルーブル合意**）、翌日の日本の公定歩合引き下げ（3.0→2.5％）は、こうした合意を受けたものでもあった[7]。

　このような状況を背景に、公定歩合は以下のようにわずか 1 年 1 カ月の間に 5 回にわたって引き下げられた。これは未曽有の金融緩和政策と言えよう。

　　第 1 次引き下げ：1986年 1 月30日　5.0　→　4.5％
　　第 2 次引き下げ：1986年 3 月10日　4.0％
　　第 3 次引き下げ：1986年 4 月21日　3.5％
　　第 4 次引き下げ：1986年11月 1 日　3.0％
　　第 5 次引き下げ：1987年 2 月23日　2.5％

　この結果、1987年 2 月には公定歩合は2.5％という歴史的低水準まで下がり、しかもこの超低金利は1989年 5 月31日の利上げまで 2 年 3 カ月の長きにわたって継続された（177ページ、図 8 - 1 参照）。

金融緩和政策の評価：行き過ぎた緩和

　以上の金融緩和政策はどのように評価されるのだろうか。結論的に言えば、以下の理由により、行き過ぎた金融緩和であったと評価される。

　第 1 に、政策判断において円高がもたらすマイナスの影響が過大に見積もられた可能性が考えられる。円高は以下のメカニズムで、経済にマイナスの影響とともにプラスの影響（**円高メリット**）を与える。円高は、まず輸出面において、円建てで輸出価格が決まっている輸出品のドルベースでの価格を上げて輸出品の需

---

　7 ）しかしルーブル合意後も円高・ドル安の流れは止まらず、円高は1988年末に向けて120円　近くまで進んだ（図 7 - 3 ）。ルーブル合意の失敗後、為替レートを政治主導で誘導しようと　する発想は急速に後退したとされる。

表 7 - 3　法人企業の営業利益の変化率（1985、1986、1987年度）

（単位：％）

	1985年度	1986年度	1987年度
全産業	1.0	− 5.7	24.2
製造業	− 7.4	− 19.7	28.1
電気機械器具	− 25.4	− 42.2	48.7
自動車・同附属品	21.3	− 32.1	− 4.4
非製造業	8.9	5.4	21.8
電気	16.8	10.7	− 15.6
ガス・熱供給・水道	− 2.9	33.0	− 23.9

（注）非製造業は金融・保険業を除く。全規模。
（出所）財務省『法人企業統計』

要を減らし、あるいはドル建てで輸出価格が決まっている輸出品の円ベースでの手取りを減らすことによって、輸出企業の採算を悪化させる。しかし同時に、円高は輸入面において、原油のケースで典型的なように、ドル建てで輸入価格が決まっている輸入品の円ベースでの輸入価格を下げることによって、輸入企業の採算を改善させる効果を持つ。したがって、輸出企業だけの動向を見ていると、円高が景気全体に及ぼすマイナスの影響を過大評価してしまう。**表 7 - 3** は、1985-87年度における法人企業の営業利益の変化率を代表的な業種について示したものだが、円高の影響が最も強く表れている1986年度において、輸出産業の代表である「電気機械器具」、「自動車・同附属品」の営業利益が大きく減少しているのに対して、石油を大量に使用する「電気」（電力）、「ガス・熱供給・水道」の営業利益は大きく増加していることがわかる。これらの影響は製造業全体での減益と非製造業全体での増益にも反映されている。もちろん、製造業の減益の影響が大きいため、全産業でも営業利益は減少しているが、その減少率は− 5.7％と製造業の− 19.7％に比べればはるかに小さい。よって、輸出産業の動向があまりにセンセーショナルに報道されてしまうと、あるいは電気機械や自動車などの輸出産業が日本経済を支える重要産業であると過剰に意識されてしまうと、政策判断の基準が製造業の動向に引っ張られるという問題が生じる。円高不況が予想外に短く終わりその後急速に景気が拡大した事実を踏まえると、円高不況が過大に評価され、その結果政策的な手当てが過剰となったことが可能性として考えられる。

　第2に、第1の点とも関連するが、金融緩和の期間が必要以上に長期化したこ

とが指摘できる。景気基準日付によれば、円高不況は1986年11月に終わっている。景気基準日付の発表までにかなりのタイムラグがあることには注意を要するが、プラザ合意から計算すれば１年２カ月という短かさであり、円高不況は報道が劇的であった割には早く終わったという印象がある。しかし、景気が底入れしたにもかかわらず1986年11月１日に公定歩合は3.5％から3.0％へ引き下げられ、さらに1987年２月には2.5％という歴史的な水準まで引き下げられ、それが２年３カ月も維持された。結局、金融緩和は景気が拡大に転じてからも２年半にわたり継続されたことになる。いったいどうしてこのような事態が生じたのだろうか。その理由の１つとして「**ブラック・マンデー**」と呼ばれる1987年10月19日の米国株式市場での株価暴落が指摘されている。もともと米国金融市場では日本や西独が金利を引き上げることで米国との金利差が縮小し、ドルが暴落することが警戒されていたが、10月中旬から、貿易収支統計の発表、ベーカー米国財務長官の発言、日本の機関投資家（生命保険会社）の米国債の売却とそれによる国債金利の上昇などの悪材料が重なり、市場に動揺が広がり、19日に株価が暴落したのである。このため日銀は、1987年夏頃より国内景気の急回復を受けた卸売物価の上昇懸念から公定歩合の引き上げを検討していたものの、このブラック・マンデーの発生により引き上げのタイミングを逸してしまったとされる。

　日銀が低金利政策を1989年５月31日まで継続した背景としては、ブラック・マンデー以外にも以下のような要因を指摘することができる。第１は、対外経済あるいは国際政策協調への配慮であり、これには米国との貿易摩擦問題に対処するための内需拡大、ドルの暴落の回避などが含まれる。第２に、国内景気の観点からは、円高の再発を防ぐことが強く意識された。第３に、日本銀行の意思決定との関連では、国内物価が景気回復にもかかわらず円高や原油安の影響を受けて安定していたことが重要である。**図７-５**に示してあるとおり、消費者物価と国内卸売物価の上昇率は1986年初頭から1989年初頭まで前年比で２％を大きく下回っていた。物価安定という日銀の基本的なミッションからすると、金利を引き上げる積極的な理由がなかったと理解される[8]。

　このようにして行き過ぎた金融緩和政策は、金融面からバブル発生の条件を整

8）この他、1989年４月１日の消費税導入を控えて利上げしにくい状況にあったという指摘もある。

図7-5　国内卸売物価と消費者物価の前年比変化率：1983年1月-1992年12月

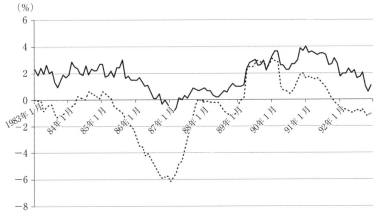

（注）国内卸売物価指数は総平均。消費者物価指数は総合。
（出所）総務省統計局、日本銀行。

備することになった。

3　大型の景気拡大とマクロ経済の動向

　予想外に短かった円高不況を経て、日本経済は強力な金融緩和政策と内需拡大策を追い風に、極めて大型で長期の景気拡大に入っていった。この景気拡大の特徴として、第1に内需主導型であること、第2に株価、地価などの資産価格の高騰を伴ったことが挙げられる。第2の特徴からこの景気拡大は「バブル景気」とも呼ばれる。以下、景気拡大の過程を簡単に振り返る。

内需主導型の景気拡大

　1986年度は円高による輸出不振等から低成長を余儀なくされ、続く1987年度の成長率も当初の見通しではそれほど高くなかった。しかし上述のとおり、円高は輸入物価の低下を通して円高メリットをもたらしたため、個人消費は実質所得の上昇から底堅く推移した。1987年4-6月期に入ると、超低金利の恩恵を受けて住宅投資が前期比年率で30％以上という爆発的な増加を示し始めた。さらに7-

９月期には、５月末に決定された「緊急経済対策」を受けて公共投資が急増した。こうして1987年７‐９月期より、金融緩和や内需拡大策の効果が急速に現れ始め、景気拡大が明確となった。終わってみれば1987年度の実質GDP成長率は6.1％（2000年基準）と非常に高い伸びを示し、中でも住宅投資（24.3％増）、公的固定資本形成（8.0％増）の伸びが目立った。一方、外需の寄与度は0.8％のマイナスとなり、1980年代前半の特徴であった外需主導型成長から内需主導型成長への転換が鮮明となった（**表7‐4**）。1987年10月には上述したブラック・マンデーが米国で起きたが、こうした景気拡大の中で日本の実体経済への影響はほとんどなかった。

力強い設備投資：全業種による全面展開

　1988年度に入ると、設備投資が力強い増勢に転じ、景気はいよいよ本格的な拡大局面を迎えていった。設備投資については、プラザ合意後の円高時には、非製造業が円高差益、民活、内需拡大策に支えられて比較的高い伸びを示したものの、製造業が円高の影響により減少したため、1986年度の増加率は実質GDPベースで5.0％と低かった[9]。1987年度は、製造業がプラスに転じた分だけ増加率は上昇したが、本格的なブームには至らなかった。しかし1988年度に入ると、製造業が20％を越える伸びを示した他、非製造業も好調を維持し、ほぼ全業種で大幅増の展開となり、実質GDPベースで19.9％の高い伸びを記録した。1988年度以降は、製造業、非製造業ともに２桁の伸びを示す高原状態が３年間続き、まさに高度成長期の再来を想起させるに十分な設備投資ブームとなった。こうした設備投資ブームの背景には、円高メリットによる実質所得の上昇とそれに裏打ちされた旺盛な消費意欲、企業収益の改善、低金利政策、エクイティ・ファイナンスの活用による低利での資金調達、内需拡大策などの要因がベースとしてあったことに加えて、製造業では技術革新を伴った製品高度化や新製品の開発、非製造業では後述する「民活法」（1986年５月公布）関連、東京湾臨海部開発などの大型プロジェクトや、地価の上昇を受けた不動産・建設関連の需要増などの要因があった。これだけ設備投資が盛り上がったにもかかわらず、資本ストック調整により投資

9）業種別の設備投資の動向は、内閣府『資本ストック統計』（1995年価格、進捗ベース）による。以下同じ。

表 7 - 4　実質 GDP 成長率の内訳：1980-1991年度

（単位：％）

	1980年度	1981年度	1982年度	1983年度	1984年度	1985年度
国内総支出	2.6	3.9	3.1	3.5	4.8	6.3
民間最終消費支出	0.7 (0.4)	2.4 (1.3)	4.6 (2.5)	3.0 (1.7)	3.0 (1.7)	4.4 (2.4)
民間住宅	−9.9 (−0.7)	−2.0 (−0.1)	1.1 (0.1)	−8.4 (−0.5)	−0.1 (0.0)	3.5 (0.2)
民間企業設備	7.5 (1.0)	3.8 (0.6)	1.4 (0.2)	1.9 (0.3)	12.3 (1.8)	15.1 (2.4)
政府支出	0.9 (0.1)	4.0 (1.0)	1.9 (0.5)	3.3 (0.8)	1.0 (0.2)	−0.3 (−0.1)
政府最終消費支出	3.3 (0.3)	5.8 (0.8)	4.2 (0.6)	5.6 (0.8)	2.5 (0.4)	1.8 (0.3)
公的固定資本形成	−1.7 (−0.2)	1.0 (0.1)	−2.1 (−0.2)	−1.0 (−0.1)	−2.2 (−0.2)	−4.9 (−0.4)
財・サービスの純輸出	(1.8)	(1.2)	(0.6)	(1.0)	(0.9)	(0.9)
輸出	14.4 (1.2)	12.6 (1.7)	−0.4 (−0.1)	8.6 (1.2)	13.5 (1.9)	2.5 (0.4)
輸入	−6.3 (0.6)	4.0 (−0.6)	−4.8 (0.7)	1.7 (−0.2)	8.1 (−1.0)	−4.4 (0.5)

	1986年度	1987年度	1988年度	1989年度	1990年度	1991年度
国内総支出	1.9	6.1	6.4	4.6	6.2	2.3
民間最終消費支出	3.6 (1.9)	4.8 (2.6)	5.3 (2.9)	4.1 (2.2)	5.4 (2.8)	2.2 (1.2)
民間住宅	9.4 (0.4)	24.3 (1.1)	5.8 (0.3)	−1.4 (−0.1)	5.5 (0.3)	−9.2 (−0.5)
民間企業設備	5.0 (0.8)	8.2 (1.3)	19.9 (3.3)	10.7 (2.0)	11.5 (2.2)	−0.4 (−0.1)
政府支出	4.1 (0.9)	5.2 (1.1)	2.7 (0.6)	2.5 (0.5)	4.0 (0.8)	4.2 (0.9)
政府最終消費支出	3.8 (0.5)	3.9 (0.6)	3.6 (0.5)	2.8 (0.4)	3.8 (0.5)	3.6 (0.5)
公的固定資本形成	4.7 (0.3)	8.0 (0.5)	0.7 (0.1)	1.9 (0.1)	4.3 (0.3)	5.7 (0.4)
財・サービスの純輸出	(−1.3)	(−0.8)	(−0.5)	(−0.4)	(0.2)	(0.6)
輸出	−4.3 (−0.6)	1.0 (0.1)	8.7 (0.9)	8.5 (0.8)	6.7 (0.7)	5.2 (0.5)
輸入	7.1 (−0.7)	12.3 (−0.9)	18.9 (−1.4)	15.0 (−1.2)	5.4 (−0.5)	−0.6 (0.1)

（注）　1　1980年度は1990年基準。1981年度以降は2000年基準。

　　　　2　数字は各コンポーネントの増加率。

　　　　3　（　）内の数字は寄与度。輸入の寄与度はマイナスで表示。

（出所）内閣府『国民経済計算』

ブームが短命に終わらなかった理由としては、製造業については単なる能力増強ではなく製品の高度化や新製品の開発などを伴った投資需要の増加が多かったこと、非製造業については民活法などを背景にインフラ的な性格の強い投資案件が多かったこと、また独立投資的な性格の強い情報関連投資が卸・小売、金融・保険などの非製造業を中心に増加したことなどの要因を挙げることができるが、同時に、投資ブームが過剰な成長期待やバブルに依存していたことにも注意を払わなければならない。したがって、最終的にはバブル崩壊とともに大きな投資調整を余儀なくされることになった。

高級化した個人消費

　個人消費に関しては、乗用車、カラーテレビ、VTR、エアコンなどの耐久消費財において高性能、高品質を求める消費者の高級志向が顕著となり、消費需要を牽引した他、余暇を楽しみたいとするライフスタイルへの変化から旅行などレジャー、外食、教養などサービス関連の支出も増加した。加えて、株価や地価などの資産価格の上昇による資産価値の増加も消費にプラスの影響（**資産効果**）を与えたと考えられる。

　内需に支えられたこの「**バブル景気**」は、57カ月続いた「いざなぎ景気」を抜いて戦後最長記録を更新することも期待されたが、51カ月（1986年11月-1991年2月）の長さに終わった。

4　バブルの発生とその要因

（1）地価、株価の急上昇とバブルの考え方

　この景気拡大の第2の特徴は、地価、株価という資産価格の異常な上昇を伴ったことである。**図7-6**、**図7-7**に示してあるように、地価と株価は1986年頃から急上昇を開始し、地価（市街地価格指数）は1991年に、株価（日経225）は1989年12月末にそれぞれピークに達し、以後急速に低下している[10]。6大都市・

10）日経平均（日経225）は、1989年12月29日の大納会の日に終値で38,915円87銭の史上最高値をつけた。

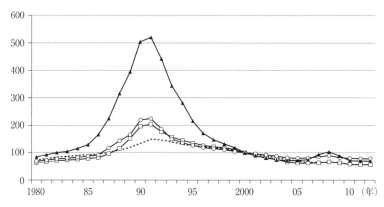

図7-6　地価の推移（市街地価格指数、2000年＝100）：1980-2012年

‥‥ 全国・全用途平均　━▲━ 6大都市・商業地　━○━ 6大都市・住宅地　━□━ 6大都市・工業地
（注）各年3月末値。
（出所）日本不動産研究所『市街地価格指数』

図7-7　株価の推移（日経225）：1980年1月-2012年12月

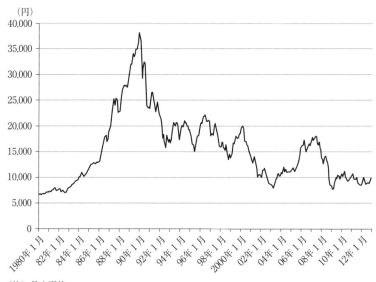

（注）月中平均。
（出所）日本経済新聞社。

商業地における地価は、1986年3月末から1991年3月末にかけて約3.1倍に上昇
し、株価は1986年1月から1989年12月にかけて約2.9倍に上昇している。2つの

グラフとも下から仰ぎ見るマッターホルンのような急峻な山の形に見える。

　この時期の資産価格の上昇は、一般に「バブル」と呼ばれている。しかし、通常用いられる「バブル」が意味するものと経済学における「バブル」の定義との間には概念上のギャップがある。普段使われる「バブル」は資産価格の異常な高騰を漠然と指すことが多い。しかし標準的な経済学で定義される**「バブル」**は、資産価格が、経済のファンダメンタルズ（基礎的条件）によって決まる**ファンダメンタル価格**から乖離した部分を指す[11]。ファンダメンタル価格は、株価の場合、今後発生する配当の流列の割引現在価値に等しくなる（**配当割引還元モデル**、本章コラム参照）。地価の場合は、地代の流列の割引現在価値になる。

困難なバブルの自覚

　ここで注意を要するのは、このファンダメンタル価格が期待の変化の影響も受ける点である。したがって、例えば、企業収益や配当に対する人々の期待がある日突然に上方に修正された場合、それに基づく株価の上昇部分は、この期待の修正が合理的な理由によるものであればファンダメンタル価格の上昇に対応するが、期待の修正が非合理的な理由によるものであればバブルに対応する、ということになる[12]。非合理的な理由の例としては、株価や地価はこれまで順調に上がってきたのだから今後も上がり続けるだろうという根拠のない見通しなどが挙げられよう。しかし容易に想像できるように、予想の変化を客観的データを用いて合理的な部分と非合理的な部分に分けること、しかもリアルタイムでそれを行うことは、至難の業である。よって急激な資産価格の上昇が起きた場合に、それがバブルであるか否かを識別することは、少なくともその時点では極めて困難である。現実を見てみると、図7-6、図7-7にあるとおり、1980年代後半から資産価格は急上昇と急降下を示した。「事後的には」、これを経済のファンダメンタルズおよびそれらに関する合理的な予想の変化で説明することには無理があるので、「バブル」が発生したと認定することはそれほど難しくない。しかし、バブルの

---

11) 例えば、筒井（2001）、池尾（2010）を参照。より厳密なバブルの理論については、翁（1985）、浅子・加納・佐野（1990）、西村（1990）、柳川（2002）を参照のこと。
12) 非合理的な期待によるバブルをさらに、ユーフォリア（根拠のない幸福感）に基づく過度な楽観によるものと、全く根拠のないものに分ける場合がある。翁（2011）を参照。

コラム　資産価格の理論的考え方

　ここでは、資産価格がその資産が生み出す収益の価値によって決まるという考え方（**収益還元モデル**）を簡単に解説する。

　いま、銀行に1年間お金を預金する際の金利が5％（年率）であるとしよう。すると今年の100万円は来年には自動的に105万円（＝ 100万円×1.05）になる。このとき、来年の105万円は今年の100万円（＝ 105万円÷1.05）の価値に等しいとも考えられる。このように将来の金額は資産運用に使える利子率を用いて（1＋利子率）で割ることによって現在の価値に引き直すことができ、この現在価値のことを**割引現在価値**と呼ぶ。2年後の金額であれば、1.05の2乗で割ることによって割引現在価値が求められる。この利子率は、将来の金額を現在価値に引き直す際にどれだけ割り引いて考えるか示しており、一般的には**割引率**と呼ばれる。割引率は個人によって異なりうるが、ここでは銀行預金金利など投資家が利用できる市場の利回りを用いている。

　自分が持っているある会社の株式を他人に売却する際、相手はその株式を所有することによってどれだけの収益が得られるかを計算するだろう。将来の収益は、来年から毎年得られる配当の合計額となる。したがって、現在（t 期）の株価は、来年以降に得られるであろう配当（D）の流列の割引現在価値に等しいと考えられる。簡単化のために、期間を通じて利子率および配当が一定で、それぞれ r および D とすると、現在の株価の理論値は次式で示される。

$$P_t = \frac{D}{1+r} + \frac{D}{(1+r)^2} + \frac{D}{(1+r)^3} + \cdots \cdots \qquad ①$$

　これは、初項を $D/(1+r)$、公比を $1/(1+r)$ とする無限等比級数の和であるので、公式（和 ＝ 初項/(1－公比)）より、

$$P_t = \frac{D}{r} \qquad ②$$

となる。このとき、株式を持つことの収益率 D/P_t は市場の利回り r に等しく

なっており、株式と他の代替的金融資産との間で裁定が働いていることがわかる。

　配当がg％の成長率で増加していく場合は、初項は$D/(1+r)$、公比は$(1+g)/(1+r)$となるので、

$$P_t = \frac{D}{r-g} \qquad ③$$

となる。また、配当が不確実（確率変数）であることを明示的に考慮して、利子率にリスク・プレミアムを加える場合もある。以上の株価決定の考え方は、**配当割引還元モデル**と呼ばれる。

　地価の場合は、配当の代わりに地代を用いて計算できる。

　このような考え方に基づいて理論地価を計算した例として、『1991年度経済白書』がある。白書は、オフィス賃料と長期金利（利付き電々債利回り）を用いていくつかの仮定の下に3大都市圏商業地の理論地価を計算し、1980年代後半に現実の地価が理論地価を上回っていること等を報告している。ここからバブルが発生していたことが示唆される。

最中にバブルであることを正確に認識するのは難しく、バブルは終わってみないとバブルであったことがわからないという性質を持っている。では、このようなファンダメンタル価格の上昇およびバブルを発生させた要因は何だったのだろうか。

（2）バブル発生の要因

　以下では、バブル発生の要因として、過度な金融緩和、銀行の不動産融資への傾斜、地価バブルの実体的要因、日本経済に対する過信、の4つの要因について検討する。

過度な金融緩和の影響

　ファンダメンタル価格の上昇およびバブル発生の第1の要因は、1986年以降の過度な金融緩和政策と考えられる。図7-6と図7-7を見ると、一連の日銀の公定歩合引き下げが開始された1986年1月頃から、地価と株価が急上昇を開始し、

公定歩合が引き上げに転じた1989年5月からほどなくして地価と株価が下落に転じていることが明瞭にわかる。上記の配当割引還元モデルに従えば、金融緩和によって設備投資等が喚起され期待経済成長率が高まり、同時に割引率である金利が下がったことが、株価や地価を押し上げたと解釈される。一方、資金の動きに注目すれば、金利低下によって資金調達が容易になり、その資金が設備投資等に回って経済成長率を高めるとともに、一部は投機資金となって資産市場に向かったと考えられる。特に、公定歩合が史上最低の2.5％まで引き下げられ、しかもその超低金利が2年3カ月の長期にわたって継続されたことは、景気が拡大する中で過大な金融緩和効果を発揮した[13]。

　上記の経済学的な「バブル」の考え方によれば、金融緩和は理論的なファンダメンタル価格を上昇させることによって、株価や地価を上昇させる。その際、企業収益や配当に関する予想の上方修正が設備投資増による経済成長率の上昇など合理的な理由に基づくものであれば、それによる資産価格の上昇はバブルとは言えない。したがって、金融緩和は常にバブルを発生させるわけではない。言い換えれば、金融緩和はバブル発生の必要条件とはなるが十分条件ではない。しかし、強力で長期にわたる金融緩和の場合には、余剰資金や投機的資金の流入による資産価格の上昇が比較的長く持続し、同時に恐らくは実体経済のパフォーマンスも良くなるため、資産価格の上昇が異常なものであったとしてもそれが経済の実力やファンダメンタルズの改善を反映しているものであると誤解される可能性が高まるだろう。つまり過度な金融緩和は、人々の予想の形成過程を攪乱し、非合理的な予想形成の確率を高めてしまう恐れがある。そしてその確率は実体経済のパフォーマンスが良いときほど高くなるだろう[14]。1980年代後半の日本に関しても、壊滅的な打撃になるとまで思われた円高不況が予想外に早く終わるとともに景気拡大が力強く始まったため、日本経済に対する過信と過大な成長期待が生まれたように思われる。つまり、過度な金融緩和は、日本経済に対する過大な期待が同時に生じたことによって、バブルの発生に寄与したと考えられる。日本経済に対する過大な期待の問題については後述する。

---

13) さらに低金利政策の長期化は、低金利が永続するのではないかという期待形成を通じて、一層大きな緩和的効果を持ったという指摘もある。翁・白川・白塚（2001）を参照。

14) この点は、2000年代の米国の住宅バブルのケースにも当てはまるだろう。第10章参照。

銀行部門の環境変化と不動産関連融資への傾斜

　ファンダメンタル価格の上昇およびバブル発生の第2の要因は、1980年代後半から銀行が不動産関連融資を急増させたことである。これは2つの環境変化を背景としている。1つは、高度成長から安定成長への移行に伴って設備資金を中心に資金需要が減少する一方で、家計および企業部門で貯蓄および資本が蓄積されていったという経済の環境変化である。第5章で見たように、高度成長期には設備投資が2桁に近い伸びを持続し、その旺盛な資金需要を限られた貯蓄でまかなうために長期信用銀行などを軸とする銀行システムが十二分に活用されたが、1970年代に入り日本経済が安定成長に移行すると設備投資の伸びは鈍化し、また大企業の財務内容も以前に比べて改善されたことから、銀行借入の需要は大企業を中心に大幅に減少した。特に製造業の資金需要の減少が顕著であった（**図7－8**）。

　2つ目の環境変化は、1970年代後半から金融自由化が進められたことである。高度成長期の金融行政がしばしば「**護送船団方式**」と呼ばれているように、それまでの金融システムは、新規参入が規制される下で、銀行業、証券業、保険業の業態に完全に分けられ、さらに銀行業は、長期信用銀行、都市銀行、信託銀行、地方銀行というように機能別に業務の棲み分けが行われ、業態・業務分野間での競争が制限されていた。そして銀行部門は、社債の発行が有担保原則などによって一部の大企業に限定される中で、企業の資金調達において中心的な役割を担うとともに、規制金利体系によって利潤が事実上保証され、いわゆる「**規制レント**」を享受していた[15]。しかし、1970年代後半から、国債の大量発行に伴い国債の流通市場が整備されるようになり、自由金利商品への途が開かれた。また、社債の有担保原則の緩和など社債市場の自由化が進められた他、1984年にはドル高・円安是正策の一環として米国側の要請で設置された「日米円・ドル委員会」において、大口預金金利の自由化、市場金利連動型大口預金（MMC）の導入、外国金融機関の市場参入など金融・資本市場の自由化が協議された。こうして、社債市場の自由化、預金金利の自由化、コマーシャル・ペーパー（CP）発行の認可、新株引受権付き社債（ワラント債）や転換社債の発行条件の緩和、国際金

15）　規制レントとは一般に、参入規制や価格規制などの規制の下で発生する超過利潤を指し、自由競争市場では本来発生しないものである。

図7-8　国内銀行の業種別貸出残高の構成比：1976-2000年度

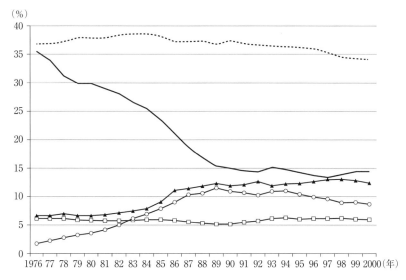

──製造業　─□─建設業　─○─金融・保険業　─▲─不動産業　……その他非製造業

(注) 1　総貸出残高 ＝ 銀行勘定＋信託勘定＋海外店勘定。国内銀行ベース。
　　 2　その他非製造業 ＝ 卸売・小売・飲食店＋電気・ガス・熱供給・水道＋運輸・通信＋
　　　　サービス。
(出所) 日本銀行。

融取引の自由化などの一連の金融自由化が進められ、規制金利体系が崩れるとと
もに、証券市場を利用した大企業の資金調達が増加した[16]。銀行の経営は、既
存の業務分野の制約の下で、預金金利の上昇と顧客であった大企業の銀行離れか
ら、苦戦を強いられた。

　こうした2つの環境変化を受けて、銀行は新たな貸出先を求め、不動産関連融
資への傾斜を強めていった。不動産関連融資は、リスクは高いがリスク・プレミ
アムの分だけ利鞘を稼ぐことができるため、預金金利の上昇により収益が圧迫さ
れていた銀行にとって有効な打開策と位置づけられた[17]。これはある意味で制

16)　金融自由化を促した国債の大量発行と金融の国際化の2つの要因は「2つのコクサイ化」
　　と呼ばれることがある。
17)　全面的な金融自由化がより早期に実施されていたならば、銀行は異なった戦略を採用した
　　可能性が考えられ、この意味では、金融規制や金融行政の影響を検討する視点が重要であろ
　　う。堀内（1998）、岡崎・星（2002）などを参照のこと。

約下での合理的な行動という面も持っていた。企業規模別には中小企業への融資が増えていった。中小企業向け融資は一般に融資金額が小さい割には審査に手間がかかり審査コストが割高となるが、土地を担保に取ることによって審査コストは低く抑えられた。1980年代後半からの地価の上昇は、担保価値の上昇を通じてこうした不動産関連融資を一層後押しすることとなり、さらに不動産関連融資それ自体が地価を上げていくという相乗効果も働いた。不動産関連融資への傾斜は特に長期信用銀行において顕著であったが、その要因の1つとしてやはり大企業製造業を中心とした設備資金需要の減退が推測される。

　図7-8は国内銀行の業種別貸出残高の構成比推移を示したものだが、1970年代後半から1990年頃にかけて製造業の構成比が急速に低下するとともに、1980年代後半に不動産業および金融・保険業の構成比が上昇していることが明らかである。1990年以降は構成比が比較的安定しており、1980年代の貸出行動の変化がいかに劇的であったかがわかる。

　こうした不動産関連融資は、当初は実需に基づいた案件が多かったものの、地価の上昇につれて次第に投機目的の案件が混在していった。本来銀行は融資に際して、プロジェクトの採算性等を時間をかけて審査すべきであるが、担保として徴求した土地の価額が上昇を続けたことから、あるいは銀行間の貸出競争が激化したことから、安易な審査が行われるようになっていった。次章で詳しく見るように、こうした安易な貸出案件がバブル崩壊とともに不良債権と化し、銀行、ひいては日本経済に大きな打撃を与えることとなったのである。

地価バブルの様相とその実体的要因

　上では、金融緩和は資産のファンダメンタル価格を上昇させるが、必ずしもバブルを発生させるわけではないことを述べた。バブルが生じるためには、資産価格の（過度な）上昇期待を抱かせる実体的な要因が存在しなければならない。そこでバブル発生の第3の要因として、地価上昇の実体的要因について考えてみよう。

　実は地価に関しては、金融が緩和される以前から上昇していたことが知られている（国土庁編（1986）、野口（1989）、西村（1990）など）。用途別、地域別で見た「地価公示価格」（国土庁）のデータからは次のような動きがわかる。まず、都心3区（千代田区、中央区、港区）の商業地の地価は1984年（公示年ベース、

実態的には1983年）から2桁の上昇を開始した。その後、商業地の地価の上昇は1980年代後半に、東京都23区、東京圏、大阪圏・名古屋圏へと、タイムラグを伴いながら周辺の、そして全国の都市圏へと波及していった。対照的に地方の、特に住宅地の上昇率はかなり落ち着いていた。したがって、地価の高騰は首都圏の商業地から全国の都市圏の商業地へ波及しながら生じたと言える。因みに1983年1月1日を起点とした1992年1月1日までの累積上昇率を計算すると、3大都市圏商業地で3.4倍、地方住宅地で1.5倍、地方工業地で1.4倍となっている。地価の高騰が主に都市圏の商業地で生じたことは図7-6でも確認できる。

　比較のために1970年代前半の列島改造ブーム期の地価の動向を見てみると、このときは、過密と過疎の格差是正のための地方開発を企図した列島改造論の下で、投機を伴った地価上昇はほぼ全国で同時に生じていた。

　以上から、都心の商業地で地価を上昇させる何らかの実体的な要因が発生し、地価上昇が上昇期待とともに全国に波及していったことが示唆される。では、このような地価の上昇期待をもたらした実体的要因は何だったのだろうか。これに関しては次のような要因が考えられる。

①オフィスビルの需要増加

　第1に、経済構造や産業構造の変化に伴うオフィスビル需要の増加が挙げられる。石油危機を経て1980年代に入ると、日本の産業構造は、経済のサービス化、情報化を受けて、高付加価値型の非製造業のウェイトを高めていった。例えば、金融、コンサルティング、情報処理、情報通信、OA機器サービス、広告、その他メディアなどの産業が挙げられる。こうした産業は、情報と顧客に近接していることが有利となるので、集積のある都市圏に立地する傾向を持つ。同様に、サービス化、情報化は、情報等へのアクセス確保の必要性から、企業における本社機能や中枢管理部門の首都圏等への集中を促した。さらに、国際化によって外資系企業の事務所開設が東京で増加した。特に金融の分野においては、東京の国際金融センターとしての潜在力が注目され、外資系金融機関の進出が相次いだ。これには上述した1984年の「日米円・ドル委員会」の協議等に基づく一連の金融自由化や規制緩和も影響している。また物理的には、OA機器の導入によって1人当たりの床面積も増加した。こうして東京を中心とした都市圏において、オフィスビル需要が実需として増加し、これが商業地の地価を高めたと考えられる[18]。

したがって、この点だけに注目すれば、東京等の地価が上昇することには合理的な理由があった。しかし、上で見たとおり金融緩和を背景とした投機的な要素が加わること等によって、当初はノーマルであった地価の上昇期待が過大な期待に変容していったものと思われる。

②「民活」プロジェクトの推進

　第2に、中曽根政権下で内需拡大策の一環として採用された「民活プロジェクト」推進の影響が指摘できる。「**民活**」、すなわち民間活力の活用とは、民間企業の活力を用いて財政負担なしに社会資本整備を図るという政策手法であり、官民共同出資による「第3セクター」が事業主体となって政策優遇措置を受けながら事業を行う方式が一般的である。この政策手法は、行政改革を目的に1981年に設置された「臨時行政調査会」（「第2臨調」、会長は土光敏夫）の答申を具体化する過程で提案されたアイデアであり、当時のレーガン政権やサッチャー政権下で採用された自由主義的経済政策の流れを汲むものでもあった。日本の財政状況は、1975年度からの特例公債を含む大量の国債発行により急速に悪化していたが、一般消費税の導入がとん挫したため、1980年代には「増税なき財政再建」が優先的な政策課題となっていた。こうした厳しい財政事情から、民活は、従来の財政支出の機能の一部を肩代わりする役割を担ったわけだが、より重要な側面として、米国との貿易摩擦や円高不況へ対処するための内需拡大策として大いに期待され、活用されたことが指摘できる。1986年5月に「民活法」（「民間事業者の能力の活用による特定施設の整備の促進に関する臨時措置法」）が公布され、研究開発施設、電気通信基盤高度化施設、国際会議場、旅客ターミナルなど様々なプロジェクトが認可されたが、中でも東京湾臨海部開発プロジェクトは東京都だけでなく国策レベルの大型プロジェクトとして位置づけられた。この他にも大型プロジェクトとしては、東京湾横断道路、横浜みなとみらい21計画、幕張新都心整備、関西国際空港などがあった。こうした民活プロジェクトの推進はとりわけ首都圏において、中曽根政権下で同時に進められた容積率の規制緩和などと相まって、地

18）（社）日本ビルヂング協会の「ビル実態調査」によると、東京のオフィス空室率は、1.3%（1981年）、0.7%（1983年）、0.2%（1985年）と低下しており、ここからもオフィス需給の逼迫がわかる。国土庁編（1987）を参照。

価の上昇と上昇期待に寄与したと考えられる[19]。

③「リゾート法」の影響

　民活プロジェクトの推進等により首都圏を中心に土地関連投資が活況を呈する中、地方経済の活性化を図ろうとする政策も立案された。日米貿易摩擦問題が日米間で協議される過程で、日本側においても、働き過ぎや長時間労働を是正し、国民生活の質を向上させるべきであるとの認識が広く共有されるところとなり、豊かな生活の実現に向けた努力の必要性が、政策の指針となった「前川レポート」（1986年4月）や「新前川レポート」（「経済審議会経済構造調整特別部会報告書」、1987年4月）においても強調された。折しも円高の影響を受けて地方の製造業は業況悪化を余儀なくされており、地方自治体は製造業以外による地域活性化策を模索していた。こうして地方自治体の思惑とも合致し、長期滞在型リゾートの整備を目的として、1987年6月に「**リゾート法**」（「総合保養地域整備法」）が公布され、ゴルフ場、スキー場など全国で40以上の地域が指定を受けた。この結果、局所的ではあるが、地方における地価の上昇期待が高まった。しかし、リゾート法に基づくプロジェクトは発想が画一的なものが多く、バブルが崩壊してブームが去ると、一転して集客力を失い経営破綻したものが少なくなかった。

日本経済に対する「過信」

　上では、バブルが発生するためには金融緩和だけでは必ずしも十分でなく、経済成長に関する過大な期待を伴うことが必要であると述べた。1980年代後半の日本経済はまさにこの事態が生じたケースであり、したがって、過大な成長期待がバブル発生の第4の要因と考えられる。

　1970年代の石油危機、1980年代半ばの円高不況と、日本経済は度重なる困難を次々に克服し、しかも極めて大型の景気拡大に入っていったため、日本経済への評価はいやがおうにも高まった。製造業では、自動車、電気機械、半導体などの国際競争力が米国を凌駕し、非製造業では、円高を受けてドル建てに換算した銀行の資産規模が世界の上位を独占し、また大手不動産会社による米国のロックフ

19）容積率とは、敷地面積に対する建築延べ面積の割合であり、この規制の緩和によってより高層の建築が可能になる。

ェラー・センタービルの買収が進むなど、経済界が自信を深める事象に事欠かな
かった。メディアや論壇では、バブルに警鐘を鳴らす識者がいなかったわけでは
ないが、楽観論が大勢を占め、またバブル崩壊後の事態に対する問題意識は希薄
であった。経済学の分野においては、経済システムや制度を分析するツールの発
展を背景に日本的経済システムの経済合理性を解明しようとする研究が進んだが、
当時の日本経済の良好なパフォーマンスを反映して、日本的経済システムの優れ
た点のみが強調される傾向にあった。あるいは読み手の側にそのように読みたい
という潜在的な願望があったのかもしれない。具体的には、株主の短期的な収益
志向から自由な企業ガバナンス、メインバンク制度、長期雇用・年功賃金・企業
別組合を特徴とする日本的雇用慣行、長期的な取引関係などが挙げられる。

　こうして、メディアのみならず、経済界、官界、経済学界においても、日本的
経営や日本的経済システムを高く評価する見方が広がった[20]。その結果、資産
価格の異常な高騰に対しても、期待成長率が高いのだから問題ないと楽観視する
ムードが、日本経済の全てではないにせよかなりの部分を覆っていたように思わ
れる。しかしこれは明らかに過信であった。

ケインズの美人投票

　日本経済への過信があったとは言え、一方で、わずか数年の間に地価や株価が
３倍も値上がりすることに違和感を覚えた人も多かったはずである。つまり、
「バブル」が発生していたことを認識していた冷静な人たちもいたと考えられる。
にもかかわらず、投資が止まらなかったのは何故だろうか。

　この問題の理解には、「**ケインズの美人投票**」のたとえ話が役に立つ（ケイン
ズ 1936、第12章）。「ケインズの美人投票」とは、通常の美人コンテストとは異
なって、最大の得票数を獲得して１位に選ばれた候補者に投票した人が賞品を受
け取るというコンテストである。したがって、賞品をもらいたいと思う参加者は、
自分が最も美人であると思う候補者に投票するのではなく、他の参加者が最も投
票しそうな人に投票するという戦略をとる。しかし、他の参加者もまた同じよう

---

20)　こうした日本的経済システムへの高い評価は、後で見るようにバブルが崩壊して長期不況
　に突入すると一転して低い評価に変わった。このことは、経済システムに対する客観的な評
　価基準が確立しておらず、評価がうつろいやすいことを示唆している。

に他人の行動を予測するため、ゲームは読み合いの連続の構造となる。ケインズは、株式市場の参加者は専門的な投資家でさえまじめに将来収益の予測をしようとせず、大衆心理の読み合いに多くのエネルギーを注ぐ結果、株価がファンダメンタル価格から乖離して不安定化することを、このたとえ話で示そうとしたと考えられる。

　このような投資家の行動を想定すれば、ある投資家が現在の株価や地価がバブルであることを知っていたとしても、他の投資家が投資を続けると予想したならば、投資を進めることが合理的となるため、バブルが一定期間継続することが説明可能となる。

本節のまとめ

　本節では、経済学的なバブルの定義を明らかにした上で、バブル発生の要因として、第1に過度な金融緩和、第2に銀行の不動産関連融資への傾斜、第3に地価上昇の実体的要因、第4に日本経済に対する過信、を指摘した。金融緩和はバブルの生成において決定的に重要な役割を果たしたが、それだけでバブルが起きたわけではない。過度な金融緩和、銀行の不動産関連融資への傾斜などの金融的要因と、日本経済の良好なパフォーマンスや首都圏を中心としたオフィス需給の逼迫などの実体的要因が同時に起きることによって、異常な期待形成や投機的行動が誘発され、バブルが発生したと考えられる。そしてこれらの背後に日米間の深刻な貿易摩擦という問題があったことも忘れてはならない。

　バブルの経験は様々な教訓を我々に与えてくれるが、その中で最も重要な教訓は、バブル崩壊に関する無知、無理解、未経験が、金融政策の転換などの対応策を遅らせ、バブル崩壊の影響を甚大なものにしてしまったことであろう。次章ではバブルが崩壊し長期不況に至る過程を詳しく検討する。

参考文献

浅子和美・加納悟・佐野尚史（1990）「株価とバブル」、西村・三輪編

池尾和人（2010）『現代の金融入門（新版）』筑摩書房

石井晋（2011）「第2部　プラザ合意・内需拡大策とバブル（1985〜89年を中心に）」、小峰編

岡崎哲二・星岳雄（2002）「1980年代の銀行経営」、村松・奥野編（2002a）

翁邦雄（1985）『期待と投機の経済分析』東洋経済新報社

翁邦雄（2011）『ポスト・マネタリズムの金融政策』日本経済新聞出版社

翁邦雄（2013）『日本銀行』筑摩書房

翁邦雄・白川方明・白塚重典（2001）「資産価格バブルと金融政策－1980年代後半の日本の経験とその教訓」、香西・白川・翁編

行天豊雄（2013）『円の興亡－「通貨マフィア」の独白』朝日新聞出版

ケインズ、ジョン・メイナード（2008）『雇用、利子および貨幣の一般理論　上下』（間宮陽介訳）岩波書店（John Maynard Keynes, *The General Theory of Employment, Interest and Money*, Macmillan, 1936）

香西泰・白川方明・翁邦雄編（2001）『バブルと金融政策－日本の経験と教訓』日本経済新聞社

国土庁編（1986）『土地利用白書』大蔵省印刷局

国土庁編（1987）『土地利用白書』大蔵省印刷局

小峰隆夫編、内閣府経済社会総合研究所企画・監修（2011）『日本経済の記録－第 2 次石油危機への対応からバブル崩壊まで（1970年代〜1996年）』（バブル／デフレ期の日本経済と経済政策（歴史編 1 ））佐伯印刷

小宮隆太郎（1988）『現代日本経済－マクロ的展開と国際経済関係』東京大学出版会

下村治（1987）『日本は悪くない　悪いのはアメリカだ』ネスコ

鈴木直次（1995）『アメリカ産業社会の盛衰』岩波書店

筒井義郎（2001）『金融』東洋経済新報社

土志田征一（1986）『レーガノミックス－供給経済学の実験』中央公論社

西村清彦（1990）「日本の地価決定のメカニズム」、西村・三輪編

西村清彦・三輪芳朗（1990）『日本の株価・地価－価格形成のメカニズム』東京大学出版会

野口悠紀雄（1989）『土地の経済学』日本経済新聞社

野口悠紀雄（1992）『バブルの経済学－日本経済に何が起こったのか』日本経済新聞社

堀内昭義（1998）『金融システムの未来－不良債権問題と金融ビッグ・バン』岩波書店

ボルカー、ポール・行天豊雄（1992）『富の興亡－円とドルの歴史』（江澤雄一監訳）東洋経済新報社（Paul Volker, and Toyoo Gyoten, *Changing Fortunes*, Crown, 1992）

深尾光洋（2002）「1980年代後半の資産価格バブル発生と90年代の不況の原因」、村松・奥野編（2002a）

三橋規宏・内田茂男（1994）『昭和経済史　下』日本経済新聞社

村松岐夫・奥野正寛編（2002a）『平成バブルの研究（上）形成編－バブル発生とその背

　景構造』東洋経済新報社

村松岐夫・奥野正寛編（2002b）『平成バブルの研究（下）崩壊編－崩壊後の不況と不
　良債権処理』東洋経済新報社

柳川範之（2002）「バブルとは何か－理論的整理」、村松・奥野編（2002a）

吉川洋（1992）『日本経済とマクロ経済学』東洋経済新報社

吉川洋（1999）『転換期の日本経済』岩波書店

吉川洋（2002）「土地バブル－原因と時代背景」、村松・奥野編（2002a）

第8章

バブルの崩壊と長期不況

　1980年代後半に未曽有の「バブル景気」を謳歌した日本経済であったが、日本銀行による金融引き締めをきっかけに1990年代初頭にバブルが崩壊すると、日本経済は景気後退局面に入り、その後も停滞的な状況が長期間続いた。バブル崩壊後の10年は「失われた10年」とも呼ばれる。

　当初、この後退局面は通常の景気後退と認識され、ある程度の期間を経れば経済は自律的に回復するだろうという見方が大勢を占めた。地価に対する見方も同様であった。こうした楽観的な見通しは、政策当局、金融機関、企業など多くの経済主体で共有され、そのため金融機関の不良債権問題やその抜本的な対策は先送りされた。

　その結果、1990年代半ばに信用組合など小規模な金融機関の破綻で始まった不良債権問題は、次第に深刻化し、1997年、1998年には大手金融機関の連続破綻を招来する金融危機にまで発展した。1998年10月の金融再生法の成立によって、金融システム全体の危機はかろうじて回避することができたものの、不良債権の増加はその後も続いた。

　こうしてバブル崩壊後の不況は、通常の景気後退とは異なり、不良債権問題やバランスシート調整問題を伴い、複雑化し、長期化した。特に不良債権の増加に起因する「貸し渋り」と「追い貸し」の2つの金融仲介機能の不全は、資源配分の非効率をもたらし、需要面のみならず供給面からも経済に悪影響を与え、不況を長期化させた。

　以下では、長期不況のメカニズムを整理して理解するために、バブル崩壊過程のマクロ経済的状況（第1節）、不良債権問題と金融危機の経過（第2節）、長期不況の要因（第3節）に分けて検討する。

1　バブル崩壊と景気後退

(1) 政策の転換とバブル崩壊

金融引き締めと不動産融資総量規制

　バブル崩壊のきっかけは金融政策の転換であった。1989年5月、力強い景気拡大が続く中、製品需給や労働需給の逼迫による物価上昇圧力などを受けて、ようやく日本銀行は金融引き締めへと舵を切った。歴史的低水準であった2.5%から3.25%への公定歩合の引き上げを皮切りに、1990年8月までのわずか1年3カ月の間に合計5回にわたる公定歩合の引き上げが行われた。特に1990年3月以降の2回の引き上げ幅は大きかった。これはグラフで見ると、プラザ合意後に公定歩合の一連の引き下げで降りてきた階段を再び駆け上がるようであった（**図8-1**）。

第1次引き上げ：1989年5月31日　2.5　→　3.25%
第2次引き上げ：1989年10月11日　3.75%
第3次引き上げ：1989年12月25日　4.25%
第4次引き上げ：1990年3月20日　5.25%
第5次引き上げ：1990年8月30日　6.0%

　東証一部の株価（日経225）は、第1次利上げの後も数カ月は上昇を続けたが、1989年12月末の3万8,900円をピークに急降下に転じ、1年後の1990年12月には約2万4千円辺りまで低下した（図8-1）。

　一方、地価高騰の原因の1つであった銀行の不動産向け融資に関しては、大蔵省は1985年から1989年まで数回にわたり通達を発出して金融機関の投機的土地取引の自粛等を指導したが、地価の上昇は止まらなかった。そこで1990年3月、不動産向け融資の伸び率を総貸出伸び率以下に抑えるという「総量規制」が新たな通達によって導入され、その後地価は大都市圏を中心に1990年から1991年頃をピークに下落に転じた（図7-6）[1]。

　こうして高騰を続けた資産価格は反転しバブルは崩壊した。資産価格の急落は、行き過ぎた期待が修正されるプロセスであり、この急落自体がバブルが発生していたことを物語っている。

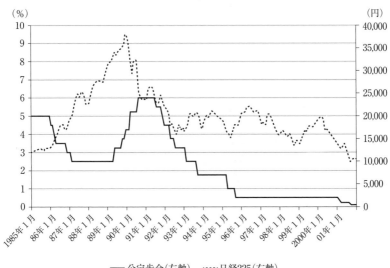

図 8 - 1　公定歩合と株価の推移：1985年 1 月-2001年12月

―――公定歩合（左軸）　　……日経225（右軸）

（注）株価は日経平均（日経225）。月中平均。
（出所）日本銀行、日本経済新聞社。

　バブルの崩壊後、日本経済は深刻な不況に陥ったため、このときの急激な金融引き締め策は後に批判されることになるが、この時点では、金融引き締めに端を発する地価の下落はむしろ多くの国民に歓迎された。バブルに伴う資産格差の拡大、マイホームを遠ざける地価の高騰、投機や地上げによる不動産業者の荒稼ぎなどは、一般庶民の反感を買っていたのである。1989年12月17日に日本銀行総裁に就任し、第 3 次から第 5 次までの公定歩合の引き上げを行った三重野康は、悪者を懲らしめる時代小説の主人公になぞらえて、バブルを退治する「平成の鬼平」として英雄扱いされたが、その背後にはこのような国民感情があったものとみられる[2]。

---

　1 ）この総量規制の対象機関は銀行、信用金庫、信用組合、生命保険、損害保険、外国銀行などであった。ノンバンク向け融資が規制の対象から外されたため、下で指摘するように住専（住宅専門金融機関）を経由した不動産関連融資はむしろ増加し、不良債権の増加につながった。この総量規制は1991年12月に解除された。
　2 ）鬼平とは、江戸時代を舞台にした池波正太郎の捕物帳小説『鬼平犯科帳』の主人公であり、実在した人物である長谷川平蔵（火付盗賊改方長官）、すなわち鬼の平蔵のことである。

後知恵ではあるが、バブル崩壊が不良債権問題や金融機能不全などによって後に深刻な不況をもたらすことを事前に見通すことができていたならば、金融引き締めのテンポや不動産融資規制はもう少し慎重であったことが予想される。この意味で、バブル崩壊の影響に関する知見や分析能力が欠如していたことは大きな反省点である。

（2）景気後退と景気判断を巡る議論

実質GDPの動向（1991-1993年度）

　上記の急激な金融引き締めにより、バブルが崩壊するとともに、住宅投資や設備投資などの金利に感応的な需要は減少し、また資産価格の下落を通じて消費も冷え込み、景気は後退した。

　中でも景気のエンジン役である設備投資は、1991年度から1993年度にかけて減少幅を拡大させ、景気に大きな影響を与えた（**表8-1**）。設備投資の持続力に関しては、高度成長期等に比べて能力増強投資の割合が減り、代わって景気の影響を受けにくい合理化・省力化投資や研究開発投資の割合が増えているので資本ストック調整圧力は小さく、したがって設備投資の落ち込みは軽微で済むだろうという見方もあったが、やはりバブル期の旺盛な投資によって積み上がった資本ストックは大きく、さらに金融引き締めが加わったため、調整は比較的大きくなった。

　一方、消費も地価や株価の下落による逆資産効果や、資産運用のために増やした借入金の返済負担増などから、1991年度から1993年度にかけて低迷した。バブル期に高まった高級品志向はすっかり影を潜め、需要は低価格帯にシフトした。

　こうして実質GDP成長率は1991年度から急速に低下し、1993年度には−0.5％と異例の落ち込みを記録した。

　景気基準日付で見ると、バブル景気の拡張期間は1986年11月から1991年2月までの51カ月、その後の後退期間は1991年2月から1993年10月までの32カ月となった。

遅れた景気判断

　このときの景気判断と政策発動の是非を巡っては、経済界や政策当局を中心に多くの議論が展開されたが、以下では2つの議論を紹介しよう。第1の議論は景

表 8-1　実質 GDP 成長率の内訳：1990-2001年度

(単位：％)

	1990年度	1991年度	1992年度	1993年度	1994年度	1995年度
国内総支出	6.2	2.3	0.7	− 0.5	1.5	3.5
民間最終消費支出	5.4 (2.8)	2.2 (1.2)	1.3 (0.7)	1.4 (0.7)	2.1 (1.2)	2.8 (1.6)
民間住宅	5.5 (0.3)	− 9.2 (− 0.5)	− 3.0 (− 0.1)	3.7 (0.2)	7.2 (0.4)	− 5.7 (− 0.4)
民間企業設備	11.5 (2.2)	− 0.4 (− 0.1)	− 6.1 (− 1.2)	− 12.9 (− 2.3)	− 1.9 (− 0.3)	9.0 (1.3)
政府支出	4.0 (0.8)	4.2 (0.9)	7.3 (1.5)	5.3 (1.2)	1.7 (0.4)	4.8 (1.3)
政府最終消費支出	3.8 (0.5)	3.6 (0.5)	2.8 (0.4)	3.3 (0.5)	3.5 (0.5)	3.4 (0.6)
公的固定資本形成	4.3 (0.3)	5.7 (0.4)	17.3 (1.1)	9.1 (0.7)	− 1.6 (− 0.1)	7.1 (0.7)
財・サービスの純輸出	(0.2)	(0.6)	(0.5)	(− 0.1)	(− 0.2)	(− 1.2)
輸出	6.7 (0.7)	5.2 (0.5)	3.7 (0.4)	− 0.6 (− 0.1)	4.9 (0.4)	4.2 (0.3)
輸入	5.4 (− 0.5)	− 0.6 (0.1)	− 2.1 (0.2)	0.4 (0.0)	9.8 (− 0.7)	14.4 (− 1.5)

	1996年度	1997年度	1998年度	1999年度	2000年度	2001年度
国内総支出	2.7	0.0	− 0.8	0.7	2.5	− 0.6
民間最終消費支出	2.2 (1.3)	− 1.0 (− 0.6)	0.5 (0.3)	1.5 (0.8)	1.4 (0.8)	1.7 (1.0)
民間住宅	12.6 (0.7)	− 18.1 (− 1.1)	− 10.0 (− 0.5)	3.2 (0.1)	− 0.5 (0.0)	− 6.6 (− 0.3)
民間企業設備	5.5 (0.8)	3.0 (0.5)	− 3.5 (− 0.6)	− 1.5 (− 0.2)	6.3 (0.9)	− 4.2 (− 0.7)
政府支出	0.7 (0.2)	− 1.8 (− 0.5)	2.0 (0.5)	2.1 (0.6)	− 0.1 (0.0)	0.8 (0.2)
政府最終消費支出	2.1 (0.4)	1.1 (0.2)	1.9 (0.3)	3.6 (0.6)	3.6 (0.7)	3.7 (0.7)
公的固定資本形成	− 1.6 (− 0.2)	− 6.6 (− 0.7)	2.2 (0.2)	− 0.6 (− 0.1)	− 7.3 (− 0.7)	− 5.4 (− 0.5)
財・サービスの純輸出	(− 0.5)	(1.0)	(0.4)	(− 0.2)	(− 0.3)	(− 0.4)
輸出	6.5 (0.5)	8.9 (0.8)	− 3.8 (− 0.3)	6.0 (0.5)	9.5 (0.9)	− 7.7 (− 0.8)
輸入	8.5 (− 1.0)	− 2.1 (0.3)	− 6.5 (0.8)	6.6 (− 0.8)	10.0 (− 1.2)	− 3.3 (0.4)

(注)　1　1994年度までは2000年基準。1995年度以降は2011暦年連鎖価格基準。
　　　2　数字は各コンポーネントの増加率。
　　　3　(　)内の数字は寄与度。輸入の寄与度はマイナスで表示。
(出所)　内閣府『国民経済計算』

気の転換点に関するものである。第1章で解説したとおり、景気局面の見方には「変化の方向」と「水準」の2つの基準による見方があり、景気の転換点はこの「変化の方向」で見た場合の山と谷となる（図1-4）。景気動向指数の中の一致系列の中心的指標である鉱工業生産指数（季節調整済）の動きを見ると、1991年2月前後にピークに達し、以後減少に転じている。したがって、1991年2月前後に景気が転換点（山）を迎え、その後景気後退期に入ったことはある程度推測可能であった。実際、後に公表された景気基準日付では景気の山は1991年2月と判定された（1993年11月の当初公表時点では1991年4月と判定）。

　しかし、リアルタイムでの政府の公式見解である「月例経済報告」では、1991年8月まで「引き続き拡大傾向にある」という判断が示され、景気後退入りに関する政府の判断は遅れたと言える。政府が「月例経済報告」において「調整過程」という表現を用いて景気後退入りを公式に認めたのは1992年1月末とされる[3]。ただし、下でも述べるように、1991・1992年頃の時点では経済活動や労働需給に表れた景気過熱感は依然として強く、景気後退の実感は乏しかった。

十分でなかったバブル崩壊への認識と景気対策の遅れ

　第2の議論は、景気後退の深さと政策発動の是非を巡る議論である。1991年から1992年頃にかけての日本経済は、第1章の図1-4を用いれば景気の山を過ぎたD点の辺りにあったと考えられる。つまり、経済活動の「変化の方向」で見た場合には既に景気後退期に入っているが、「水準」で見た場合には依然として経済活動水準が高い好況期にあり、政策発動に関する判断が非常に難しい局面にあった。しかし政府は当初、上述のとおり景気の転換点の認知が遅れたことに加え、景気後退は深刻でないとの認識を持っていた。その背景の1つには、経済活動水準が依然として高く、労働需給も逼迫していたという状況があった。バブル期における労働需給の逼迫の度合いはかなり強く、政府が景気後退入りを認めた1992年1月の時点においても、季節調整値で完全失業率は2.1%、有効求人倍率は1.25と、不況とはほど遠い状況にあった。

　しかし、政府が景気後退を深刻でないと判断したより根本的な原因は、この景

3）この時期の政府の景気判断とその評価については、小峰・岡田（2011）、三橋・内田（1994）に詳しい。

気後退を通常の循環的な不況と認識していたことにある。例えば、『1992年度経済白書』は、資産価格下落の経済への悪影響を限定的に認めながらも、1991年後半からの調整過程は、長期にわたる高成長の後の資本ストック調整という点で、高度成長期における景気後退に似ており、したがって景気は自律的な調整を経て1992年度後半には回復に向かうという認識に立っていた。回復が予想どおりに進まなかったことを踏まえて、翌年の『1993年度経済白書』は、資産価格の下落による企業や家計のバランスシート悪化を受けて最終需要が低迷したこと（**バランスシート調整問題**）に注目し、単純な循環的不況という見方に修正を加えている。しかしそれでも、その後に顕在化したバブル崩壊の影響の大きさに比べれば、バランスシート調整、不良債権、金融システム不安などに対する認識は十分でなかった。もっとも、このような事態がほぼ未体験であったことを勘案すれば、バブル崩壊の影響を過小評価したことは、ある程度やむを得なかった面があった。

　以上のような景気認識の結果、景気対策も遅れた。政府は1992年3月に緊急経済対策を打ち出すが、これは本腰を入れたものではなく、本格的な対策は景気後退が進んだ1992年8月の総合経済対策（事業規模10.7兆円）からであった。その後、1993年4月（総合経済対策、事業規模13.2兆円）、1993年9月（緊急経済対策、同6.2兆円）、1994年2月（総合経済対策、同15.3兆円）、1995年4月（緊急円高・経済対策）、1995年9月（経済対策、同14.2兆円）と、バブル崩壊から1995年までに合計で7回の経済対策が打ち出された[4]。1995年5月には4月の緊急円高・経済対策を受けて、阪神・淡路大震災の復興関係費を含む第1次補正予算（歳出総額2.7兆円、事業規模7兆円）が組まれている。公共投資を中心としたこれらの経済対策は、短期的には景気の下支えに貢献したが、中長期に及ぶバブル崩壊の影響への対策としては抜本的な解決策にならなかった。

（3）金融緩和への転換

　以上の景気後退を受け、金融政策は1991年7月より金融緩和に転換され、公定歩合が連続的に引き下げられた。第1回目の引き下げは、未だ経済活動水準が高く景気後退の実感がなかった段階であったため、景気刺激というよりも高すぎる金利を調整し景気の持続をねらったものである。しかし、第2回目以降は景気刺

4）小峰・岡田（2011）による。

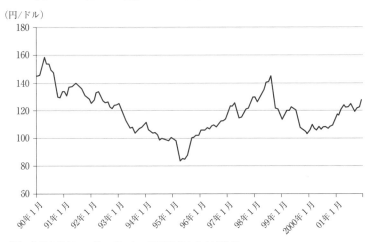

図8-2　円ドル為替レートの推移：1990年1月-2001年12月

(注) 東京市場ドル・円スポット。17時時点の月中平均値。
(出所) 日本銀行。

激が目的の中心に据えられ、景気後退が予想を上回って厳しさを増していく中で、下に示したとおり、1995年9月まで合計9回にわたる引き下げが行われた。1993年2月の第6次引き下げ辺りからは、1ドル120円を切って急速に進む円高へ対応することも意識された（**図8-2**）。1993年9月の第7次引き下げ以降は、バブル期の歴史的低水準だった2.5％をさらに下回って引き下げられ、第9次引き下げでは0.5％となった。公定歩合の一連の引き下げは、1989年5月からの引き上げで登ってきた階段を再度急いで降りる格好となった（図8-1）。

　しかし、こうした金融緩和政策は、下で見るとおり、一時的な景気の回復には寄与したものの、バブル崩壊の影響を払拭することはできなかった。

　後に、これらの金融緩和策は、対応が遅すぎたとの批判を浴びることになるが、緩和へ転換した時点では、むしろバブル再燃を懸念する声が多く、反対意見があったほどである。

　第1次引き下げ：1991年7月1日　6.0　→　5.5％
　第2次引き下げ：1991年11月14日　5.0％
　第3次引き下げ：1991年12月30日　4.5％

第 4 次引き下げ：1992年 4 月 1 日　　3.75%

第 5 次引き下げ：1992年 7 月27日　　3.25%

第 6 次引き下げ：1993年 2 月 4 日　　2.5%

第 7 次引き下げ：1993年 9 月21日　　1.75%

第 8 次引き下げ：1995年 4 月14日　　1.0%

第 9 次引き下げ：1995年 9 月 8 日　　0.5%

（4）一時的で弱い回復と長期停滞

実質 GDP の動向（1993-2001年度）

　1993年度から2001年度までの日本経済は、一時的で弱い回復を繰り返し、長期的には停滞的な状況であった。

　1991年以降の金融緩和を受けて金利に感応的な設備投資が弱いながらも回復を示したことに加え、阪神・淡路大震災後の復興のための公共投資増もあり、景気は1993年10月から1997年 5 月まで拡大した。実質 GDP は1995年度3.5%、1996年度2.7%と 2 年連続で比較的高い成長率を記録した（表 8 - 1 ）。

　しかし、1997年 4 月に消費税率が 3 ％から 5 ％へ引き上げられると、消費と住宅投資が減少に転じ、さらに 7 月にアジア通貨危機、11月に拓銀（北海道拓殖銀行）、山一證券など大型金融機関の連続破綻が生じ、金融不安が高まった。橋本内閣の財政構造改革路線の下、公的固定資本形成が減少したことも影響して、1997年度はゼロ成長となった。

　1998年に入ってからも金融不安は収まらず、10月と12月に長銀（日本長期信用銀行）と日債銀（日本債券信用銀行）が連続して破綻するなど金融危機はピークに達した。 7 月に発足した小渕内閣は財政政策を積極財政路線に転換し、景気対策として公共投資などを増やしたものの、設備投資が、コール市場の信用収縮で銀行の貸出態度が急激に慎重化したことなどの影響を受けて落ち込んだことから、1998年度は－0.8%のマイナス成長となった。

　1999年度、2000年度は、米国が牽引する世界的な IT 関連需要の増加を背景に、電気機械など製造業の IT 関連分野を中心に、設備投資と輸出が回復を示したが、非製造業の設備投資は停滞し、消費も将来の雇用不安から伸び悩み、実質 GDP の成長率は1999年度0.7%、2000年度2.5%となった。

2001年度は、IT バブル崩壊に伴う米国経済の急激な減速を受けて、輸出と設備投資が大きく落ち込んだことから、実質 GDP の伸びは−0.6％となった。

景気基準日付で見ると、1993年10月-1997年5月の拡張期間（43カ月）の後、消費増税と金融的混乱により1997年5月-1999年1月は後退期間（20カ月）となった。続く1999年1月-2000年11月は、力強さを欠いた拡大局面であり、第1次石油危機の後と同じく戦後最短の拡張期間（22カ月）であった。

2　不良債権問題と金融危機

バブル崩壊後の日本経済が長期の停滞的状況に陥った大きな理由の1つは、銀行の機能不全の原因となった不良債権の処理に時間がかかったことにある。不良債権とは、銀行等が貸し出した金額のうち元本や利子の回収が不可能あるいは困難になった部分を指す（詳しくは第3節を参照）。以下では、不良債権問題がどのような経過を辿って進展したかを振り返る。

（1）不良債権処理が遅れた背景的要因

不良債権問題の経過を振り返る前に、不良債権処理が遅れた背景的要因について簡単に指摘しておこう。

第1の点は、地価や日本経済の見通しが楽観的で、不良債権問題に対する認識が甘かったことである。日本の地価は下がらないとする「土地神話」の下、監督当局および金融機関は、地価の下落を一時的な現象と楽観視して、問題を先送りした。

第2の点は、不良債権に関する正確な情報が不足していたことである。問題の深刻さを知るためには不良債権の明確な定義とディスクロージャー（情報開示）が必要だが、当初はいずれも不十分であった[5]。不良債権の開示に関する法制化やルール化は1990年代半ばに着手され、大枠が固まったのは90年代末であった

5）例えば当初は、開示の対象が主要21銀行の破綻先債権と延滞債権に限定されていた。その後不良債権問題の深刻化に伴い、1995年には開示対象機関は信用組合や農協などを含む全ての預金取扱金融機関へ、開示債権は金利減免等債権を含む債権にまで拡大された。このように開示のルールは90年代末までは確定していなかった（西村 2011など）。

（第3節を参照）。不良債権の開示が進まなかった背景には、情報の開示が却って不安を増幅させてしまうという懸念（西村 2011）や、上で指摘した不良債権に対する楽観的な見通しが関係者間で共有されたことがあった。こうして正確な情報の不足は、不良債権に対する正しい認識を妨げることによって、処理の遅れにつながったと考えられる[6][7]。

第3の点は、銀行破綻処理のフォーマルな枠組みが未整備だったことである。「護送船団方式」と呼ばれる戦後日本の金融行政の下では、銀行が破綻することは極めて稀であり、例外的に中小の銀行が破綻した場合には大銀行が吸収合併するという形で事態を収拾してきた。このため、1971年に設立された預金保険機構を除いて、破綻処理のフォーマルな制度は整備されておらず、このことが抜本的な不良債権処理を遅らせる一因になった。後述するように、破綻処理の法的制度の整備は、日本長期信用銀行などの一時国有化と譲渡等を可能にした金融再生法（1998年10月施行）の成立まで待たなければならなかった。

（2）不良債権問題と金融危機の進展[8]

不良債権問題は、時間の経過とともに次第に深刻化し金融危機へと発展していった。以下ではその経緯を3つの段階に分けて振り返る。

第1段階：東京2信組の破綻処理

第1の段階は、1994-1995年に生じた信用組合などの比較的小規模な金融機関の破綻に対して「受け皿銀行」を設立して個別に対応した段階である[9]。受け皿方式が最初に適用された破綻は、1994年に東京の東京協和信用組合と安全信用組

6）堀内（1998）は、不完全な情報開示は、不良債権の処理を遅らせただけでなく、預金者や投資家による選別の圧力という「市場規律」の働きを鈍らせることによって、銀行経営者の健全な経営に向けた努力のインセンティブを損ねたと論じている。

7）正確な情報という点では、下で触れるように、BIS規制による自己資本の計上に際し、日本は、株式等の含み益の45％、繰延資産、劣後債などを資本として認める裁量的ルールを独自に採用したが、これらが実力ベースの自己資本比率を見えにくくし、不良債権処理を遅らせたという指摘がある（櫻川 2003、細野 2010）。

8）以下の記述は、西村（2011）、小峰編（2011a、2011b）などに負っている。

9）1991年から1994年まで信用金庫などいくつかの小規模金融機関が破綻したが、これらはより大きな金融機関による合併等によって処理された。伊藤他（2002）参照。

合で起きた。監督権限のある東京都と大蔵省・日本銀行との協議の結果、預金保険機構、日本銀行および民間金融機関の共同出資により「東京共同銀行」が設立され、この受け皿銀行に清算した2信組の事業が譲渡された。このように、第1段階では破綻規模が未だ小さく、個別的な対応で破綻処理が可能であった[10]。

第2段階：住専問題──公的資金注入のつまずき

不良債権問題は、1995年から1996年にかけて生じた住専問題によって第2段階に移行した。この段階では、不良債権問題は一部の関係者だけの問題から、重大な国民的関心事あるいは政治的問題にまで発展した。

住専（住宅金融専門会社）とは、1970年代に、個人向け住宅ローンを主目的として金融機関等（都市銀行、長期信用銀行、信託銀行、生命保険、農業協同組合など）の共同出資によって設立されたノンバンクである。預金取扱い金融機関ではないため資金は他の金融機関からの借入に依存したが、1970年代までは、母体行である銀行等の支援を得て、住専は本来の役割を果たしていた。しかし、1980年代に入り、大企業の銀行離れ等から銀行本体が個人向け住宅ローンの分野に参入し、また住宅金融公庫が事業を拡大すると、住専は市場を失い、次第に住宅開発業者や不動産業者への融資に傾斜していった。こうした融資はバブル期に一層拡大し、バブル崩壊後に大きな不良債権を残すこととなった。特に1990年3月から導入された不動産向け融資の「総量規制」では銀行等のノンバンク向け融資が規制の対象外となったため、1990-1991年頃に住専は銀行等や農林系統金融機関（農林中央金庫、各都道府県の信用農業協同組合連合会（信連）、全国共済農業協同組合連合会）から大量の資金を調達して不動産関連融資を大幅に増加させ、これが傷口を大きくした。

住専の不良債権処理が困難を極めたのは、損失額が巨額であったことに加えて、誰がどのように損失を負担するのかを巡って激しい対立が生じたからである。1つの考え方は、融資した金額に比例して貸し手が損失を分担すべきというもので

---

10) このような受け皿方式は、1995年のコスモ信用組合（東京）、兵庫銀行（兵庫）、木津信用組合（大阪）の破綻処理の際にも適用された。木津信組のケースの際には債務超過額が大きかったため、より広範な信組の破綻に対応できるよう預金保険法の改正を経て、東京共同銀行が改組され整理回収銀行が設立された（1996年）。これは後に住宅金融債権管理機構と合併して整理回収機構（RCC）となった（1999年）。

あった。しかしこのルールを適用すると農林系統金融機関の負担が4割超となり、負担能力を超えてしまう。この案に対して、農林系統金融機関は母体行が負担すべきだと反論した。当然銀行側はその主張に反対した。こうして当事者間の協議は進まず、結局、1995年12月の政府（村山内閣）の閣議決定により、6.4兆円の損失負担は、母体行3.5兆円（全額債権放棄）、母体行を除く一般行1.7兆円、農林系統5,300億円、公的資金6,850億円と決められた。そして住専処理法の成立（1996年6月）を経て、住専7社の資産は住宅金融債権管理機構（1996年7月設立、社長は中坊公平）に移管されることとなった。

　しかし、この決着に対しては世論が反発した。住専の放漫経営のツケを税金（公的資金）が負担するのは納得できないという批判が相次いだ。6,850億円という金額は後に銀行に投入することになる公的資金の大きさに比べればわずかな金額であったが、国民の反発は強く、このときの経験が政治家や官僚にとって一種のトラウマとなり、後に公的資金投入をためらわせる一因となった。純粋に経済学的に考えれば、不良債権による国民経済的損失を最小に抑えるためには、なるべく早い公的資金の投入が望ましい。それはたとえて言えば出血多量で致命的となる前に止血をするようなものである。しかし、国民感情が絡んでくると、そのような政治的決定は必ずしも容易でなくなる。この意味で、住専問題によって国民が公的資金の投入に不信感を持ってしまったことは極めて不幸なことであった。

第3段階：1997年11月の三洋証券、拓銀、山一證券の破綻

　混乱を極めた住専問題も1996年7月に一応終息し、不良債権問題は峠を越えたかに見えた。1990年代半ばの日本は、1995年1月の阪神・淡路大震災、続く3月の地下鉄サリン事件などの社会不安に見舞われたが、経済的には一時的ではあるが比較的順調で、1995年度、1996年度と2年連続で安定した成長を達成した。こうした景気回復を背景に、1996年11月に発足した第2次橋本内閣は6大改革の一環として、日本の金融システムを競争力のあるものに改革する日本版金融ビッグバン構想を打ち出した。外為法の改正、銀行持株会社の解禁、業態間の相互参入、株式売買委託手数料の完全自由化などの改革が着手され、日本の金融界の前途は明るさを取り戻したかに見えた。

　しかし、不良債権の問題は着実に悪化していた。1997年、1998年には大手金融機関の破綻が相次ぎ、事態は金融システムの安定性が脅かされるほど深刻化した。

これをもって不良債権問題は第3段階に突入した。

　きっかけは1997年4月の消費税増税（3→5％）であった。もともと財政構造改革に並々ならぬ意欲を見せていた橋本首相は、景気回復を好機ととらえ、消費増税に踏み切った。しかし、3月までの駆け込み需要の反動で4月以降に消費と住宅投資が落ち込んだことに加え、7月にはタイで通貨危機が起きるという想定外の事態が発生した[11]。

　こうして景気後退（1997年5月〜）と国際金融不安が進む中、11月に立て続けに3つの金融機関が破綻した。まず準大手の証券会社であった三洋証券は、バブル期に行った過剰な設備投資とノンバンク子会社の不動産関連融資の不良債権化によって経営難に陥り、11月3日に会社更生法の適用を申請した。このこと自体大変な出来事であったが、これが金融市場に大きな影響を与えたのは、11月4日に三洋証券に対して出された裁判所の資産保全命令によって、インターバンクのコール市場でデフォルト（債務不履行）が発生したからである。このデフォルトでコール市場の銀行間信用は急速に収縮し、次に見る拓銀や山一證券の破綻にも影響を与えた。

　拓銀（北海道拓殖銀行）は、北海道の開拓を目的に1900年に設立された特殊銀行であったが、第2次世界大戦後は民間の都市銀行として再スタートし、北海道経済の発展に金融面から大きく貢献した。しかし、産業構造の異なる北海道に拠点を置きながら他の都市銀行並みの収益を上げることは次第に困難になっていった。1980年代後半のバブル期に入ると、拓銀は他の都市銀行との収益力格差を埋めるべく、不動産関連融資を軸に拡大戦略に打って出た。中でも洞爺でリゾート開発を進めていた企業への融資は巨額であった。こうした無謀とも言える融資はバブルの崩壊とともに不良債権化し、1995年3月期の赤字決算以降、拓銀の経営危機は誰の眼にも明らかになった。預金が急速に減少する中、大蔵省は地方銀行である北海道銀行などとの合併を画策したが、実現せず、1997年11月の上旬には、上記の三洋証券のデフォルトでコール市場が混乱したことも影響して、コール市

11）当時タイは、事実上のドル・ペッグ制の下で短期のドル資金を積極的に呼び込んで経済発展を図っていたが、バーツの過大評価につけ込んだヘッジファンドの通貨アタック（バーツ売り）を受け、また不動産バブルが崩壊すると、これらのドル資金が一斉に国外へ流出し、ドル・ペッグ制を維持できず変動相場制への移行を余儀なくされた。この通貨下落はその後11月までの間にインドネシア、韓国などに飛び火し、**アジア通貨危機**が発生した。

場での資金調達が困難となり、万策尽きた。結局、拓銀は北海道第2地銀の北洋銀行へ営業譲渡されることとなり、11月17日に破綻が決定した。

　拓銀の破綻からわずか1週間後の11月24日に、今度は証券大手の山一證券が自主廃業を申請した。1897年創業の山一證券は、1965年の「40年不況」の際に経営危機に陥り、日銀の特別融資によって救済されたという履歴を持つが、それ以降は法人営業を軸に据え、野村、大和、日興に次ぐ第4位の証券会社として順調に業容を拡大した。しかし、バブル崩壊後はこの法人営業路線があだとなった。顧客を失いたくないという思いから、法律上は違反であった運用利回り保証、損失補塡、一任勘定を用いた営業を行った結果、株価の下落によって巨額の含み損を抱えてしまったのである。山一はこの債務を隠すために、株式を決算時に一時的に子会社等に移して簿外債務にする「飛ばし」という粉飾決算を行った。1997年3月期の決算が過去最大の赤字となり、「飛ばし」による粉飾決算などがうわさになると、株価は急落し、またメインバンクの富士銀行からの支援も打ち切られ、さらにコール市場からの資金調達も困難となり、ついに山一證券は11月24日に大蔵省に自主廃業を申請した。

　1997年11月に起きたこれら3機関の連続的な破綻は、個別の事情はあるものの、不良債権問題がもはや信組や住専といった小規模の金融機関にとどまらず、大手の金融機関にまで及んでいること、そして大手金融機関は潰さないとする大蔵省の金融行政は過去のものになりつつあることを、強く印象づけた。

金融安定化2法と公的資金の注入

　1997年11月に拓銀、山一證券などが連続的に破綻すると、金融機関同士の間での信用不安が急速に高まり、コール市場の信用収縮に伴って銀行貸出の縮小（**クレジット・クランチ**）が起こり、経済活動への悪影響が強く懸念されるようになった。また海外の金融市場においても、日本の銀行が資金調達をする際に、上乗せされた金利、すなわち**ジャパン・プレミアム**を支払わなければならないという事態が生じた。こうした事態を受け、一時は敬遠されていた公的資金必要論が再び議論の俎上に上ってきた。政府は金融システムの安定化を図るべく緊急的な措置として、時限的な金融安定化2法を1998年2月に成立させた。1つは預金保険法の改正であり、財政的な措置により預金保護の機能が強化された。もう1つは、金融機能安定化緊急措置法であり、これにより破綻前の金融機関に対して公的資

金による予防的な資本注入（整理回収銀行による優先株または劣後債の引受け）が可能となった。

　この２法に基づき、1997年度補正予算にて公的資金枠30兆円が用意され、金融危機管理審査委員会の決議を経て、1998年３月に大手21銀行に合計１兆8,156億円の資本注入が行われた。しかし、銀行は公的資金の申請によって資本不足という悪い情報が市場に発信されることを嫌って申請をためらったため、結果的に資本注入は必要額に比べて過少であった。

1998年の長銀、日債銀の破綻：金融危機の正念場

　1998年３月の資本注入が不十分であったことはすぐに明らかになった。10月と12月に長銀と日債銀が破綻したのである。そして日本の金融システムは最も危機的な状況を迎えた。

　長銀（日本長期信用銀行）は、産業界への長期資金の供給を目的として、長期信用銀行法に基づき1952年に設立された。高度成長期には、基幹産業を中心に企業の旺盛な設備投資を他の長信銀２行とともに資金面から支え、日本経済の発展に大きく貢献した。しかし、1980年代に入り大企業の銀行離れが進むと、バブル期に不動産関連融資拡大に大きく舵を切り、バブル崩壊後に多額の不良債権を抱え込んだ。1998年３月に1,766億円の公的資金が注入されたが、不良債権を適切に処理していなかったため、必要額を大きく下回った。株価下落と資金繰りに苦しむ中、スイス銀行との提携や住友信託銀行との合併も模索されたが実現せず、下で述べる金融再生法の成立を経て、1998年10月23日に破綻申請が認定され、一時国有化された。

　日債銀（日本債券信用銀行）は、旧朝鮮銀行の国内残余財産を基に、不動産抵当による中小企業向け長期金融を主業務として、長銀と同じく長期信用銀行法に基づき1957年に日本不動産銀行として設立された。高度成長期後半には大企業への融資も増え、建設業、不動産業向け等を中心に事業を拡大した。日本列島改造ブーム後の経営難を契機に経営の改善が図られ、1977年には社名を日本債券信用銀行と変更した。しかし、バブル期に急拡大したノンバンク、不動産業向けの融資がバブル崩壊後に不良債権化し、1993年からは大蔵省および日銀の事実上の管理銀行となった。1998年３月に600億円の公的資金が注入されたが、不良債権処理が不適切で、資本不足は改善されなかった。1998年12月の金融庁検査で債務超

過が2,700億円と認定され、12月13日に金融再生法により一時国有化された。

金融再生法等の成立と長銀、日債銀の一時国有化

　長銀等の経営状況が急速に悪化する中、政府・自民党、および野党では大規模金融機関の破綻を想定した法整備の検討が進められていた。1998年7月30日から始まったいわゆる「金融国会」では、銀行の破綻処理等に関する複数の法案が集中的に審議された。大まかに言えば、公的な受け皿銀行（承継銀行）の設立を柱とする政府・自民党案に対し、野党は国有化も可能とするより抜本的でハードランディング路線の対案を提示した。直前の7月12日の参議院選挙で自民党が惨敗したため、第2次橋本内閣の退陣を受けて発足した小渕恵三内閣は国会運営で苦戦を強いられ、法案の審議は与野党間の政治的な駆け引きの様相を呈したが、長銀等の破綻に対処できるぎりぎりのタイミングで10月12日と16日に2つの重要法案が成立した。「**金融再生法**」（金融機能の再生のための緊急措置に関する法律）は、野党民主党と自民党若手議員が主導したものとされる。もう1つの「**早期健全化法**」（金融機能の早期健全化のための緊急措置に関する法律）は自民党主導のものである。

　金融再生法は、金融機関の破綻によって金融機能の重大な障害や連鎖破綻などの事態が生じると判断される場合に、当該金融機関を速やかに公的な管理下に置いて金融機能を維持し、借り手企業や預金者を保護するとともに、経営者と株主の責任を追及することを定めた法律である（2001年3月末までの暫定措置）。同法は次の2つのスキームを用意した。

（ア）　金融整理管財人による管理

　金融再生委員会によって選任された金融整理管財人が、旧経営陣に代わって破綻した金融機関を公的に管理し、承継できる健全な金融機関をなるべく早く見出して営業譲渡等を行う。適当な金融機関が見出せない場合は、預金保険機構が承継銀行（ブリッジバンク）を設立し、最終的な譲渡先等が見つかるまで暫定的に業務を継承させることができる。

（イ）　特別公的管理（一時国有化）

　金融機関が債務超過に陥った場合、あるいは債務超過に陥らなくても、連鎖的

な金融機関の破綻により国内の金融機能に重大な障害が生じ、かつ国際金融市場に重大な影響を与える恐れがあると認められる場合などには、破綻銀行の申出あるいは金融再生委員会の決定を経て、預金保険機構が株式を強制的に取得し、他の金融機関への営業譲渡等を行うまで、当該銀行を一時的に国有化することができる。これは、上の金融整理管財人制度が経営陣を交替させる措置であるのに対し、それに加えて所有者も変更させるものである。

　長銀は、この法律が施行された1998年10月23日に破綻を申請し、上記（イ）のスキームによって同日に一時国有化された。その後、2000年3月に米国の企業再生ファンドであるリップルウッド・ホールディングスを中心とする投資組合ニューLTCBパートナーズに売却され、同年6月に新生銀行と改称された。同様に日債銀は、1998年12月に一時国有化された後、2000年9月にソフトバンク、オリックス、東京海上火災保険などから成る国内投資グループに売却され、2001年にあおぞら銀行と改称された[12]。

　こうして、一刻の猶予も許されないぎりぎりのタイミングで破綻処理の法的枠組みが整備され、長銀と日債銀に適用された。その結果、大規模金融機関の破綻による日本の金融システムの大混乱という事態は回避することができた。

　金融再生法が破綻を事後的に処理する法律であるのに対して、もう1つの**早期健全化法**は、破綻を事前に防ぐための法律である。すなわち同法は、破綻前の金融機関に対して、経営健全化を条件に公的資金を投入して資本の増強を図り、破綻を防ごうとするものである（2001年3月末までの時限措置）。同法に基づき、1999年3月に大手銀行15行に対し合計で7兆4,592億円の公的資金が投入された。この金額は金融機能安定化緊急措置法に基づく1998年3月の投入金額に比べてはるかに大きく、懸案であった銀行の資本不足は大手行については一定の改善をみた。

　以上の2つの法律の整備とこれらに基づく緊急的な措置により、日本の金融システムは危機的な状況を脱した。これを反映してジャパン・プレミアムも急速に収束した。しかし、危機的な状況は脱したものの、肝心の不良債権問題が解決されたわけではなく、その解決は小泉政権の登場まで待たなければならなかった。

12）長銀、日債銀には特別公的管理制度が適用されたが、1999年に破綻した国民銀行などのいくつかの銀行には金融整理管財人制度が適用された。

その間、不良債権に起因する金融機能不全が続き、これが不況を長期化させる重要な要因となった。次節ではそのメカニズムについて検討しよう。

3　長期不況の要因

本節では、バブル崩壊後に日本経済が長期低迷に陥った要因として、不良債権に起因する金融の機能不全と、バランスシート調整問題に焦点を当て、それらのメカニズムと影響について検討する。

銀行における不良債権の増加は、企業への貸出を減らす「貸し渋り」（あるいはクレジット・クランチ）と、経営再建の見込みの乏しい企業への貸出を継続する、あるいは増やす「追い貸し」という、一見したところ矛盾する2つの行動を引き起こした。以下では、まず不良債権の概要を説明した上で、不良債権とこれらの貸出行動との関連について考察する[13]。

（1）不良債権の概要

経済が成長していくためには、企業の経済活動、とりわけ設備投資に必要な資金が円滑に供給されなければならない。したがって、銀行の貸出機能に障害が発生すると実体経済は大きなダメージを受ける。不良債権はそのような障害の要因となって、経済に悪影響を与えたと考えられる。

不良債権の開示

不良債権とは、銀行等が貸し出した金額のうち元本や利子の回収が不可能あるいは困難になった部分を指す。不良債権の定義や開示の法制・ルールは1990年代末になってようやく整備された。具体的には、1999年3月期から、金融再生法に基づく「**金融再生法開示債権**」と銀行法に基づく「**リスク管理債権**」が、各銀行の自己査定により開示されることとなった。対象となる債権は、「リスク管理債権」では貸出金のみであるのに対し、「金融再生法開示債権」では貸出金以外の貸付有価証券等を含む総与信と広くなっている。

開示される債権の区分について見ると、**図8-3**にあるとおり、「金融再生法開

13）以下の不良債権、貸し渋り、追い貸しの記述は、福田（2013）などを参考にしている。

図8-3　開示される不良債権

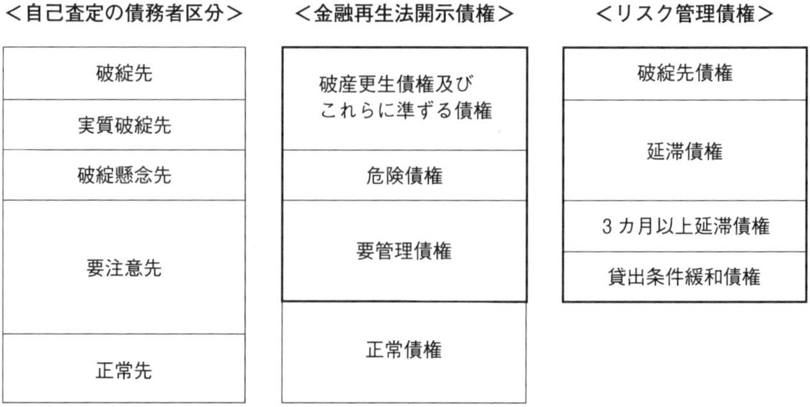

＜自己査定の債務者区分＞	＜金融再生法開示債権＞	＜リスク管理債権＞
破綻先	破産更生債権及びこれらに準ずる債権	破綻先債権
実質破綻先		延滞債権
破綻懸念先	危険債権	
要注意先	要管理債権	３カ月以上延滞債権
		貸出条件緩和債権
正常先	正常債権	

（注）太枠部分が開示債権。
（出所）金融庁等に基づき筆者作成。

示債権」においては、自己査定における債務者区分、すなわち正常先、要注意先、破綻懸念先、実質破綻先、破綻先の５つの区分にほぼ対応させる形で、債権が、正常債権、要管理債権、危険債権、破産更生債権及びこれらに準ずる債権、に区分され、このうち要管理債権以下が不良債権額として開示される。一方、「リスク管理債権」は、貸出条件緩和債権、３カ月以上延滞債権、延滞債権、破綻先債権、に区分され、これらが不良債権額として開示される。

不良債権額の推移

　全国銀行ベースで集計した２種類の不良債権額の時系列的推移は**図8-4**に示してある。1999年３月期から開示されている２つの不良債権額を比較すると、「金融再生法開示債権」が貸出金以外の債権も含んでいるため「リスク管理債権」を少し上回っているが、両者はほぼ同じ動きを示している。ここで注目すべきは、不良債権額が、長銀と日債銀を一時国有化して金融システム危機を回避した1998年以降も増加を続けたことである。不良債権額は2002年３月期に40兆円を越えてピークに達し、その後減少に転じた。不良債権額を貸出金で除した不良債権比率（リスク管理債権ベース）も同様に2002年３月期に９％弱のピークに達し、以後低下に転じている。この低下は次章で触れるように小泉政権下での「金融再生プログラム」（2002年10月発動）と景気拡大によるところが大きいとみられる。

図 8 - 4　不良債権額、不良債権比率の推移（全国銀行）：1993年 3 月期-2007年 3 月期

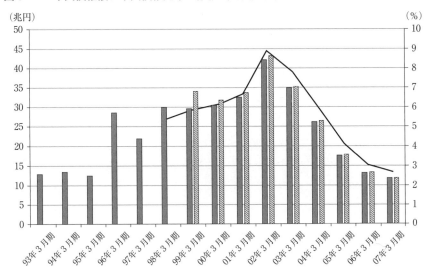

（注）　1　全国銀行ベース。
　　　　2　リスク管理債権額の1995年 3 月期以前は、都銀、長信銀、信託のみの金額。
　　　　3　リスク管理債権額の1995年 3 月期以前は、破綻先債権、延滞債権の合計。1996年、1997年
　　　　　　3 月期は、破綻先債権、延滞債権、金利減免債権等の合計。
　　　　4　不良債権比率＝リスク管理債権額／貸出金。
（出所）金融庁。

　業態別の不良債権比率は、長期信用銀行、信託銀行で高かったが、これは不良
債権化することの多かった不動産業、建設業、金融・保険業への融資の割合が高
かったことによるとみられる。

（2）不良債権と貸し渋り

貸し渋りのメカニズム

　さて、不良債権の増加は銀行の貸出行動にどのような影響を与えたのだろうか。
以下では、銀行が貸出を控えたり減らしたりする**貸し渋り**あるいは**クレジット・
クランチ**（信用収縮）と呼ばれる現象のメカニズムを考察する。
　そもそも銀行の重要な機能の 1 つは、余剰資金を持っている家計部門から預金
の形で資金を調達し、資金の不足している企業部門にリスクを負担して貸出を行

うことであり、この機能は金融仲介機能と呼ばれる。その際、銀行は借り手企業の返済能力を正確に見極める能力、すなわち審査能力（あるいは情報生産能力）を備えていなければならない。この審査能力は一朝一夕には形成できず、長期にわたる取引を通じて、借り手企業の業態、事業内容、財務内容、経営者等に関する細かい情報を銀行内に蓄積することによって初めて獲得できる。1980年代に入って大企業の銀行離れが起きると、銀行、特に長期信用銀行は、不動産業や中小企業などの新たな貸出先に関する情報を一から集めなければならず、審査コストの上昇に直面した[14]。しかし、値上がりした土地を担保として最大限に活用することにより、審査コストを労せずして低減させ、銀行は貸出を積極化させた。バブル崩壊は、こうして必要な審査をすることなく安易に融資を拡大した銀行を直撃した。

　バブル崩壊後に増加した不良債権は、大きく2つのルートを通じて貸し渋りを引き起こしたと考えられる。第1のルートは、不良債権の増加が、銀行の財務内容を悪化させ、リスク負担能力の低下や資金調達コストの上昇を通じて、銀行の貸出行動を慎重化させるルートである[15)16)]。

　貸出はリスクを伴うため、財務内容が悪化した銀行は通常、貸出を抑えようとする。資金調達コストの上昇について解説すると、財務内容の悪化は、コール市場等での選別を通じて資金調達コストを上昇させ、貸出に悪影響を与えたと考えられるが、その影響はとりわけ1997年11月の三洋証券の破綻によりコール市場で信用収縮が発生した際に、信用力のない銀行が資金調達難に陥るという形で深刻化した。このときこれらの銀行を中心に貸出は大きく抑制・削減された。その状

---

14) 銀行があるプロジェクトを対象に企業に融資する際、借り手企業はプロジェクトに関する情報を持っているが銀行はあまり持っていないという**情報の非対称性**の下、借り手がこのプロジェクト以外の使途に資金を流用し、銀行に不利益を与える事態が生じうる。こうした事態を防ぐために銀行は借り手を審査し監視する必要があり、このコストはプリンシパル・エージェント（依頼人・代理人）理論においてエージェンシー・コストと呼ばれる。ここから、融資に伴う審査コストは**エージェンシー・コスト**と呼ばれることがある。

15) 深尾（2009）によると、全国銀行計の業務損益は、1993年度から急増した不良債権の償却により、1993年度から2002年度まで10年連続して赤字であった。

16) 不良債権と貸し渋りに関する研究は多いが、例えば小川（2003）は、1992-99年度の銀行のデータを用いて、不良債権の増加が貸出にマイナスの影響を与え、その影響は特に非製造業向けおよび中小企業向け貸出において大きいことなどを、統計的に明らかにしている。

図 8−5　日銀短観における金融機関の貸出態度判断 DI：1985年 3 月-2006年12月

（注）　1　数値は貸出態度に関して「緩い」と答えた企業の比率−「厳しい」と答えた企業
　　　　　の比率。
　　　　2　四半期ベース。
（出所）日本銀行『短観』（全国企業短期経済観測調査）

況は企業アンケート調査である日銀『短観』（全国企業短期経済観測調査）の
「金融機関の貸出態度判断 DI」によく表れている（**図 8−5**）。この指標は金融機
関の貸出態度が「緩い」と答えた企業の比率から「厳しい」と答えた企業の比率
を差し引いた数値で、1998年に急低下していることから、金融機関の貸出態度が
急激に厳しくなったことがわかる。

バーゼル合意（BIS 規制）と貸し渋り

　不良債権の増加が貸し渋りをもたらした第 2 のルートは、自己資本比率に関す
る**バーゼル合意**（いわゆる「**BIS 規制**」）を介したルートである。バーゼル合意
とは、金融のグローバル化が進む中で、国際業務を営む銀行における財務の健全
性と競争条件の公平性の確保を目的として、1988年 7 月に BIS（Bank for Inter-
national Settlements；国際決済銀行）のバーゼル銀行監督委員会で合意された
自己資本比率に関する国際統一基準である。このときの合意内容は「バーゼル
Ⅰ」と呼ばれ、具体的には、国際業務を行う銀行に対し次式で示される自己資本
比率を 8 ％以上に維持することを求めたものである。

　　　　自己資本比率 ＝ 自己資本／リスクで加重された資産　　　　　　　　（1）

ここで分母は、信用リスクの程度で5段階に分けられた資産をリスク・ウェイトで加重し、その合計として計算される。例えば、現金や国債のリスク・ウェイトは0％であり、企業向け貸出のそれは100％となっている。銀行の資産が現金、国債、貸出の3種類しかない最も単純なケースでは、自己資本比率は貸出残高に対する自己資本の比率となる。一方、分子の自己資本は、TierⅠ（中核的自己資本）とTierⅡ（補完的自己資本）から構成される。TierⅠは基本的に発行株式と資本剰余金（自行の株式の含み益と内部留保の累積）から成り、TierⅡは保有している株式等の含み益の45％、劣後債などから成る。ただし、TierⅡはTierⅠを超えられない。TierⅡの中身についてはある程度各国の裁量が認められており、日本は株式等の含み益を45％まで算入できるなどの日本特有のルールを設けたが、下で見るとおりこれらが後に問題を引き起こした[17]。日本はこのBIS規制を1993年3月期決算から適用した。国内業務のみを行う銀行に対しては、自己資本比率4％以上という日本国内のルールが課された。

　さて、この規制が適用される場合、不良債権の増加は銀行の貸出行動にどのような影響を与えるだろうか。上の定義から明らかなとおり、不良債権の増加に対応して**貸倒引当金**の積み増しを行うと、資産の毀損によりTierⅠの中の資本剰余金が減少するため、自己資本比率は低下してしまう[18]。そこで8％の自己資本比率の維持が危ぶまれる銀行は何とかしてその比率の維持あるいは上昇を図りたいと思うだろう。最も手っ取り早い方法は、自己資本比率の分母である貸出を減らすことである。したがって、窮地に追い込まれた銀行は、仮に収益性の高い投資プロジェクトへの融資を企業から申し込まれたとしても、自己資本比率の維持を優先してその申し込みを断るかもしれない。こうして不良債権の増加は、BIS規制を介して、バランスシートの悪化した銀行の貸し渋りを誘発すると考え

17）劣後債とは、銀行が破綻した際の優先権が株式よりは高いが、他の債券には劣後する債券である。劣後債については、当該銀行の系列の生保が購入することが多く、財務内容の悪い銀行ほどこれに依存して自己資本比率の維持を図ったという指摘がある（櫻川 2003）。

18）貸倒引当金とは、貸出が回収不能となる事態に備えて、回収不能の見込み額（予想損失額）をあらかじめ積み立てておく会計上の項目で、バランスシート上に資産のマイナス項目として計上され、同時に資本勘定が同額だけ減少する。具体的には、信用リスクで区分された債務者ごとに、債権額に過去の貸倒確率などを乗じて予想損失額を計算し、それらを合計するのが一般的である。経済学的に表現すれば、貸倒損失の期待値と言ってよいだろう。

られる。

　以上は不良債権の増加による貸し渋りのメカニズムであるが、TierⅡには保有している株式等の含み益が算入されているため、株価が下落した場合も全く同じ問題が起きる。したがって、株価が大きく下落した1998年、2002年においては株式等の含み損の発生により、貸出を抑制・削減する圧力が大きく働いたことが推測される。日銀短観の「金融機関の貸出態度判断DI」を見ると、株価の下落した1998年と2002-03年に貸出態度が厳しくなっており、その影響がうかがわれる（図7-7、図8-5）。

貸し渋りの影響

　不良債権の増加に起因する貸し渋りは、企業の資金調達難を通じて、設備投資などの企業の活動を制約したと考えられる。その影響は、銀行への依存度が高く、他の代替的な資金調達手段の乏しかった中小企業、非製造業において特に大きかったとみられる[19]。

（3）不良債権と追い貸し

　不良債権の増加は貸し渋りをもたらしたが、同時にそれとは一見矛盾するように見える「追い貸し」が行われていた。

追い貸しとは何か

　上で述べたとおり、バブル崩壊後の不況の長期化の大きな理由の1つは、不良債権処理に時間を要したことであるが、これとの関連で、「追い貸し」と呼ばれる銀行の特異な貸出行動の影響が指摘されている。**追い貸し**とは、一般に経営再建の見込みの乏しい企業への貸出を継続すること、あるいは増やすことを指す[20]。本来、不良債権の問題を早期に解決するためには、経営再建の見込みの乏しい企業への融資こそ、早目に打ち切るべきであるが、追い貸しはそれに逆行する行為である。

19）脚注16を参照のこと。
20）経営再建の見込みの乏しい企業は、実態的には倒産（死亡）していてもおかしくないという意味から、しばしば「**ゾンビ企業**」とも呼ばれる。

追い貸しは、不動産や建設業への融資で多かったとされる。1990年代初頭のバブル崩壊後、地価の下落に伴ってこれらの業種の収益性は低下したにもかかわらず、不動産業、建設業への貸出残高は1998年頃までむしろ増え続けた（図7-8）。この現象は追い貸しを反映したものとみられる。では、銀行はどうしてこのような行動をとったのだろうか。

追い貸しの動機と要因

　この行動の基調的な背景として、バブル崩壊によって下落した地価や低迷した経済活動がいずれ回復するだろうという楽観的な見通しがあったことは否めない。厳しい時期を乗りきれば不良債権は解消されるとの期待の下、追加融資で企業の存続・再建を支援しようという意識が働いたと考えられる。この判断は、期待が合理的であれば正当化できるだろう。しかし、より具体的な要因として次の点が指摘されている。

　第1に、特に財務内容の悪い銀行において、追い貸しによって不良債権の顕在化を防ぎ、自己資本比率を高く維持しようとする動機が働いたことが指摘されている[21]。例えば、返済の滞りそうな借り手企業に追加融資を行って返済を実現させれば、不良債権となるはずの債権が見かけ上は優良債権として査定でき、貸倒引当金の積み増しが不要となることから、自己資本比率をそのまま維持することができる。したがって、BIS規制による8％の自己資本比率の維持が危ぶまれる銀行においては、追い貸しをする十分な理由があったと推測される[22]。

　第2に、債権者（銀行等）が不良債権の処理をどれだけ迅速に、そして積極的に進められたかという観点からは、債権放棄などの利害調整に手間取り、思い切った処理や抜本的な再建が進まないまま、問題が先送りされ、結果的に追い貸しが行われたことが指摘されている（福田 2015）[23]。

　一般に、企業が過剰な債務を抱えて返済不能（債務超過）に陥った際には、債権者が何もしないまま企業が倒産する場合よりも、各債権者が協調して一定額の

---

21) 不良債権と追い貸しとの関係については多くの研究があるが、例えば、星（2000）、櫻川（2003）、細野（2010）などが挙げられる。

22) このような見方は、バブル崩壊後に収益率の低い不動産業への国内銀行の貸出残高がむしろ増えていること（図7-8）、破綻した長銀などが破綻直前に不動産関連融資を増やしていたこと、などの事実と整合的である（櫻川 2003、細野 2010）。

債権放棄をする場合の方が、債務負担の軽減等を通じて事業が存続し、回復する分だけ各債権者の回収額が多くなる、という可能性が考えられる。したがって、債権放棄によって事業再建が見込まれる場合は、各債権者が協調して積極的に債権放棄を進めることが各債権者にとって合理的であり、また社会的にも、あるいは資源配分の効率性の観点からも望ましいと言える。

　しかし、債権放棄をしてもそれほど大きな事業の改善が期待できない場合は、債権者は債権放棄に消極的になる。また債権者の数が多く、利害調整に多くの労力を必要とする場合は、債権放棄の話はまとまりにくい。バブル崩壊後に不動産業、建設業、小売業で発生した過剰債務と不良債権の問題は、まさにこのようなケースであったと考えられる。これらの業種では、バブル期の過大な投資のツケに加えて、その後の地価下落に伴って需要が構造的に低迷したため、事業の飛躍的な改善は見込めず、また債権者の多い大企業のケースにおいては特に、利害調整が難航した。こうして前向きの債権放棄が進まないまま、業績は改善せず、結果的に非効率な企業を延命させる追い貸しが行われたと考えられる。

追い貸しの影響

　追い貸しは経済にどのような影響を与えたのだろうか。追い貸しが非効率な企業を延命させたという点に注目すると、資源配分の効率性の観点から、次のようなメカニズムによる影響が考えられる。経済全体の資源は有限であるため、非効率な企業が存続すると、その分だけ健全な企業が使用できる生産要素の量は減少し、資源の制約から経済成長は低下する。また資源が非効率な企業に固定されることにより市場への新規参入が妨げられるという動態的な面での弊害も生じる。こうして追い貸しは資源配分の効率性の観点、すなわち供給面から経済にマイナスの影響を与え、その影響は不動産業、建設業、小売業等を中心に経済全体に及んだという指摘がある[24]。

23）福田（2015、第3章）は、長期不況の要因を様々な視点から検討する中で、不良債権問題が長期化した要因の1つとして、不動産業・建設業・小売業における過剰債務と債権放棄の問題に注目し、問題先送りの構造を分析している。

貸し渋りと追い貸しによる金融仲介機能の不全

これまで見てきたように、不良債権の増加に伴って、貸し渋りと追い貸しという一見したところ矛盾する2つの問題行動が同時に生じた。貸し渋りは、本来銀行が貸すべき企業に貸出をしないという点で問題であり、逆に追い貸しは、本来銀行が貸してはいけない企業に貸出をするという点で問題である。これらの問題行動は、本来銀行が果たすべき金融仲介機能、特に期待収益率の高い企業に優先的に資金を配分するという機能に逆行する行為である。金融仲介機能におけるこれらの2つの機能不全は、資源配分の非効率化を通じて、需要面のみならず供給面からも、不況を長期化させる重大な要因になったと考えられる。

（4）バランスシート調整問題

長期不況を需要の面から見た場合、やはりバブル崩壊によるバランスシート調整問題の影響が大きかったと言える。**バランスシート調整問題**とは、地価や株価などの資産価格が下落することによって、バランスシートが悪化し、すなわち経済主体の負債の負担が増加し、設備投資や消費などの支出が抑制されることを指す。例えば、ある経済主体が10億円の借入をして10億円の土地を購入した後に、地価の下落によって土地価額が半分になったとすると、借金の要返済額は名目値で固定されているため、もはや土地を売却して借金を返済することはできない。土地を売却すると5億円の損失が発生し、売却しない場合でも5億円の含み損を抱えることになり、いずれにしても返済の負担は増加する。その結果、返済資金を捻出するために、設備投資や消費などの経済活動が抑制されることとなる。

こうしたバランスシート調整問題は、バブル崩壊後に多くの経済主体で発生し、企業は設備投資を、消費者は消費支出を抑制した。金融機関では、この問題は、自らが行った投資の問題に加えて、担保価額の減少や貸出先の業況悪化を通じた不良債権の増加という形で発現した。不良債権の増加という形での銀行のバランスシートの悪化が銀行の貸出行動に与えた影響は、上で見たとおりである。

---

24) カバレロ・星・カシャップ（2008）は、金融支援を受けている企業をゾンビ企業と定義した上で、ゾンビ企業の割合が高い産業ほど、設備投資や雇用の伸び、生産性が低いこと、そして同時に雇用の減少が少ないことを、企業データを用いて統計的に明らかにし、健全な企業への資源配分が追い貸しによって妨げられたことの問題を指摘している。

需要面の問題と供給面の問題

　1990年代初頭からのバブル崩壊過程においては、地価や株価など資産価格の下落幅が極めて大きく、またその低迷が長期化したことから、バランスシート調整問題が需要面に与えた影響はかなり大きかったとみられる。しかし、問題はそれにとどまらず、銀行のバランスシートの悪化は、金融仲介機能の不全を通じて、上で見た「貸し渋り」「追い貸し」などによる供給面の問題も引き起こした。日本経済が長期低迷したことの背景には、このような需要面と供給面の両方の問題があったと考えられる。

参考文献

池尾和人（2009）「銀行破綻と監督行政」、池尾編

池尾和人編、内閣府経済社会総合研究所企画・監修（2009）『不良債権と金融危機』（バブル／デフレ期の日本経済と経済政策4）慶応義塾大学出版会

伊藤隆敏、トーマス・カーギル、マイケル・ハッチソン（2002）『金融政策の政治経済学（上）』（北村行伸監訳）東洋経済新報社（Thomas F. Cargill, Michael M. Hutchison, and Takatoshi Ito, *The Political Economy of Japanese Monetary Policy*, The MIT Press, 1997）

岩田規久男・宮川努編（2003）『失われた10年の真因は何か』東洋経済新報社

大瀧雅之編（2008）『平成長期不況　政治経済学的アプローチ』東京大学出版会

大瀧雅之・花崎正晴・堀内昭義（2008）「誰がモニターをモニターするのか」、大瀧編

岡崎哲二・星岳雄（2002）「1980年代の銀行経営」、村松・奥野編

小川一夫（2003）『大不況の経済分析』日本経済新聞社

翁邦雄（2013）『日本銀行』筑摩書房

翁邦雄・白川方明・白塚重典（2001）「資産価格バブルと金融政策－1980年代後半の日本の経験とその教訓」、香西泰・白川方明・翁邦雄編『バブルと金融政策－日本の経験と教訓』日本経済新聞社

児嶋隆（2015）『銀行の不良債権処理と会計・監査』中央経済社

小峰隆夫編、内閣府経済社会総合研究所企画・監修（2011ａ）『日本経済の記録－第2次石油危機への対応からバブル崩壊まで（1970年代〜1996年)』（バブル／デフレ期の日本経済と経済政策（歴史編1））佐伯印刷

小峰隆夫編、内閣府経済社会総合研究所企画・監修（2011ｂ）『日本経済の記録－金融危機、デフレと回復過程（1997年〜2006年)』（バブル／デフレ期の日本経済と経済政策（歴史編2））佐伯印刷

小峰隆夫・岡田恵子（2011）「第3部　バブル崩壊と不良債権対策（1990〜96年を中心に）」、小峰編（2011ａ）

櫻川昌哉（2003）「不良債権が日本経済に与えた打撃」、岩田・宮川編

関根敏隆・小林慶一郎・才田友美（2003）「いわゆる「追い貸し」について」、『金融研究』第22巻第1号、日本銀行金融研究所

竹森俊平『1997年−世界を変えた金融危機』朝日新聞社

西村吉正（2011）『金融システム改革50年の軌跡』（社）金融財政事情研究会

深尾光洋（2002）「1980年代後半の資産価格バブル発生と90年代の不況の原因」、村松・奥野編

深尾光洋（2009）「銀行の経営悪化と破綻処理」、池尾編

福田慎一（2013）『金融論−市場と経済政策の有効性』有斐閣

福田慎一（2015）『「失われた20年」を超えて』NTT出版

村松岐夫・奥野正寛編（2002）『平成バブルの研究（上）形成編−バブル発生とその背景構造』東洋経済新報社

星岳雄（2000）「なぜ日本は流動性の罠から逃れられないのか」、深尾光洋・吉川洋編『ゼロ金利と日本経済』日本経済新聞社

細野薫（2010）『金融危機のミクロ経済分析』東京大学出版会

堀内昭義（1998）『金融システムの未来−不良債権問題とビッグ・バン』岩波書店

三橋規宏・内田茂男（1994）『昭和経済史　下』日本経済新聞社

Caballero, Ricardo J., Takeo Hoshi, and Anil K. Kashyap（2008）"Zombie Lending and Depressed Restructuring in Japan," *American Economic Review*, 98 (5), pp. 1943-77

第9章

日本経済の再生

　1990年代初頭のバブル崩壊以降、日本経済は長期間にわたり停滞的な状況を余儀なくされていたが、2002年初頭からの持続的な成長を経て、ようやく2005-2006年頃に正常な状態に復帰した。この日本経済の再生はいかにして達成されたのだろうか。

　第1に、金融政策面では、伝統的な金融政策の限界に直面した日本銀行は、「ゼロ金利政策」、「量的緩和政策」と呼ばれる非伝統的政策に踏み込んだ。これらの政策の効果は、物価や景気などのマクロ経済に対しては限定的であったが、金融市場や金融システムの安定には一定の貢献をしたとみられる。

　第2に、不良債権処理の加速化を重要視した小泉政権は、2002年10月に「金融再生プログラム」を打ち出し、主要銀行に対し資産査定の厳格化などとともに不良債権の迅速な処理を迫った。2002年1月からの景気拡大の追い風を受けて不良債権処理が数年間で急速に進んだことに加え、銀行の再編も進み、日本の金融システムは一応の安定を取り戻した。

　第3に、日本経済の再生をマクロ経済の観点から見ると、2002年1月からの持続的な景気拡大には、米国経済と中国経済の好調を背景とした輸出の増加が大きく貢献した。景気拡大は力不足の内需を外需が補う形で進んだ。その結果、企業部門は長らく重荷となっていた雇用、設備、債務の3つの過剰をようやく2005年頃に解消し、正常化を果たした。しかし、リストラや賃金の伸び悩みなどによって雇用・所得環境が悪化した個人にとっては、この期間の景気拡大は実感の乏しいものであった。

　以下では、こうした日本経済の再生の過程を振り返る。

1 非伝統的金融政策の展開

　長引く経済の低迷とデフレ的状況に対処するため、1990年代末から、日本銀行は「ゼロ金利政策」、「量的緩和政策」と呼ばれる**非伝統的金融政策**に踏み込んだ。本節ではその経緯と効果について検討する。

(1) ゼロ金利政策

伝統的金融政策のメカニズム

　前章で見たとおり、日本銀行は公定歩合を1991年 7 月の6.0%から 9 次にわたって引き下げ、1995年 9 月には公定歩合は0.5%というかつてない低さに達した（図 8 - 1 ）。公定歩合とは、日本銀行が金融機関に貸出を行う際の金利であり、かつての規制金利体系の下では、金利の起点となって各種金利を連動させて動かす金融政策の主役であったが、その後の金利の自由化の進展と完了を経て、現在では、金融政策の指標金利は公定歩合から短期金融市場金利である**コールレート**（無担保コールレート・オーバーナイト（翌日）物）に移っており、金融政策の中心的役割は公開市場操作が担っている[1]。

　公開市場操作（オープン・マーケット・オペレーション）とは、日銀（中央銀行）が民間銀行等との間で国債などの有価証券の売買を行うことによって金融市場に出回る資金の量を調節することであり、現在の主要先進国で共通に使われている金融政策の中心的な手段である。そのメカニズムは次のとおりである。不況で金融緩和が必要なとき、日銀は例えば A 銀行から国債等を買い（買いオペレーション；略して買いオペ）、その代金を A 銀行が日銀内に設けている日銀当座預金口座に振り込む。当座預金口座とは、各銀行が銀行間等の資金決済を行うために日銀内に開設している口座であり、この口座の当座預金残高が増えることは、基本的に短期金融市場（コール市場）での銀行間の貸し借りが容易になることを意味する。すなわち、買いオペはコール市場での資金供給を増やし、コールレー

---

1) 白川（2008）によると、日銀が正式にコールレートの誘導目標水準を公表したのは1998年の新日銀法施行後である。なお、公定歩合は2006年 8 月に「基準割引率および基準貸付利率」に名称が変更された。

図9-1　公開市場操作の概念図：買いオペのケース

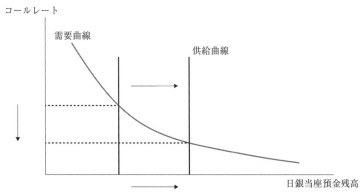

（参考）日本銀行金融研究所編（2011）

トを低下させる効果を持つ。これは概念的には、**図9-1**に示してあるように、資金の供給曲線の右方シフトによって資金需給を均衡させる金利が低下することと理解できる。そしてこのコールレートの低下は銀行の貸出金利の低下を通じて設備投資などの増加を促す。逆に、景気が過熱していて金融を引き締めたいときには、日銀はA銀行に国債等を売却し（売りオペレーション；売りオペ）、A銀行はその代金を日銀内の自分の当座預金口座から日銀の口座に振り込む。その結果、コール市場で使える資金、すなわち資金供給は減少し、コールレートは上昇する。そしてコールレートの上昇は、貸出金利の上昇を通じて設備投資などを減少させる。

ゼロ金利政策の開始

しかし、こうした伝統的金融政策では、デフレ的状況は改善されなかったため、より強力な金融緩和政策が志向されることとなった。1998年4月施行の新日銀法の下、新たに発足した金融政策決定会合は、速水優総裁（1998年3月就任）を議長とする1998年9月の会合で「無担保コールレート翌日物を平均的に0.25％前後に促すこと」を決議した。さらに1999年2月12日の決定会合では、「無担保コールレート翌日物の目標を当初0.15％前後まで引き下げ、その後市場の状況を踏まえながら、徐々に一層の低下を促す」ことを決定した。これを受けコールレートは3月以降0.03％前後という事実上のゼロ％まで低下した。いわゆる「**ゼロ金利**

政策」はこの2月の決定によって開始された。

　その後、4月の記者会見において速水総裁は、「デフレ懸念の払拭が展望できる状況になるまで、ゼロ金利政策を継続する」という趣旨の発言をした。「〜まで〜を続ける」という中央銀行の発言は「**コミットメント**」と呼ばれ、この場合は、デフレが続く限りゼロ金利が継続されるだろうという市場の期待形成を通じて、コールレートのみならず、長期金利等のより長い満期を持つ金利をも低下させる効果をねらったものである。中央銀行がコミットメントによって、市場の将来の予想に働きかけ、現在の金利等を望ましい方向に誘導する政策は「**時間軸政策**」と呼ばれ、このとき初めて採用されたが、後の量的緩和政策においても使われていくことになる[2]。

　翁邦雄（2013）は、政策運営の枠組みとしてのゼロ金利政策は、①政策金利（誘導目標金利）であるコールレートのゼロへの誘導、②ゼロ金利政策を「デフレ懸念払拭まで」続けるというコミットメント、の2つの構成要素から成るとしている[3]。①は、資金の供給面からは、公開市場操作によってコールレートがゼロ％になるまで資金を十分に供給することを意味する。②は、長期金利は市場で予想される各期の短期金利を将来に向かってつないだものの平均と等しくなるという考え方（純粋期待仮説）を利用したものである[4]。つまり、中央銀行のコミットメントによって、デフレ懸念が存在する限りは今後も短期金利がゼロで推移するだろうと市場が予想し、その結果、現在の長期金利が下がり、すなわちイールドカーブがフラット化し、金融緩和効果が強まる、という効果をねらったものである[5]。

2）時間軸政策は、近年では、**フォワード・ガイダンス**と呼ばれている。
3）詳しくは、翁・白塚・藤木（2000）を参照。
4）純粋期待仮説では、リスクプレミアムのない状況下で、例えば、1年物の短期金利での運用を10回繰り返して10年間運用した場合の利回りと、10年物の長期金利で10年間運用した場合の利回りが、裁定によって等しくなるとの想定から、10年物の長期金利は現在から10年後までの短期金利の予想値の平均値に等しい、という関係が導かれる。詳しくは福田（2013）など金融論のテキストを参照のこと。
5）イールドカーブ（利回り曲線）とは、横軸に債券の残存期間、縦軸に債券の利回りをとった際の両者の関係を示したものである。

時期尚早であった2000年 8 月のゼロ金利解除

　日本経済は、ゼロ金利政策の開始とほぼ同じタイミングである1999年 1 月を景気の谷として、米国経済の好調を背景に、IT 関連を中心とした設備投資の回復等により、緩やかな景気拡大に入っていった。2000年夏に至り、政府は、弱い景気拡大をより確かなものにするためにゼロ金利政策継続の意向を持っていた。しかし、日銀は2000年 8 月11日の決定会合において、デフレ懸念の払拭が展望できるとの判断から、コールレートの誘導目標を2.5％へ引き上げ、ゼロ金利解除を決定した。この決定には、ゼロ金利政策は緊急避難的な措置であり、金融政策の自由度の確保の観点からは継続すべきでないとする速水総裁の強い信念が反映されていたとされる。

　結果的にこのゼロ金利解除は時期尚早であった。2000年 3 月に米国ナスダックの株価総合指数がピークから下落に転じ、「IT バブル」が崩壊すると、1990年代半ば以降高成長を持続してきた米国経済は2000年後半から急減速した。この影響を受けて日本の輸出と設備投資は減少し、日本経済は2000年11月から景気後退に入った。もともとバランスシート調整と不良債権の増加によって企業、家計、金融部門の体力が弱っていたところに、海外から打撃を受けた格好となった。日銀は景気後退に対応すべく、2001年 2 月28日の決定会合で誘導目標を0.15％に引き下げ、さらに 3 月19日の決定会合で「量的緩和政策」の採用を決定した。下で見るように、量的緩和政策は金利を目標としたものではないが、コールレートは 4 月以降0.01〜0.02％程度まで低下し、ゼロ金利は解除から 8 カ月後に復活したことになる（図 9 - 2 ）。

（2）量的緩和政策

　日本銀行は、2001年 3 月19日、景気後退によって強まる物価低下の圧力に対処するため、ゼロ金利政策よりも踏み込んだ「**量的緩和政策**」の導入を決定した。この政策の骨子は次のとおり[6]。

①金融市場調節の操作目標を、コールレート（無担保コールレート翌日物）から**日銀当座預金残高**に変更する。

---

6 ）日本銀行「金融市場調節方式の変更と一段の金融緩和措置について」（2001年 3 月19日公表）による。

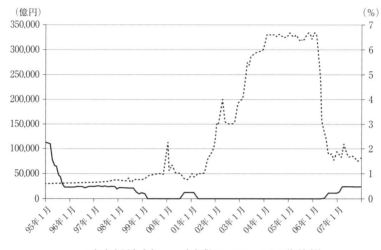

図9−2　日銀当座預金残高と無担保コールレート翌日物：1995年1月-2007年12月

②新しい金融市場調節方式は、消費者物価指数（全国、除く生鮮食品）の前年比上昇率が安定的にゼロ％以上となるまで継続する。

③当面、日銀当座預金残高を5兆円程度に増額する。この結果、コールレートはゼロ％近辺で推移すると予想される。

④必要な場合、現在、月4千億円ペースで行っている長期国債の買い入れを増額する。ただし、日銀が保有する長期国債の残高は、銀行券発行残高を上限とする。

　この政策の最も斬新なところは、操作目標を金利から日銀当座預金残高という量的な指標に変更した点であり、これは世界でも初めての試みであった。名目金利はゼロ％よりも低くすることは不可能であるので、金利に代わる指標を設けたのである[7]。コールレートは、日銀当座預金残高の増加、すなわち公開市場操作を通じたコール市場での資金供給の増加により2002年1月以降は0.001％程度で

7）ただし、2016年1月に日銀は日銀当座預金残高の一部にマイナス金利（−0.1％）を適用することを決定し、2月から実施した。

推移し、事実上のゼロ金利となったため、量的緩和政策は1999年2月からのゼロ金利政策よりも、量的緩和の分だけ強力であったと言える。日銀当座預金残高の目標値は当初5兆円程度に設定されたが、その後段階的に引き上げられ、2004年1月には30〜35兆円程度まで目標値が増額された（図9-2）。

　またコミットメントにおける条件の表現は、1999年2月のゼロ金利政策の際には「デフレ懸念の払拭が展望できるまで」という定性的な表現であったが、この量的緩和政策では「消費者物価指数の前年比上昇率が安定的にゼロ％以上になるまで」と、数値を用いてより具体化、明確化された。

量的緩和政策に期待された効果

　この量的緩和政策には、次の2つの効果が期待された。

　第1は、上でも述べた**時間軸効果**である。上記の②は、「消費者物価指数の上昇率が安定的にゼロ％以上になるまで量的緩和を継続する」というコミットメントを表明したものだが、日銀はこのコミットメントによって、コールレートが今後もゼロ％で推移するだろうという市場の予想を醸成し、長期金利等の低下を誘導しようとした。3月19日に「今回の金融緩和措置のポイント」として公表された日銀の参考資料の中にも、強力な時間軸効果としてイールドカーブ全体の低下等が明示的に示されている。この時間軸効果の実績に関しては、イールドカーブ低下等の一定の効果があったこと、またイールドカーブを押し下げる効果はゼロ金利政策よりも量的緩和政策の方が強かったことなどが指摘されている[8]。

　第2は、**ポートフォリオ・リバランス効果**と呼ばれるものである。この考え方は、金融機関はリスクの異なる資産を複数保有し、全体のリスクを一定限度内に抑えた上で、収益最大化などの行動をとるということを前提としている。すなわち、上記の①と③によって、公開市場操作を通じて、国債など価格変動リスクがあり流動性のやや劣る金融資産との交換で、原則として利子は生まないが価格変動リスクがなく流動性のある日銀当座預金が増加すると、金融機関はリスクが減った分だけリスクを取る余裕が生じ、その結果貸出を増やすだろう、ということが期待された。しかし、結果的にこの効果はあまりなかったというのが一般的な認識であるように思われる[9]。その原因としては、企業の借入需要が弱かったこ

8）鵜飼（2006）を参照。

と、不良債権の増加によって金融機関のリスク負担能力が低下していたことなど
が考えられる。

量的緩和政策の総合的評価

　上記のとおり、量的緩和政策は、コールレートをこれ以上下げられないという
制約の下で、時間軸効果によりイールドカーブを低下させ、一定の金融緩和効果
を発揮した。また、流動性を潤沢に供給することにより、1997年、1998年に金融
機関が直面したような流動性不安は、回避することができた。このように量的緩
和政策は、金融市場や金融システムの安定に一定の貢献をしたと評価できる。し
かし、物価や景気といったマクロ経済への影響については、効果は限定的であっ
たとみられる。その理由としては、企業のバランスシート調整問題や金融機関の
不良債権問題によって、企業や金融機関が十全な活動をできる状況になかったこ
となどが指摘できるだろう。この点については、金融政策が所望の効果を発揮し
なかったというよりも、この状況下で金融政策ができることには限界があり、そ
もそも金融政策だけでは長期不況からの脱却は困難であったと見るべきであろう。

2　不良債権処理と金融システムの安定

　不況を長期化させた重要な要因の1つは、なかなか進まない不良債権処理の問
題であったが、2000年代前半に至り、不良債権問題がようやく解決に向かった。
以下ではその過程を振り返る。

（1）金融再生プログラム

小泉政権の誕生

　2001年4月、森首相の退陣後に行われた自民党総裁選での圧勝を経て、小泉純
一郎内閣が発足した。小泉氏圧勝の背景には、長期停滞や政策的手詰まりから来
る閉塞感があった。旧態依然たる派閥政治の刷新や、郵政民営化に象徴される
「聖域なき構造改革」を訴える小泉氏に国民は大きな期待を寄せたのである。
　小泉首相は、派閥にとらわれない閣僚人事を断行し、「経済諮問会議」を司令

9）鵜飼（2006）を参照。

塔とする官邸主導の政策運営スタイルを確立した。このスタイルは、小泉首相の強力なリーダーシップがなければ有効に機能しなかったであろうと見られている。

金融再生プログラム

　世論の期待を受け不良債権処理の加速化を図ろうとした小泉首相は、2002年9月30日の内閣改造で柳沢金融担当大臣を更迭し、公的資金の投入に積極的とみられた竹中平蔵経済財政政策担当大臣を金融相に兼務させた。10月30日に公表された**「金融再生プログラム」**（通称「竹中プラン」）は、2005年3月末までに主要行の不良債権比率を半減させることを目標に、資産査定の厳格化、自己資本の充実、ガバナンスの強化などを打ち出した。それまでの銀行行政とのスタンスの違いは、自己資本の算定に際し「繰延税金資産」（収益の増加を前提とした法人税前払い分の自己資本への組み入れ）の会計上の裁量を排し正確な自己資本の計上を求めたこと、自己資本が不足した場合は改正預金保険法に基づき公的資金を注入すること、健全化計画が未達成の銀行には責任の明確化を含む業務改善命令を発出すること、などの厳しい対応に表れた[10]。同時に、企業再生を強化する観点から、同プログラムの一環として、2003年4月に官主導で「産業再生機構」を設立し、不良債権の買取りと企業再生支援により不良債権処理を側面から支える機能を付加した[11]。

　これらのプレッシャーや仕組みの下で、不良債権処理は進展し、2002年3月末に8.7％（主要15行、金融再生法開示債権ベース）であった不良債権比率は、2005年3月末には2.9％（主要13行）まで低下し、プログラムの目標は達成された[12]。また資産査定の厳格化に伴う貸倒引当の積み増しに備えるため、銀行は積極的に増資を行い、自己資本の増強を図った。

　こうして不良債権処理は、金融再生プログラムが導入された2002年以降の数年

10）　金融再生法と早期健全化法は時限立法であったため、公的資金の注入や国有化などの破綻処理に関わる制度等は、2001年4月に施行された改正預金保険法（第102条）によって恒久化された。

11）　産業再生機構の支援対象は41社とそれほど多くなく、債務残高の合計は、当時の全国銀行の不良債権額の1割強であった。翁百合（2010）参照。

12）　全国銀行の不良債権比率（金融再生法開示債権ベース）は、2002年3月末の8.4％（約43兆円）から2005年3月末には4.0％（約18兆円）まで低下した（図8-4参照）。

間で急速に進んだ。ただし、これには2002年1月から始まった景気拡大も影響しているため、政策だけの効果を厳密に評価することは容易でない。

りそな銀行の処理に見る政府のスタンス

竹中金融相の打ち出した金融再生プログラムは、それまでの金融行政と異なって、市場の規律を重視するハードランディング路線と一般に受け止められていた。銀行がこぞって増資を行ったのもそうした政府のスタンスを意識してのことであった。したがって、2003年3月に「りそな銀行」が合併により発足し、監査法人の厳格な繰延税金資産の査定によって自己資本比率が4％を下回ることが明らかになった際には、実態的には債務超過（破綻している状態）である可能性が高いのだから全株式の強制取得などによって国有化されるだろうという見方が多かった。ところがこうした予想に反し、2003年5月、政府は債務超過ではないとの判定の下に約2兆円の増資を引き受け、株主の権利を保護することを決定した。つまり、政府のとった行動はハードランディング路線ではなく、ソフトランディング路線であった。この政府の処理に対しては賛否両論があったが、株価はこの頃から上昇に転じた。この株価上昇の理由に関しては、金融システム不安が存在する中で株主の権利を保護する政府のメッセージとして受け止められたとする見方、自己資本比率を厳格に査定させる金融再生プログラムが市場で評価されたとする見方、銀行の不良債権処理の進展が市場で好感されたとする見方、景気拡大によるという見方など様々な見解があり、必ずしもコンセンサスは得られていないが、全体として金融不安の後退が株価の上昇に反映されたと理解することができよう[13]。

（2）銀行の再編と金融システムの安定

不良債権処理が進む過程で、銀行の再編も急速に進んだ。1980年代後半には、主要な都市銀行だけでも三菱、住友、三井、東京、第一勧業、富士、三和、北海道拓殖などが存在し、長期信用銀行も日本興業、日本長期信用、日本債券信用の3行がそろっていたが、2000年9月に業態を越えた合併（第一勧業、富士、日本興業の3行）によりみずほホールディングスが誕生すると、他の銀行でも合併が

13）櫻川（2006）、深尾（2009）、西村（2011）などを参照のこと。

進み、2005年には、みずほフィナンシャルグループ、三菱 UFJ フィナンシャルグループ（三菱、東京、三和が母体）、三井住友フィナンシャルグループ（三井、住友が母体）の３メガグループ体制が整った。

　こうした銀行の再編は、合併による経営基盤の強化を通じて金融システム全体の安定に寄与したものと考えられる。

　以上で見てきたように、バブル崩壊後の長年の懸案事項であった不良債権問題は、2005年頃にようやく終息と呼べるような状況に至った。同時に銀行の再編も進み、日本の金融システムは一応の安定を取り戻した。

3　マクロ経済から見た日本経済の再生

　日本経済の再生をマクロ経済の観点から見ると、内需が力強さを欠く中で、外需の果たした役割が大きかった。以下、その過程を振り返る。

（1）輸出主導の景気拡大

実質 GDP の動向（2002-2007年度）

　2002年１月から始まった景気拡大は、低空飛行であったものの73カ月の長期に及び、結果的には戦後最長の拡張期間（2002年１月-2008年２月）を記録した。

　GDP の動向を**表9-1**で確認すると、実質 GDP は2003年度から2007年度までの５年間、１％台前半から２％台前半の極めて安定した成長率で推移した。この持続的な成長を可能にした最大のマクロ経済的要因は、外需、すなわち「輸出－輸入」であった。輸出が2002年度から2007年度までの５年間にわたり年平均約10％もの増加率で伸び続けたのに対し、輸入は内需の不振を反映してその半分程度しか伸びず、その結果外需寄与度は年平均で0.6％となった。輸出を牽引したのは、米国と中国を中心とした世界経済の成長である。米国経済は、IT バブル崩壊の影響などで2000年から2001年にかけて減速したが、その後、金利の低下を受けた住宅ブームと堅調な消費に支えられ2003年から2006年にかけて３％前後の比較的高い成長を達成した（**図9-3**）[14]。一方、中国経済は、先進国から積極

14）この時の住宅ブームは、実はサブプライム・ローンを乱用した住宅バブルであった。この問題が引き起こした世界金融危機については次章で取り扱う。

表 9-1　実質 GDP 成長率の内訳：2002-2007年度

（単位：%）

	2002年度	2003年度	2004年度	2005年度	2006年度	2007年度
国内総支出	0.9	2.1	1.5	2.1	1.4	1.2
民間最終消費支出	1.2 (0.7)	0.9 (0.5)	0.9 (0.5)	1.8 (1.0)	0.7 (0.4)	0.8 (0.5)
民間住宅	−1.8 (−0.1)	−0.3 (0.0)	1.6 (0.1)	−0.4 (0.0)	0.3 (0.0)	−14.1 (−0.6)
民間企業設備	−3.2 (−0.5)	3.6 (0.5)	4.3 (0.6)	7.6 (1.2)	2.6 (0.4)	−0.7 (−0.1)
政府支出	0.0 (0.0)	−0.7 (−0.2)	−1.5 (−0.4)	−1.7 (−0.4)	−1.2 (−0.3)	0.1 (0.0)
政府最終消費支出	2.0 (0.4)	2.0 (0.4)	0.9 (0.2)	0.4 (0.1)	0.4 (0.1)	1.3 (0.2)
公的固定資本形成	−4.8 (−0.4)	−7.4 (−0.6)	−8.2 (−0.6)	−7.8 (−0.5)	−6.4 (−0.4)	−4.2 (−0.2)
財・サービスの純輸出	(0.5)	(0.7)	(0.2)	(0.3)	(0.6)	(1.0)
輸出	12.1 (1.1)	9.9 (1.0)	11.7 (1.3)	9.5 (1.2)	8.7 (1.2)	9.5 (1.3)
輸入	4.7 (−0.6)	2.3 (−0.3)	8.7 (−1.2)	6.2 (−0.9)	3.6 (−0.5)	2.4 (−0.4)

（注）　1　2011暦年連鎖価格基準。
　　　　2　数字は各コンポーネントの増加率。
　　　　3　（　）内の数字は寄与度。輸入の寄与度はマイナスで表示。
（出所）　内閣府『国民経済計算』

的に受け入れた直接投資をテコに「世界の工場」として急成長し、2003年以降は2桁の成長率を持続した（図9-3）。日本の輸出相手国を通関輸出額で見ると、2000年以降は中国の伸びが目覚ましいが、米国と中国の2国で全体の約35％を占め、この2国の高成長が日本の輸出を牽引したことがわかる（図9-4）。加えて、この期間に円ドル為替レートが円安基調で推移したことも、日本の輸出にプラスに作用したと考えられる。

　他方、内需の動向を見ると、消費や設備投資は外需の増加が波及する形で安定的に増加したものの、それほど力強いものではなかった。公共投資に対応する公的固定資本形成は減少基調で推移し、財政政策は積極的ではなかった。つまり、このときの景気拡大は内需の力不足を外需が補う形、すなわち外需依存型で進行した。

図 9 - 3　米国と中国の実質 GDP 成長率：1990-2015年

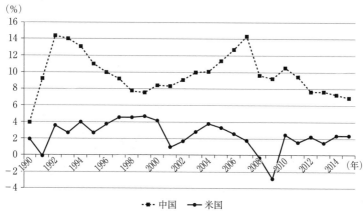

（出所）米国商務省、IMF。

図 9 - 4　日本の通関輸出額に占める米国と中国の構成比：1995-2015年

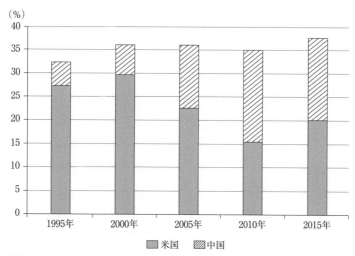

（注）中国には香港を含まない。
（出所）日本関税協会『外国貿易概況』

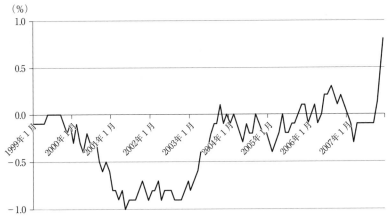

図9-5　消費者物価指数の変化率（前年同月比）：1999年1月-2007年12月

（注）生鮮食品を除く総合。
（出所）総務省。

（2）日本経済の正常化と実感の乏しい景気拡大

　上記の持続的成長の結果、企業部門の体質改善も進んだ。『2005年度経済財政白書』は、バブル崩壊以降長期にわたって企業部門の重荷となっていた過剰雇用、過剰設備、過剰債務の3つの過剰が2005年にほぼ解消されたことを確認し、企業部門の正常化を宣言した。一方、消費者物価上昇率も経済活動の回復を反映して基調的な改善を示し（**図9-5**）、日銀の量的緩和政策は2006年3月に解除された。こうして日本経済は2005-2006年頃に、ようやくバブル崩壊の桎梏から解放され、正常化したと見ることができる。

　しかし、この期間の景気拡大は個人にとっては実感の乏しいものであった。過剰雇用を抱えた企業部門は、1990年代末から2000年代前半にかけて賃金の抑制・削減や雇用リストラをせざるを得なかったため、個人の所得環境は悪化した。さらに企業は新規採用の抑制とともに、人件費抑制のために非正規雇用者の採用を積極化したため、特に若年の雇用問題が深刻化した。パラサイト・シングル、ニート、フリーター、就職氷河期といった言葉が社会的に注目を集めたのもこの頃である。

参考文献

池尾和人（2009）「銀行破綻と監督行政」、池尾編

池尾和人編、内閣府経済社会総合研究所企画・監修（2009）『不良債権と金融危機』（バブル／デフレ期の日本経済と経済政策 4）慶応義塾大学出版会

植田和男（2005）『ゼロ金利との闘い－日銀の金融政策を総括する』日本経済新聞出版

鵜飼博史（2006）「量的緩和政策の効果：実証研究のサーベイ」、日本銀行ワーキングペーパー、No.06-J-14、日本銀行

翁邦雄（2011）『ポスト・マネタリズムの金融政策』日本経済新聞出版社

翁邦雄（2013）『日本銀行』筑摩書房

翁邦雄・白塚重典・藤木裕（2000）「ゼロ金利下の金融政策－中央銀行エコノミストの視点」、IMES Discussion Paper Series No. 2000-J-10、日本銀行金融研究所

翁百合（2010）『金融危機とプルーデンス政策－金融システム・企業の再生に向けて』日本経済新聞出版社

小峰隆夫編、内閣府経済社会総合研究所企画・監修（2011）『日本経済の記録－金融危機、デフレと回復過程（1997年～2006年）』（バブル／デフレ期の日本経済と経済政策（歴史編 2 ））佐伯印刷

櫻川昌哉（2006）「金融監督政策の変遷：1992-2005」、『フィナンシャル・レビュー』第86号、財務総合政策研究所

白川方明（2008）『現代の金融政策－理論と実際』日本経済新聞出版社

西村吉正（2011）『金融システム改革50年の軌跡』（社）金融財政事情研究会

日本銀行金融研究所編（2011）『日本銀行の機能と業務』有斐閣

深尾光洋（2009）「銀行の経営悪化と破綻処理」、池尾編

福田慎一（2013）『金融論－市場と経済政策の有効性』有斐閣

福田慎一（2015）『「失われた20年」を超えて』NTT 出版

細野薫（2010）『金融危機のミクロ経済分析』東京大学出版会

第10章

世界金融危機

　前章で見たとおり、日本経済の再生には好調な米国経済と中国経済に向けた輸出の増加が大きく貢献したのだが、実は、2000年代の前半から中盤にかけての米国の成長は、住宅バブルに依存したものであった。

　一般にバブルは、日本の経験でも示されたように、金融緩和だけでは起きない。この時の米国の住宅バブルの場合には、FRB の低金利政策の他に、IT 革命によって米国の経済構造が改善されたとの過信があったものと思われる。

　住宅バブルが進む中、サブプライム・ローンという信用力の低い借り手向けの住宅ローンが急速にシェアを伸ばした。このローンは、監督体制、返済の設計、信用リスクに対する貸し手のインセンティブの構造などの点において、多くの問題点を有していた。そしてこの住宅債権を元に、複雑に組成された住宅ローン担保証券が、大手投資銀行等によって大々的に米国および欧州の金融機関へ販売された。

　FRB の利上げをきっかけに住宅バブルが崩壊すると、サブプライム・ローンと関連証券の潜在的な問題点は一気に顕在化した。2008年9月に生じたリーマン・ショックは、世界の金融市場を巻き込んで世界金融危機を引き起こした。日本経済は、輸出の減少を通じて、先進国の中では最も大きな打撃を受けた。欧州では、景気浮揚と金融機関救済のための財政支出増から南欧諸国を中心に債務危機が発生したが、これには1999年に導入された共通通貨ユーロに起因する構造的な問題も影響していたと考えられる。

　本章では、これらの経緯を振り返り、世界金融危機の原因を考察する。

1　米国経済の復活と住宅ブーム

（1）米国経済の復活とニューエコノミー

IT革命による生産性の上昇

　1980年代は、日本にとっては躍進と高揚の時代であったが、米国にとっては試練の時代であった。しかし1990年代に入ると形勢が逆転した。米国経済は1992年頃から長期の景気拡大局面に入り、長期停滞に苦しむ日本経済とは対照的なパフォーマンスを示した。特に1996年から2000年にかけて米国経済は、IT（Information Technology；情報技術）関連の設備投資の盛り上がりとともに4％台の高成長を謳歌した。この持続的高成長は、単なる需要の拡大だけでなく、労働生産性の高い伸びや低いインフレ率を伴ったため、米国経済は「**ニューエコノミー**」時代を迎えたという見方が広がった。

　『2001年大統領経済報告（米国経済白書）』の分析によると、1995-2000年における実質労働生産性上昇率は年平均で3.01％と、1973-1995年の1.39％をはるかに上回った。さらに驚くべきは、その3.01％の過半がコンピュータやソフトウェアなどのIT関連資本の増加と、コンピュータ生産以外の産業（すなわちコンピュータを使用する産業）の効率性の向上（全要素生産性の上昇）の寄与によることである（**表10-1**）。同報告は、ITが、コンピュータの価格低下等を伴って広く経済に普及し、情報処理コストの低下、企業組織のフラット化、意思決定の迅速化、在庫の圧縮などを通じて経済の供給サイドを効率化させるとともに、新たな需要を生み出し、経済の好循環をもたらした、と分析している。

　こうした分析からは、90年代後半の米国経済の成長は循環的なものではなく構造的なものであることが示唆され、その中核を担ったイノベーションは「IT革命」と呼ばれた。しかし、実際には景気や株式市場での期待が過熱した面もあったため、2000年3月にナスダック株価総合指数がピークから下落に転じると、米国経済は2000年の後半から急減速した。さらに2001年9月11日の同時多発テロ事件の影響もあり、米国の実質GDP成長率は2000年、2001年に1％台へ低下した。

表10-1　米国の実質労働生産性上昇率（年平均）の寄与度分解

（単位：％）

	(A) 1973-95年	(B) 1995-2000年	(B)－(A) 両者の差
労働生産性上昇率	1.39	3.01	1.63
景気要因	0.00	0.04	0.04
資本深化	0.70	1.09	0.38
IT関連資本サービス	0.41	1.03	0.62
その他の資本サービス	0.30	0.06	－ 0.23
労働者の質の向上	0.27	0.27	0.00
全要素生産性(TFP)	0.40	1.59	1.19
コンピュータ生産部門	0.18	0.36	0.18
その他の部門	0.22	1.22	1.00

（注）　1　対象は非農業民間部門。
　　　　2　労働生産性は、労働時間当たりの所得あるいは産出。
　　　　3　資本深化は、労働時間当たりの資本サービスの増加。
　　　　4　2000年の値は9月までのデータに基づく推計。
（出所）Council of Economic Advisers（2001）（『2001年大統領経済報告』）
Table1-1より引用。

（2）住宅ブームとサブプライム・ローン

サブプライム・ローンの急増

　1990年代後半から米国の住宅価格は上昇し始め、2000年代前半には住宅ブームとも言える状況が出現した。その過程で、特に**サブプライム・ローン**と呼ばれる住宅ローンが、2004年頃から急速にシェアを伸ばし、2005-06年頃には全住宅ローンの2割を占めるに至った。サブプライム・ローンとは、信用力のない借り手に対する住宅ローンを指し、プライム（優良）の条件では借入できない者が対象となった。一般的には、過去に延滞履歴があり、あるいは海外から移住して間もないなどの理由で、信用力を示すスコア（点数）が一定水準に満たない借り手がこのローンを利用した。一方、米国の住宅ローンの貸し手は、銀行などの預金金融機関と、モーゲージ・バンクと呼ばれるノンバンクの2種類に大別され、前者がプライム・ローンを、後者がサブプライム・ローンを手掛けるという棲み分けがなされていた。

　サブプライム・ローンが増加した社会的背景としては、中南米などからの移民の増加や、低所得者層に対する住宅政策を挙げることができる。しかし、サブプ

図10-1　米国フェデラル・ファンド・レート：2000年1月-2009年12月

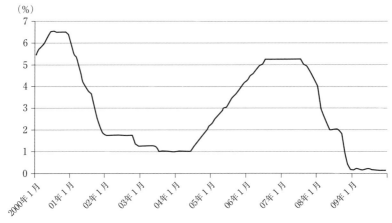

（注）データは effective federal funds rate で、翌日物の加重中央値。
（出所）FRB。

ライム・ローンが急増した基本的要因は、次の2つに求められる。1つは、2000年代初頭の急激な金融緩和政策である（**図10-1**）。2000年前半に「ITバブル」が崩壊すると、米国経済は急減速し、景気後退懸念が高まった。さらに2001年9月11日には同時多発テロの打撃が加わった。こうした事態に対して中央銀行であるFRB（連邦準備制度理事会）は、政策金利であるフェデラル・ファンド・レート（FFレート）の誘導目標水準を、2001年1月に6.5%から6.0%に引き下げたのを皮切りにほぼ毎月引き下げていき、2001年12月には1.75%まで低下させた。図10-1からわかるとおり、これは極めて急激な金融緩和であった。その後もFFレートは引き下げられ、2003年6月には1.0%という史上最低の水準に達し、これが1年間据え置かれた。短期金利の低下は住宅ローン金利の低下を通じて住宅ローンの需要増加と住宅価格の上昇をもたらした。特にサブプライム・ローンについては、下で説明するように住宅価格の上昇がさらに借入を増やすというメカニズムが働いた。

サブプライム・ローンの仕組みと問題点

　サブプライム・ローンが急増した2つ目の基本的要因は、サブプライム・ローンの仕組みにある。その仕組みの特徴は同時に問題点でもあり、以下のように整

図10-2　米国の住宅価格指数（全国、主要20都市）：1995年1月-2015年12月

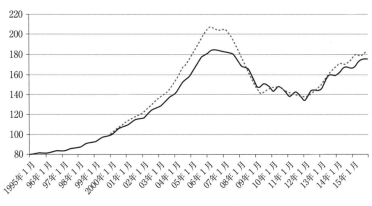

───全国　　‥‥‥主要20都市

（注）　1　データは、S&P/Case-Shiller Composite Home Price Indices。2000年1月＝100。
　　　　2　主要20都市のデータは、2000年1月以降のみ。
（出所）S&P Dow Jones Indices。

理することができる。

　第1の問題点は、サブプライム・ローンが借り手の信用リスクや金利変動リスクを十分に考慮しない危険性の高い設計になっていたことである。借り手は信用力がないのだから、本来は信用リスクの分だけ金利を高く設定し、さらに金利変動リスクにもさらさない設計が必要であった。ところが、典型的なサブプライム・ローンの形態は、2001年以降の低金利を利用して、最初の2年間だけを固定金利とし、残りの28年間を変動金利とするローン（「2／28」と呼ばれる）であった[1]。この形態は、全期間固定金利型が大半を占めたプライム・ローンとは対照的に、3年目以降に金利が上昇した場合に延滞のリスクを著しく高めてしまう。このような危険な設計であるにもかかわらず貸出が増加したのは、住宅価格が上がり続けることが前提とされ、返済が滞っても住宅を売却すれば完済が可能であるという思惑が借り手と貸し手の双方で共有されたからである。実際、住宅価格が上昇する中で、ローンを借り換えて資産を増やす投機的な行動も見られた。**図10-2**に示されているとおり、住宅価格は、2000年1月から2006年1月までの6

　1）この他、最初の3年を固定金利とする「3／27」や、最初の2-3年を金利の支払いのみとするローンなどがあった。

年間で、主要20都市で約 2 倍（年平均12.5%上昇）、全国で約1.8倍（年平均10.4%上昇）も上昇した。地域的には、移民の増えたカリフォルニア、フロリダなどで特に上昇率が高かった。しかし、住宅価格が永遠に上昇し続けることはありえず、サブプライム・ローンはいずれ破綻する運命にあったと言える。

　第 2 に、上記のような危険なローンが増加した背景として、監督体制の不備を指摘することができる。プライム・ローンを融資する銀行は、預金を取り扱っているという理由で FRB などの連邦当局の厳しい規制・監督下にあるが、サブプライム・ローンの多くを融資したモーゲージ・バンクと呼ばれる住宅抵当貸付専門のノンバンクは、その設立を認可した州当局の緩い規制・監督下にあった。そのため、サブプライム・ローンへの規制・監督は不十分で、危険なローンや所得証明確認を怠ったずさんな貸付が横行することとなった。

　第 3 に、仕組みに本質的に関わる点として、信用リスクを他者に移転できる**証券化**に伴う問題を挙げることができる。証券化をしない場合、住宅ローンの貸し手（オリジネーター）は組成した貸付債権をそのまま保有するので（「組成保有型」、Originate to Hold Model）、自らが信用リスクを負担することになり、したがって真剣に審査を行うインセンティブを持つ。しかし、証券化を行う場合は、貸 し 手 は、貸 付 債 権 を 住 宅 ロ ー ン 担 保 証 券（**MBS**；Mortgage Backed-Securities）に証券化してくれる機関に売却することによって信用リスクを他者に移転することができるため（「組成販売型」、Originate to Distribute Model）、真剣に審査を行うインセンティブを持たないという問題が生じうる。その結果、ずさんな貸付に基づいて、危険な MBS が販売される事態が起こりうる。

　したがって、健全な証券化市場を実現するためには、証券化に伴うこうした潜在的な問題を防ぎ、投資家を債務者のデフォルトから保護する何らかの信用補完措置が必要になる。その措置として大きく次の 2 種類が用意された。1 つは、デフォルトの際に元利払いを立て替えてくれる保証（外部信用補完）であり、これはプライム・ローンの証券に適用された。もう 1 つは、MBS の中身をリスクによりクラス分けして支払いの優先順位をつける（「優先劣後構造」と呼ばれる）措置であり（内部信用補完）、これはサブプライム・ローンの証券に主に適用された。

　図10-3には最も典型的な住宅ローン証券化の仕組みが示されている。プライム・ローンの場合には、ジニーメイ（1968年設立）という政府機関、およびファ

図10-3　米国における住宅ローン証券化の仕組み

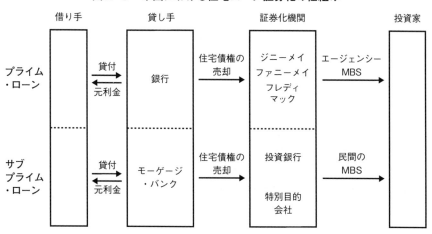

ニーメイ（1938年設立）、フレディマック（1970年設立）という公的性格の強い機関が銀行などから住宅債権を買い取り、MBS を組成し投資家に販売するが、これらの信頼できる証券化機関（エージェンシーと呼ばれる）が発行する MBS にはエージェンシーの保証、あるいは政府保証（ジニーメイの場合）が付いており、証券の安全性が確保されていた。このとき、エージェンシーは信用リスクを投資家に移転せずに自らが負担するため、住宅債権を買い取る際に信用リスクを見極める正しいインセンティブが働くと考えられる。住宅ローンの約6割が証券化されるという米国の証券化市場の健全性は、こうしたシステムによって支えられていた。

　これに対し、サブプライム・ローンの多くの場合には、住宅債権は、投資銀行（証券会社）や、投資銀行が設立した「特別目的会社」などに売却され、証券化が行われた。これらの機関は、優先劣後構造で内部信用補完した MBS を組成し、自らがその一部を保有するとともに、投資家（金融機関、ヘッジファンドなど）に販売した。すなわち、住宅ローンを信用リスクの低い順に「シニア」、「メザニン」、「エクイティ」の3つの部分に分割し、原債権のデフォルトが発生した場合には、エクイティの部分を購入した投資家から順番に支払いを停止していくという証券を発行した。こうした民間の MBS は、好みの異なる投資家の多様な需要に応えたものであり、大手の投資銀行を中心に多くの金融機関がこの証券化ビジ

ネスに傾斜していった[2]。しかし、このビジネスモデルは、基本的な構造として
は信用リスクを投資家に移転するものであった。

　第4に、格付けと複雑な証券化の問題が挙げられる。証券化によって信用リス
クが投資家に移転される場合でも、証券の格付けが信頼できるものであれば、証
券化は機能する。しかし、異なる MBS を再度証券化して合成して作られた
CDO（Collateralized Debt Obligation；債務担保証券）と呼ばれる証券は、過去
のデータの蓄積がなく、また債権の構成が複雑でリスクの評価が難しかった。に
もかかわらず、異なった住宅ローンが同時にデフォルトする確率は低いという安
易な想定の下で（下記参照）、実態よりも高めの格付けが付与される傾向にあっ
た。加えて、格付機関の収入が発行体からの手数料に依存しているために格付け
が甘くなるという構造的な問題も存在した。

　第5に、上の点と関連するが、リスク分散効果が過大評価された点が指摘でき
る。通常は、ロサンゼルスのスーパーで働く A さんとデトロイトの自動車工場
で働く B さんが同時に返済不能となる確率は低いと考えられる。したがって、
多数の住宅ローンを束ねることによって証券全体のデフォルトリスクは低く抑え
ることができる（リスク分散効果）。しかし、これが可能であるのは個々の事象
が確率的に独立である場合であり、米国全土で住宅価格が同時に下落するような
マクロショック（市場リスク）が生じた場合は、いくら住宅ローンを束ねてもリ
スクを分散させる効果はない。考えてみれば、サブプライム・ローンは住宅価格
の下落というマクロショックに構造的に極めて脆弱であったが、その市場リスク
は格付けでは正しく考慮されていなかった。この問題は、統計学や金融工学が間
違っていたということではなく、それらの使い方が間違っていたと見なければな
らない。

　第6に、CDS（クレジット・デフォルト・スワップ）と呼ばれる保険の機能を
果たす金融取引が、リスクの高い MBS への投資を助長した点が指摘されている。
CDS とは、証券保有者にプレミアム（保証料）を支払ってもらうのと引き換え
に、その債権がデフォルトとなった場合に損害を保証する金融取引である。CDS
は、モノライン（金融商品のみの保険を行う保険会社）、投資銀行、AIG（米国

　2）投資銀行が証券化ビジネスに傾斜していった背景としては、金融の自由化などを受けて伝
　　統的な証券業務の収益率が低下していたことなどが挙げられる。

最大手の保険会社）などの金融機関によって提供された。CDS 自体は、適切に用いれば適切なリスクの配分に貢献するが、サブプライム関連の MBS については、過大な投資を助長しただけでなく、CDS を提供した機関の財務内容悪化、破綻などによって金融市場の混乱を増幅したという指摘がある。

2　住宅バブルの崩壊と世界金融危機

サブプライム・ローンの潜在的な問題は、低金利と住宅価格の上昇が続く限り顕在化することはなかった。しかし、金利が上昇し住宅価格が下落に転じると、その問題は一気に顕現化した。サブプライム・ローンの延滞は関連証券価格の暴落と金融不安をもたらし、2008年9月のリーマン・ブラザーズの破綻をきっかけに、世界金融危機が発生した。

（1）住宅バブルの崩壊とサブプライム危機

金利の引き上げと住宅バブルの崩壊

2004年6月、景気回復が確実であると判断した FRB は、FF レートを一定のペースで引き上げることを決定し、順次利上げを実施した[3]。FF レートの誘導目標は1.0%の水準から17回にわたり改定され、2006年6月には5.25%に達した（図10-1）。こうした金利の上昇を受け、住宅価格は、2006年の4〜7月辺りをピークに反転し、米国全土で急速に低下していった[4]。ピークからわずか3年程度の間に、住宅価格は全国平均で約18%、主要20都市で約32%も下落した（図10-2）。

金利の上昇は、サブプライム・ローンの借り手に大きな打撃を与えた。その理

3）この頃の金融当局の判断については、FRB の理事・議長を務めたバーナンキの回顧録（バーナンキ 2015）が参考になる。バーナンキは、当時の住宅バブルに対して FRB のメンバーの認識が希薄であったこと、資産バブルの対策として金融政策を用いるべきでないという個人的な考えは当時も今も変わっていないことなどを述べている。

4）FF レートの引き上げにもかかわらず住宅価格が直ちに低下しなかった理由として、長期金利がなかなか上昇しなかったことが指摘されている。当時 FRB 議長であったグリーンスパンはこれを謎（コナンドラム）と呼んだが、後任のバーナンキ議長は、東アジアの新興国を含む世界的な貯蓄過剰の影響が大きいと主張した。竹森（2008）、植田（2010）、バーナンキ（2015）等を参照。

由は、典型的なサブプライム・ローンの形態（上記の「2／28」）においては、借入3年目に金利が固定金利から変動金利に移行し利払い負担が急増するからである。さらに、値上がりした住宅の売却でローンの返済をもくろんでいた借り手は、この住宅価格の下落によって返済不能に陥った。こうして2006年後半からサブプライム・ローンの延滞件数と住宅差し押さえの件数が急増した。

証券価格の下落、世界金融市場への波及と大手金融機関の破綻

　サブプライム・ローンの延滞は、まずモーゲージ・バンクの破綻をもたらした。そして2007年半ばになると、格付機関はサブプライム関連の MBS や CDO の格付けを大幅に引き下げた。もともと CDO などは複雑な証券化によって中身のリスクの評価が困難だっただけに、格付けの引き下げを機に投資家は自分の保有している証券の価値について疑心暗鬼に陥り、証券の投げ売りやファンドの解約に走った。その結果、証券価格は一層下落した。これらの証券はヨーロッパの金融機関や投資家にも販売されたため、影響は海外へも及んだ。2007年8月には、フランスの大手銀行 BNP パリバが投資ファンドの解約請求に応じないという事態が発生した。これはサブプライム関連の証券価格が急落する中で即時に基準価格を提示できなかったことによるものであったが、投資家の不安心理は一気に高まった。続く9月には、今度はイギリスで、住宅ローンを主業務としていた中堅銀行のノーザンロックが風評被害を受け、取り付け騒ぎに見舞われた。これらの事態は、米国のサブプライム問題を震源とする金融不安が大西洋を越え、世界の金融市場に波及し始めたことを示している。

　さらに深刻であったのは、こうした債券価格の急落や不安心理によって、債券の売却が困難になり、また金融機関同士の不信感を通じて短期資金市場での融通が滞り、金融機関や投資家が流動性不足に陥ったことである。その影響は特に短期借入依存や「レバレッジ比率」の高い金融機関等で大きかった。「レバレッジ比率」とは、資産を自己資本で割った値で、投資銀行などは高い収益を追求するために、短期の借入金で MBS 等の資産購入を増やし、この比率を限界まで高めていたのである。証券価格の下落と流動性不足のスパイラルは、資産売却によるレバレッジの巻き戻しを伴って進行していった。そうした中、全米第5位の投資銀行であるベア・スターンズが傘下のヘッジファンドの巨額損失を原因とする資金調達難から、2008年3月に破綻した。同社の破綻は金融市場に大きな衝撃を与

えたが、FRB の支援の下で JP モルガン・チェースに買収されたため、最悪の事態は回避された[5]。

（2）リーマン・ショックの発生と世界金融危機

救済されなかったリーマン・ブラザーズ

　しかし、証券化ビジネスによる財務内容の悪化はベア・スターンズに限ったことではなかった。2008年 9 月15日、今度は全米第 4 位の投資銀行であるリーマン・ブラザーズが、住宅ローン証券化関連の損失から急速に経営悪化に陥り、連邦破産法第11章の適用を申請して破綻した。業界では「大きすぎてつぶせない」という見方が支配的であっただけに、当局の救済なしに起こったリーマン・ブラザーズの破綻は、「リーマン・ショック」となって、世界的な同時株安や金融市場の混乱を伴う世界金融危機を引き起こした。リーマン・ブラザーズがベア・スターンズのように救済されなかった理由に関しては、ベア・スターンズよりもはるかに多額の資金が必要であった、買収する金融機関が現れなかった、リーマンの CEO が買収を拒んだ、モラルハザードの誘因を断ち切る必要性が認識された、などの言説が取りざたされているが、必ずしも決定的な理由は提示されていないように思われる。この点が気になるのは、同社がもし救済されていればショックはより小さかったと推測されるからである。これに対し、米国最大手の保険会社である AIG は、リーマン・ブラザーズ破綻の翌日に FRB による救済が決定されたが、その理由は大量の CDS を販売している同社の破綻は連鎖倒産などにより世界金融市場に甚大な影響を与えるからとされている。

3　世界経済と日本経済への影響

　リーマン・ショックに端を発する金融危機は極めて速いスピードで世界経済に波及し、世界同時不況をもたらした。その波及ルートは、金融を通じたルートと貿易を通じたルートに大別できる。

---

　5 ）この他、2008年 9 月 7 日には、公的性格の強いファニーメイ、フレディマックが、事実上の国有化という形で政府に救済された。

（1）金融を通じたルート

　金融危機が波及した第1のルートは、上で触れたとおり、サブプライム関連証券の暴落がそれを保有する金融機関に与えた直接的影響である。米国および欧州の金融機関はこれにより大きな打撃を受けたが、日本の金融機関は関連証券の保有が限定的であったため、直接的な影響は極めて軽微であった。

　波及の第2のルートは、株価の下落である。第1のルートで打撃を受けた金融機関および投資家は、リスク負担能力が低下し、また流動性不足に陥り、一斉に株式市場から資金を引き揚げた。その結果、リーマン・ショックから約半年にわたり、米国、欧州、日本、アジア等の世界の株式市場で、株価が2割から4割程度下落した。さらに株価の下落は、資産効果による消費の抑制等を通じて各国の実体経済にも影響を与えた。

　波及の第3のルートは、打撃を受けた欧州の銀行やヘッジファンドが、それまで積極的に投資していたブルガリア、ルーマニア、ハンガリーなどの東欧の新興国から資金を引き揚げたことである。その結果、海外資金に依存して発展していたこれらの国々は、急激な自国通貨の下落、外貨不足や資金難に見舞われ、対外債務難と不況に苦しむこととなった。

（2）貿易を通じたルート

日本が最も大きな影響を受けた

　日本はリーマン・ショックの発生には何ら関わっていないにもかかわらず、日本のGDPの落ち込みは先進国の中で最も大きかった。**表10-2**に示してあるとおり、2008年10-12月期、2009年1-3月期における日本の実質GDP成長率は、前期比伸び率でそれぞれ−2.1％（年率−8.3％）、−4.8％（年率−18.0％）と、同時期の米国よりも大きく落ち込んでいる[6]。この理由は、日本が、金融危機の2次的な影響とも言える貿易の影響を最も強く受けたからである。表のとおり、この時期の外需寄与度と輸出成長率は大きなマイナスとなっている。ドイツも日本と同様に貿易の影響を強く受けたが、米国は内需の落ち込みが極めて大きく、外需寄与度はむしろゼロかプラスであった。

　6）年度ベースのGDP統計については、表11-1を参照のこと。

表10-2　日本、米国、ドイツの実質 GDP 成長率等

(単位：%)

		2008年				2009年			
		1-3月	4-6月	7-9月	10-12月	1-3月	4-6月	7-9月	10-12月
日本	GDP成長率	0.4	−0.7	−1.2	−2.1	−4.8	2.0	−0.1	1.5
	内需寄与度	0.3	−0.8	−1.1	0.5	−3.5	0.2	−0.6	0.8
	外需寄与度	0.1	0.1	−0.1	−2.6	−1.3	1.8	0.5	0.7
	輸出成長率	2.4	−2.1	0.2	−12.7	−25.6	9.0	9.9	7.1
米国	GDP成長率	−0.7	0.5	−0.5	−2.1	−1.4	−0.1	0.3	1.0
	内需寄与度	−0.7	0.0	−0.7	−2.1	−2.0	−0.7	0.4	1.0
	外需寄与度	0.0	0.5	0.2	0.0	0.6	0.6	−0.1	0.0
	輸出成長率	1.2	3.0	−1.3	−5.5	−8.0	0.3	3.5	5.6
ドイツ	GDP成長率	0.9	−0.3	−0.4	−1.9	−4.5	0.1	0.6	0.9
	内需寄与度	0.8	−0.6	0.6	−0.5	−1.9	−1.5	0.6	−0.4
	外需寄与度	0.1	0.3	−1.0	−1.4	−2.6	1.6	0.0	1.3
	輸出成長率	1.3	−0.3	−0.9	−5.9	−11.6	−0.7	3.6	3.0

（注）1　成長率は実質ベース季節調整値の四半期の伸び率。
　　　2　外需寄与度は、輸出寄与度から輸入寄与度を差し引いたもの。
（出所）OECD。

　日本の輸出の減少は次のように考えられる。まず、リーマン・ショックによって、日本の主な輸出先である米国、欧州およびアジアにおける消費や設備投資などの内需が、米国や他の国の輸出先の内需よりも大きく減少したため、日本の輸出の減少は他国よりも大きくなった。加えて、リーマン・ショック後に「質への逃避」から円高が進み、価格面からも日本の輸出環境は悪化した。さらに製品構成の面では、自動車の輸出が多いという日本の輸出品構成比の特徴が影響したことが推測される。つまり、今回の金融危機によって米欧の金融機関は打撃を受けたが、それが自動車ローンの機能低下を通じて自動車の購入にマイナスの影響を与えた可能性が考えられる[7]。

　また、日本のマクロ経済の観点からは、90年代からの長期不況の影響で、2002年１月からの景気拡大がもっぱら外需に依存し、内需が弱かったことが、外需寄与が剥落したときの GDP の落ち込みを大きくしたという事情が考えられる。

　7）リーマン・ショック後の日本の輸出の減少については、内閣府『平成21年版経済財政白書』が詳しい分析を行っている。

（3）米国政府の対応

　未曾有の金融危機に直面した米国政府は、2008年10月に「緊急経済安定化法」
（予算規模7,000億ドル）を成立させ、バランスシートの悪化した金融機関への資
本注入や不良債権の買取りを進めた。FRBは、政策金利を事実上ゼロまで下げ
て超金融緩和政策を行うとともに、CP、MBSなど個々の金融資産を買取ること
によって各資産のリスクプレミアムを下げ、各資産市場の機能回復を図った[8]。
また、2009年1月に誕生したオバマ政権は2009年2月に景気刺激策として過去最
大規模の「米国再生・再投資法」を成立させ、減税などを含む拡張的財政政策を
行った。これらの結果、金融市場は比較的早期に安定を取り戻し、実質GDP成
長率も2010年には2.5％まで回復した[9]。

（4）世界金融危機の背景

　上では、サブプライム・ローンが急増した基本的要因として、金融緩和政策と
サブプライム・ローンの仕組みにおける様々な問題点について述べた。ここでは、
これらの要因の背後に存在したより根源的な問題に言及しよう。
　第1は、金融技術革新を伴った新たな金融ビジネスの進展と、それに米国の金
融規制システムがうまく対応できなかったという問題である。上で見たとおり、
サブプライム・ローンの貸出増加と証券化ビジネスの新たな展開においては、モ
ーゲージ・バンク、投資銀行（証券会社）、投資銀行等が設立した特別目的会社、
などが重要な役割を演じたが、これらの機関は銀行でないという理由から規制当
局の厳しい規制・監督下にはなかった。というよりも、既存の規制の網をかいく
ぐる形で、新たな金融ビジネスが発展したと言った方が適切かもしれない[10]。
1930年代の大恐慌以降、取り付けによる金融危機の発生は預金保険機構制度の導

8）バーナンキ元FRB議長は、資産市場の機能回復を目的とした資産の買取りを「**信用緩
　和**」（credit easing）と呼び、日本銀行が2001年3月から導入した「量的緩和」（quantitative
　easing）と区別している。
9）米国政府等の政策対応については、林（2010）等を参照のこと。
10）この時期に台頭した投資銀行、ヘッジファンド、特別目的会社などの新たな金融プレーヤ
　ーは、伝統的な商業銀行以外の金融機関という意味で「影の銀行システム」（shadow bank-
　ing system）と総称される。

入によって基本的に抑えることができていたが、新たな金融ビジネスへの規制・監督は今後の重要な課題である。

　第2に、国際的な資金移動の観点からは、主要国・地域間の経常収支の不均衡であるグローバル・インバランスの問題が挙げられる。米国の経常収支は、1980年代のレーガン政権下での赤字幅拡大を経て、1991年には一時的に黒字化したが、1990年代後半にはITブーム、2000年代前半ではブッシュ政権下での軍事支出増大による財政赤字拡大、2000年代前半から中盤にかけては住宅ブーム、という要因を受けて赤字幅を拡大させ、2006年には対GDP比で約6％という過去最大の赤字を記録するに至った（図7-2）。こうした米国の経常収支をファイナンスしたのは、主としてアジアと中東等産油国の経常収支黒字であった。アジアでは、従来の日本の経常黒字に加えて、特に1997年のアジア通貨危機以降は中国の経常収支黒字が急増し、これらの資金が主に米国の国債の購入に向かった。2000年代以降は、石油価格の高騰を受けて中東等産油国の経常収支黒字が急増し、その資金が欧州の金融市場に流れ、欧州の金融機関が米国のサブプライム関連の証券を購入するというルートを通じて、米国に流入した。

　一般論として、資本の余剰な経常黒字国から資本の不足する経常赤字国に資金が流れることは、各国における異時点間の資源配分最適化に資するため、望ましいことである。しかし、バブルが発生している場合はその限りではない。その理由は、資本の流入が過剰な支出を可能にしてしまうことに加えて、バブルが崩壊した際に今回のように金融危機を引き起こすリスクがあるからである。この点では、行き過ぎたグローバル・インバランスには常に注意が必要である。特に基軸通貨ドルの発行国である米国はドルへの強い需要から経常赤字化への歯止めがかかりにくいため、十分な警戒が必要であろう[11]。

4　ギリシャ危機と欧州債務危機

　上で見たように、サブプライム関連の証券は欧州の金融機関へも大量に販売されたため、2008年9月のリーマン・ショックはまたたく間に欧州へ飛び火した。

11）グローバル・インバランスの問題については、増島・田中（2010）、小川編著（2013）、福田・松林（2013）などを参照のこと。

その結果、打撃を受けた欧州では、景気浮揚と金融機関救済のための財政支出が急増し、南欧諸国を中心に財政破綻の懸念が高まった。これが欧州債務危機の直接の原因である。

　しかし、欧州債務危機を正しく理解するためには、欧州固有の構造的な問題にも目を向けなければならない。それは1999年1月に導入（紙幣・硬貨の流通開始は2002年1月）された共通通貨ユーロに関する問題である。以下では、この問題を意識して欧州危機を振り返る。

ギリシャ危機の発生

　欧州債務危機のきっかけは、リーマン・ショックからの回復途上にあった2009年10月にギリシャで起こった。総選挙によって誕生したパパンドレウ新政権が、前政権の報告した財政赤字が粉飾であったと公表したのである。2009年の対GDPの推計値は3.7％から12.5％へと大幅に修正された。これによりギリシャ国債の格付けは引き下げられ、国債価格は暴落し、利回りは急上昇した。ギリシャ政府の財政破綻への危機意識、すなわちソブリン・リスクへの危機意識は、同様に財政赤字の大きかったポルトガル、イタリア、アイルランド、スペインにも向けられ、これらの国の国債利回りも、抜本的な対策が採られる2012年後半まで急騰した[12]。中でもギリシャ国債の利回り（10年物）は30％台にまで達した。

共通通貨ユーロの仕組みと構造的問題

　ギリシャの財政赤字拡大の背景には、手厚い年金や過大な政府セクターなどギリシャ特有の制度や経済構造があるとみられるが、実は共通通貨ユーロとの関連で以下に述べるような南欧諸国に共通の問題が指摘できる。

　共通通貨ユーロは、経済的には、欧州経済の活性化・効率化を図るべく、単一市場実現の一環として、1999年1月にドイツ、フランス、イタリア、オランダ等11カ国に導入され、2001年にギリシャ、その後スロベニア等に導入された[13]。

---

12) ポルトガル、イタリア、アイルランド、ギリシャ、スペインの南欧等諸国は、その国の頭文字をとってPIIGSと呼ばれた。

13) 通貨統合は、政治的には1990年に東西統一を果たしたドイツの経済的拡張を封じ込める目的があったという見方がある。

共通通貨導入のメリットは、為替リスクの消滅、取引コストの削減などによる経済活動の活発化にあると考えられる。一方、デメリットとしては、第1に、産業の競争力低下、インフレ／デフレ、経常収支の不均衡などの経済的ショックが生じた際に、為替レートの調整による対応ができないこと、第2に、欧州中央銀行（ECB）が設定する政策金利がユーロ圏の平均的な経済情勢に合わせて決められ、各国がその国の経済状況に適した独自の金融政策を実施できないことが挙げられる。したがって、例えば、ギリシャで競争力が低下したり、インフレが発生した場合に、従来であればギリシャの通貨ドラクマの為替レートを切り下げたり、ギリシャ中央銀行が政策金利を上げたりすることができたが、ユーロ加盟後はこれらの手段は使えない。その結果、ショックへの対応が不十分となる他、政策手段としては財政政策への依存度が高くなる。

　以上の点を考慮すれば、本来、共通通貨は、競争力（生産性）や産業構造などの似かよった国々のみに限定して導入されることが望ましい[14]。しかし、現実のユーロ圏は、生産性が高くインフレ率が低いドイツ、オランダ、ベルギー等の北の国々と、生産性が低くインフレ率が高いポルトガル、イタリア、ギリシャ、スペイン等の南欧諸国に二分されている。その結果、ECBの政策金利は、北の国々にとっては高すぎ、南の国々にとっては低すぎるという問題が生じることになる。

　この問題はとりわけアイルランドとスペインで顕著であった。景気拡大もあってインフレ率の高かったアイルランドとスペインでは、ユーロ導入後の2000年代前半において、名目の政策金利からインフレ率を差し引いた実質金利がマイナスとなり、これが住宅バブルを引き起こした。高い収益率を求めてイギリスやドイツ等の北の国々からも資金が流入した。そして、2007年頃に住宅バブルが崩壊すると、銀行部門は大きな不良債権を抱えて危機に陥った。経済対策として為替政策、金融政策が使えないことから、財政支出が急増し、財政赤字が急拡大した。

　ギリシャにおいては、ユーロの導入によって従来の2桁の長期金利に比べて格

14）共通通貨を使うことに適した地域は**最適通貨圏**と呼ばれ、1960年代にマンデルやマッキノンらによって研究された。一般に最適通貨圏となる条件としては、労働者が国境を越えて移動できる「労働の移動性」、経済が貿易面で解放されている「経済の開放性」、国境を越えて財政移転が可能な「財政移転（財政統合）の可能性」などが挙げられる。現状では、財政移転の制度は基本的にない。また労働の移動性は十分でないという見方が多い。

段に低い金利で国債発行が可能になったことから、財政規律が緩み、加えて2004年のアテネオリンピックもあって、財政赤字は急増した。しかも国債発行の規模から、ドイツ、フランスの銀行など海外の金融機関の国債保有割合が増えた。

このように欧州債務危機は、単にリーマン・ショック後に財政支出が増加した国々で財政破綻のリスクが高まっただけの問題と見るべきでなく、その根底に、そもそも生産性の異なる国々に共通通貨ユーロが導入されてしまったという構造的な問題があることに十分な留意が必要である。

金融危機の懸念とユーロ圏経済の今後

ギリシャ政府がデフォルトに陥った場合、国債の大半がドイツ、フランスを筆頭とするユーロ圏内の大銀行に保有されていることから、金融危機が不可避となる。ギリシャの経済規模がユーロ圏のわずか2.5％であるにもかかわらず、ギリシャのデフォルトがユーロ圏やEUに甚大な影響を及ぼしうると言われた理由はここにある。同様に、ポルトガル、アイルランド、スペインなどのデフォルトリスクのある国債も大量にユーロ圏の金融機関に保有されたため、財政危機が金融危機に直結するリスクが懸念された。

2010年から2012年を中心に発生したギリシャ危機およびユーロ危機は、EU、ECB、IMFによる金融支援、民間債権者によるギリシャに対する債務削減、ECBによる国債無制限購入措置などの一連の措置により、一応鎮静化した。また危機国の国債の買取り等の機能を恒久的に備えた「欧州安定メカニズム」（ESM）が2012年10月に発足し、間接的ながら財政統合に向けた動きも見られた。しかし火種が消えたわけではない。ユーロ圏経済の今後は、ギリシャ等の財政再建がどれだけ進むか、ユーロ圏内の南北の生産性格差がどれだけ是正されるか、ユーロ圏内の財政統合と協調がどこまで進むか等にかかっており、楽観は禁物である。

参考文献

岩田規久男（2009）『金融危機の経済学』東洋経済新報社

植田和男編著（2010）『世界金融・経済危機の全貌−原因・波及・政策対応』慶應義塾
　　大学出版会

植田和男（2010）「世界金融・経済危機オーバービュー−危機の原因、波及、政策対応」、

　　植田編著

小川英治・岡野衛士（2016）『国際金融』東洋経済新報社

小川英治編著（2013）『グローバル・インバランスと国際通貨体制』東洋経済新報社

翁百合（2010）『金融危機とプルーデンス政策−金融システム・企業の再生に向けて』
　　日本経済新聞出版社

翁百合（2014）『不安定化する国際金融システム』NTT 出版

倉橋透・小林正宏（2008）『サブプライム問題の正しい考え方』中央公論新社

経済産業省（2009）『通商白書2009』日経印刷

小林正宏・大類雄司（2008）『世界金融危機はなぜ起こったか』東洋経済新報社

清水順子・大野早苗・松原聖・川崎健太郎（2016）『徹底解説国際金融』日本評論社

白井さゆり（2009）『欧州迷走−揺れる EU 経済と日本・アジアへの影響』日本経済新
　　聞出版社

竹森俊平（2008）『資本主義は嫌いですか−それでもマネーは世界を動かす』日本経済
　　新聞出版社

竹森俊平（2010）『中央銀行は闘う−資本主義を救えるか』日本経済新聞出版社

田中素香（2016）『ユーロ危機とギリシャ反乱』岩波書店

内閣府（2015）『平成21年版経済財政白書』日経印刷

野口悠紀雄（2008）『世界経済危機　日本の罪と罰』ダイヤモンド社

林伴子（2010）「世界金融・経済危機における各国の政策とその効果」、植田編著

バーナンキ、ベン（2015）『危機と決断−前 FRB 議長ベン・バーナンキ回顧録　上／
　　下』（小此木潔監訳）角川書店（Ben S. Bernanke, *The Courage to Act: A Memoir of
　　a Crisis and its Aftermath*, W.W.Norton & Company, Inc, 2015）

深尾光洋（2012）『財政破綻は回避できるか』日本経済新聞出版社

福田慎一・松林洋一（2013）「金融危機とグローバル・インバランス」、櫻川昌哉・福田
　　慎一編『なぜ金融危機は起こるのか−金融経済研究のフロンティア』東洋経済新報
　　社

増島稔・田中吾朗（2010）「世界金融・経済危機後のグローバル・インバランス調整」、
　　植田編著

Council of Economic Advisers（2001）*Economic Report of the President*（大統領経済報
　　告）, United States Government Printing Office

■第11章■

アベノミクスの展開

　日本経済は、リーマン・ショックに端を発する世界金融危機から比較的早い立ち直りを見せたが、回復途上にあった2011年3月11日、東日本大震災に見舞われた。

　震災から約1年半経過した2012年12月末、衆議院総選挙を経て第2次安倍政権が誕生する。新政権は、デフレからの脱却を旗印に掲げ、超金融緩和を起爆剤とする経済政策（アベノミクス）を大々的に展開した。マーケットでは、金融緩和期待と2013年4月導入の量的・質的金融緩和政策を受けて、円安と株高が一気に進み、最初の1年間は内需を中心に順調に景気が拡大し、それまでの重苦しい雰囲気は一掃された。

　しかし、2014年4月に消費税率が5％から8％へ引き上げられると、消費を中心に需要が弱含み、駆け込み需要の反動もあって、景気は再び停滞した。2014年10月末の日銀の追加緩和によって景気は持ち直しに向かったが、原油価格の低迷や新興国経済の減速などの影響から、景気が力強い回復を示すことはなく、2％の物価目標はむしろ遠のいた。

　国債の大量購入による量的緩和政策の限界が懸念される中、日銀は2016年2月にマイナス金利の導入に踏み切った。しかし、金融機関の収益悪化という副作用を招いたため、同年9月に操作目標は量的指標からイールドカーブに変更され、さらにイールドカーブの過度なフラット化を避ける政策への修正が行われた。

　本章では、以上の政策の展開を振り返る。

1 東日本大震災

世界金融危機からの回復

　世界金融危機による急激な景気悪化の後、日本経済は2009年3月に景気の底を打ち、緩やかな拡大過程に入っていった。回復を支えた1つ目の要因はアジアをはじめとする世界経済の持ち直しであり、これにより輸出が増えた。もう1つの要因は経済対策による消費の回復であり、エコカー減税・補助金および省エネ家電向けのエコポイント制度の消費刺激効果により、耐久消費財の消費が回復し、個人消費を牽引した。この結果、2008年度、2009年度と2年連続でマイナス成長であった実質GDPは、2010年度には3.2%とかなり高い成長率を達成した（**表11-1**）。

東日本大震災とその経済的影響の特徴

　こうした回復の途上にあった2011年3月11日、三陸沖を震源とするマグニチュード9.0の**東日本大震災**が発生した。東北地方沿岸を中心に想定を超えた津波が押し寄せ、多くの人命が失われた。

　大地震は人々の生活や経済活動に大きな被害をもたらした。津波等によって住居が失われた地域はもちろんのこと、そうでない地域においても、電気、ガス、水道、交通などのライフラインの途絶による被害が広範囲で発生した。

　経済的被害の中で特に特徴的であったのは、サプライチェーンの寸断である。技術進歩とグローバル化の進んだ今日、製造業の部品供給は高度に細分化され、その生産は世界の中の最適な立地で行われている。したがって、災害等によりある地域の特定の部品の生産が滞った場合、それが日本だけでなく世界の産業の生産に影響を与える可能性がある。今回、極めて影響が大きかったのは自動車用のマイクロコンピュータであった。大手企業の北関東工場が被災し、国内のみならず海外の自動車生産も一時停止するという事態が生じた。

　図11-1は、鉱工業生産指数の落ち込みを、リーマン・ショック時と東日本大震災時について比較したものである。鉱工業生産全体の落ち込みはリーマン・ショック時の方が大きいが、乗用車生産の落ち込みは両時期でほぼ同程度（約6割）となっており、乗用車生産におけるサプライチェーン寸断の影響の大きさが

表11-1　実質 GDP 成長率の内訳（2008-2016年度）

(単位：%)

	2008年度	2009年度	2010年度	2011年度	2012年度
国内総支出	− 3.5	− 2.2	3.2	0.5	0.9
民間最終消費支出	− 2.1 (− 1.2)	1.0 (0.5)	1.3 (0.8)	0.8 (0.4)	1.8 (1.0)
民間住宅	− 1.5 (− 0.0)	− 20.3 (− 0.7)	2.5 (0.1)	2.9 (0.1)	5.1 (0.1)
民間企業設備	− 6.0 (− 0.9)	− 11.9 (− 1.8)	2.3 (0.3)	4.2 (0.6)	2.4 (0.3)
政府支出	− 1.3 (− 0.3)	4.1 (1.0)	0.1 (0.0)	1.0 (0.3)	1.3 (0.3)
政府最終消費支出	− 0.6 (− 0.1)	2.8 (0.5)	2.1 (0.4)	1.7 (0.3)	1.3 (0.3)
公的固定資本形成	− 4.1 (− 0.2)	9.4 (0.5)	− 7.1 (− 0.4)	− 1.9 (− 0.1)	1.3 (0.1)
財・サービスの純輸出	(− 0.9)	(0.3)	(0.7)	(− 1.0)	(− 0.8)
輸出	− 10.2 (− 1.6)	− 9.0 (− 1.3)	17.9 (2.4)	− 1.6 (− 0.2)	− 1.6 (− 0.2)
輸入	− 4.4 (0.7)	− 10.7 (1.6)	12.1 (− 1.7)	5.2 (− 0.8)	3.8 (− 0.6)

	2013年度	2014年度	2015年度	2016年度
国内総支出	2.6	− 0.5	1.3	1.3
民間最終消費支出	2.7 (1.6)	− 2.6 (− 1.6)	0.6 (0.3)	0.7 (0.4)
民間住宅	8.3 (0.3)	− 9.9 (− 0.3)	2.8 (0.1)	6.5 (0.2)
民間企業設備	7.0 (1.0)	2.4 (0.4)	0.6 (0.1)	2.5 (0.4)
政府支出	3.1 (0.8)	− 0.1 (0.0)	1.3 (0.3)	− 0.3 (− 0.1)
政府最終消費支出	1.7 (0.4)	0.4 (0.1)	2.0 (0.4)	0.4 (0.1)
公的固定資本形成	8.6 (0.4)	− 2.1 (− 0.1)	− 1.9 (− 0.1)	− 3.2 (− 0.2)
財・サービスの純輸出	(− 0.5)	(0.6)	(0.1)	(0.8)
輸出	4.4 (0.6)	8.8 (1.3)	0.7 (0.1)	3.2 (0.5)
輸入	7.1 (− 1.1)	4.3 (− 0.7)	− 0.2 (0.0)	1.4 (0.2)

(注)　1　2011暦年連鎖価格基準。
　　　 2　数字は各コンポーネントの増加率。
　　　 3　（　）内の数字は寄与度。輸入の寄与度はマイナスで表示。
(出所)　内閣府『国民経済計算』。

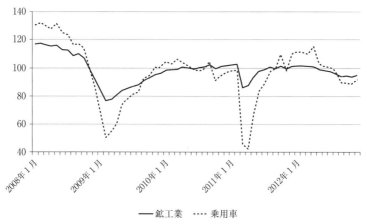

図11-1　鉱工業生産指数の推移：鉱工業と乗用車：2008年1月-2012年12月

（注）指数は2010年 = 100。
（出所）経済産業省『鉱工業指数』

うかがわれる。

　今回の経済的被害のもう1つの特徴は、電力供給能力の削減によって経済活動が制約されたことである。福島第一原子力発電所の稼働不能だけでなく、他の定期点検中の原発も安全性の懸念から再稼働が延期された。2011年の夏には、東京電力および東北電力管内でピーク時の大口電力使用量を削減する「電力使用制限令」が発動された他、関西電力管内でも節電要請がなされた。

大震災からの復興

　震災直後、多くの消費者は心理的ショックから消費意欲を失った。生産活動や設備投資もサプライチェーンの寸断等から減少を余儀なくされた。ようやく2011年の半ば頃から、消費マインドが正常化するとともに、サプライチェーンが復旧し、また復興事業や復興需要もあって、消費や生産活動が徐々に回復していった。ただし輸出は、特に2012年において、欧州債務危機によりユーロ圏やEUの成長がマイナスとなった他、この危機を背景に1ドル＝80円を切る円高が進み、苦戦を強いられた（249ページ、図11-2）。一方、輸入額は、原油等価格の上昇と、原子力発電を火力発電で代替したことに伴う原油・LNGの輸入数量増から、増

加した。これらの結果、実質GDP成長率は、2011年度0.5%、2012年度0.9%と、弱いながら内需を中心に着実に復興を果たしていった（表11-1）。

2　第2次安倍政権の誕生とアベノミクス

　大震災からの復興が進む中、2012年11月16日の野田内閣衆議院解散に伴う12月16日の衆議院総選挙を経て、第2次安倍内閣が2012年12月26日に誕生した。世界金融危機、東日本大震災と、日本経済を揺るがす大きなショックが立て続けに起きただけに、新政権に対する経済再建の期待は大きかった。

　安倍内閣は、デフレの克服を経済運営上の最重要課題に据えた（デフレの問題については本章コラム1参照）。そして経済政策の柱として、「大胆な金融政策」、「機動的な財政政策」、「民間投資を喚起する成長戦略」から成る「3本の矢」を打ち出した。これらの政策を中心とする安倍内閣の経済政策は、「アベノミクス」と呼ばれる。

（1）アベノミクス：異次元金融緩和の開始

　デフレ脱却を至上命題とする安倍政権は、満を持して金融緩和に乗り出した。2013年1月22日、政府・日本銀行は、デフレ脱却と持続的な経済成長を早期に実現するために政策連携を強化することを共同声明として発表するとともに、日本銀行は、「物価安定の目標」を消費者物価の前年比上昇率で2%とする**インフレターゲット**の導入を決定した。

　政府のデフレ脱却への強い意気込みは、日銀トップの人事にも表れた。2013年3月20日、金融緩和に積極的と見られる財務省出身の黒田東彦（アジア開発銀行総裁）が日銀総裁に任命され、また2人の副総裁のうち1人には、日本の経済学界を代表する金融緩和論者である岩田規久男（学習院大学教授）が任命された。この人事は日銀の政策の方針転換を意味するものであった。

「量的・質的金融緩和」の導入

　2013年4月4日、黒田日銀は、後に「**異次元金融緩和**」と呼ばれることになる「**量的・質的金融緩和**」の導入を決定した。その骨子は次のとおりである。
①物価安定の目標である消費者物価の前年比上昇率2%を、2年程度の期間を念

コラム1 デフレがもたらす問題

デフレ（デフレーション）とは、通常、一般物価水準が継続的に下落する現象を指す。いま物価上昇率を消費者物価指数（生鮮食品を除く総合）の前年同月比で見ると、それは1998年7月－2006年4月（金融危機後の長期停滞期）、2009年3月－2013年4月（リーマン・ショック後）、2015年8月－2016年12月、の期間において基調的にマイナスとなっており、これらの期間にデフレ的状況が発生していたことがわかる。デフレがもたらす問題としては、以下の点が指摘されている。

① 債務の実質的な価値（負担）を増やし、経済活動を停滞させる。

② 買い控えを引き起こし、消費等を停滞させる。

③ 下方硬直的な名目賃金の下で実質賃金を上昇させ、企業収益を圧迫するとともに、労働需要を減退させる（他方、雇用を継続できた労働者にとって実質賃金の上昇は実質所得の上昇となり、消費増加が促される）。

④ ①と関連しているが、実質金利を上昇させ、設備投資、住宅投資等を停滞させる。

⑤ 特に、名目金利がこれ以上低下しない「ゼロ金利制約」の下では、物価の下落がそのまま実質金利の上昇となる。この状況下で、いま不況の影響を受けて名目利子率がゼロ、**自然利子率**がマイナスになっていたとしよう。（自然利子率とは、貯蓄と投資を均衡させる実質ベースの金利と定義され、市場の実質金利が自然利子率を上回ると景気に対して引き締め的となり、下回ると緩和的となる。）すると、物価の下落は実質金利をプラスの領域に引き上げるため、金融引き締め的な効果が発揮され、景気はさらに悪化する。そして物価が一層下落し実質金利はさらに上昇する。こうして経済はデフレの累積的な不均衡過程に突入しそこから抜け出せなくなる。この不均衡過程は19世紀の経済学者ヴィクセルによって分析された。宮尾（2016）は、リーマン・ショック直後の日本経済は、デフレ状況が持続する「デフレ均衡」に陥っていた可能性が高いが、2013年以降は強力な非伝統的金融政策によりその状況を脱した、と推論している。

⑥ ①と関連しているが、物価の下落と実質的債務負担の増加による深刻な悪

循環は、アメリカの経済学者アービング・フィッシャーによって**デット・デフレーション**と呼ばれた（吉川 2013）。

頭に置いて、できるだけ早期に実現する[1]。

②金融市場調節の操作目標を、無担保コールレート翌日物から、**マネタリーベース**に変更する[2]。

③マネタリーベース、長期国債、ETF（上場投資信託）の保有額を2年間で2倍に拡大する（残高の年間増加ペースは、マネタリーベースで約60〜70兆円、長期国債で約50兆円）。

④イールドカーブ全体を押し下げる観点から、長期国債の買入れを増やすとともに、買入れる国債の平均残存年限を現状の3年弱から7年程度に延ばす。

⑤「量的・質的金融緩和」を、2％の「物価安定目標」を安定的に持続するために、必要な時点まで継続する。

この金融緩和策には次のような効果が期待されたと考えられる。

（a）マネタリーベースの拡大（②③）とそのコミットメント（⑤）は、2001年3月に導入された量的緩和政策と同様に、ポートフォリオ・リバランス効果と時間軸効果をねらったものとみられる。

（b）国債の買入れを増やすとともに、満期の長い国債をより多く買入れること（④）は、イールドカーブ全体の低下と、長期金利の低下、すなわち、イールドカーブのフラット化を通じて、設備投資の増加や資産価格の上昇を促そうとしたものとみられる。なお、この国債年限の長期化が、「量的・質的金融緩和」の質的部分に対応している。

（c）金融政策のレジーム変更（②）や、マネタリーベースの大幅な拡大（③）は、市場や経済主体の予想形成にショックやサプライズを与えることにより、彼らの持つ予想インフレ率を非連続的に高めようとしたものとみられる。

1）日銀審議委員を務めた白井は、インフレ目標を2％とする理由として、デフレにならないためのバッファーの確保、将来の景気後退時における金融政策対応力の確保、他の主要先進国のインフレ目標と足並みを揃え円の為替レートを安定させること、の3つを挙げている（白井 2016）。
2）マネタリーベースは、日銀当座預金残高と現金の合計と定義される。

この中で、日銀が強調したかった効果は（ c ）であったと推測される。しかし、（ c ）で期待された予想インフレ率の非連続的な上昇効果については、実験的な性格の強いものであり、必ずしも明確な理論的メカニズムに裏打ちされたものではないという指摘があった[3]。つまり、この効果は経済主体の心理面に依存したものであり、黒田総裁が記者会見で「これまでと次元の異なる金融緩和」という表現で緩和の激烈さをアピールしたのも、そのためであったとみられる。

（2）好転したマクロ経済

「量的・質的金融緩和」政策を中心としたアベノミクスは、短期的にはマクロ経済の好転につながった。景気は2012年11月を底に拡大局面に入っていった。以下では2013年度あたりまでの短期を対象に、これらの政策がもたらした、①円安の進展、②株価の上昇、③内需の回復、について検討する。

円安の進展

第1に、最も変化が顕著であったのは為替レートであった。安倍政権が誕生する直前の2012年11月時点では、円ドル為替レートは月中平均で80.9円／ドルであったが、2013年1月には89.2円／ドル、「量的・質的金融緩和」導入後の5月には101.0円／ドルとなり、わずか半年の間に変化の幅として20.1円、変化率として20.0％もの円安が進んだ。**図11-2**からもわかるとおり、この円安のテンポは近年では最も急激であった。こうした円安は、安倍政権が誕生する1カ月以上前から始まり、また「量的・質的金融緩和」の導入を待たずしてかなり進んだことから、自民党の勝利予測を含めて金融緩和期待が既にマーケットに織り込まれていたことが推測される。ただし同時に、ギリシャを中心とした欧州債務危機が2012年秋頃から鎮静化したこと、また東日本大震災後の原油等の輸入増によって貿易収支が赤字化したこと等の要因もあるため、金融緩和がなくてもある程度の円安は進んだものとみられる。

この大幅な円安により、輸出企業の収益は大きく改善した。一般に為替レートが円安となる際の輸出企業の価格設定行動は、大きく次の2つに分けられる。1つは、ドルなどの外貨建ての輸出価格を引き下げて輸出数量の増加をねらうとい

3）この点は特に、早川（2016）、翁（2017）、池尾和人などによって強調されている。

図11-2　円ドルレートと株価の推移：2007年1月-2017年2月

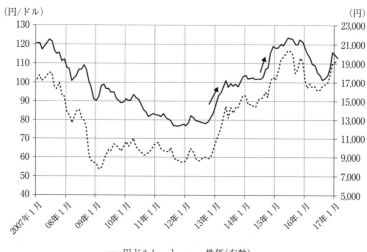

（注）　1　円ドルレートは東京市場ドル・円スポット。17時時点の月中平均値。
　　　　2　株価は日経平均（日経225）
（出所）日本銀行、日本経済新聞社。

う戦略であり、もう1つは、外貨建て輸出価格は据え置いて、輸出数量の増加は
目指さないが円ベースの手取り収入増による収益増を目指すという戦略である[4]。
どちらのケースにおいても円安は輸出企業にとって有利な環境を提供するが、
2012年秋からの円安局面においては、日本の輸出企業は平均的に後者に近い戦略
を採ったものとみられる[5]。2013年度の実質GDP成長率に対する輸出の寄与度
は0.6％とあまり大きくないが、この理由としては、海外経済の成長が緩やかで
あることや、国内工場の多くが既に海外に移転していることに加え、このような
価格設定行動によって輸出数量が伸び悩んだことが可能性として考えられる[6]。

4）財務省の「貿易取引通貨別比率」の統計によると、近年の輸出取引における外貨建ての比
　率は約6割であり、その大半は米ドルである。
5）この価格設定行動は、日本銀行が作成している輸出物価指数において、契約通貨ベースの
　輸出物価指数が安定的に低下しているのに対し、円ベースの輸出物価指数が為替レートの変
　化に伴って大きく上昇していることに表れている。
6）GDPベースの実質輸出の増加は、概念的には数量の増加と品質の向上から成る。

円安の結果、日本の製造業の利益は輸出企業を中心に大幅に増加した。財務省の法人企業統計によると、製造業の経常利益は2012年度の15.7兆円から2013年度の21.7兆円へと大きく増えた。非製造業の経常利益も、堅調な消費や公共投資の増加に支えられて順調に回復し、全産業の経常利益は、2013年度、2014年度と過去最高を更新した。

株価の上昇と円安下での内需の回復

　第2に、金利の低下と企業収益の改善は、経済好転の期待を伴って、株価を押し上げた。リーマン・ショック以降長らく1万円前後で低迷していた日経平均（日経225）は、2012年11月の月中平均9,060円から急上昇し、2013年4月にはほぼ5年ぶりに1万3千円台を回復した。図11-2から、株価が為替レートとほぼパラレルに動いていることがわかる。

　第3に、金利の低下、企業収益の改善、株価の上昇に、家計・企業のマインドの好転が加わり、消費、住宅投資、設備投資といった内需が増加した。2013年度の実質GDP成長率2.6％の寄与度の内訳を見ると、消費1.6％、住宅投資0.3％、設備投資1.0％と、内需3項目の合計で2.9％の寄与度となり、円安にもかかわらず内需主導型の成長であったことがわかる（表11-1）[7]。ただし、この中には2014年4月の消費増税前の駆け込み需要が含まれており、注意を要する。詳しくは後述するが、内閣府政策統括官（2015）の試算によると、駆け込み需要の大きさは、2013年度実質GDPに対し、消費で0.5〜0.6％程度、住宅投資で0.2〜0.3％程度、合計で0.7〜0.9％程度と推計されている。

　2013年度におけるこれらの内需の増加のうち、寄与度の大きかった消費について見ると、SNAベースの実質雇用者報酬の増加率が0.0％であることから、消費が増えたのは所得要因というよりも株価上昇による資産効果や消費マインドの改善の影響が大きいものとみられる。この点は消費が増えた品目にも表れている。日本百貨店協会のデータで2013年の全国百貨店の商品別売上を見ると、全商品の1.6％増に対し、「美術・宝飾・貴金属」が15.5％増と突出した高い伸びを示しており、株式保有者における資産効果の影響がうかがわれる。このことから、消費

7）表11-1では、民間在庫変動の項目が表示されていないが、2013年度における同項目の寄与度は−0.5％であった。

マインドは改善したものの、消費の基盤である所得環境は必ずしも盤石ではなく、持続的な消費増が見込みにくい状況だったことが示唆される。

　内需の拡大には公共投資も貢献した。2013年度の実質 GDP 成長率に対する公的固定資本形成の寄与度は0.4％と比較的大きく、「3 本の矢」の中の第 2 の矢である財政政策は内需の拡大に一定の貢献を果たしたと言える。

　こうした経済の好転を受け、消費者物価（生鮮食品を除く総合）は上昇を示し、消費税増税直前の2014年 3 月には前年比で1.3％という比較的高い上昇率を実現した（図11- 4 ）。

2013年度の経済好転の 2 つの側面

　2013年度の経済の好転については 2 つの側面があったと考えられる。第 1 の側面は、円安、株高、増益等によって、景気に対するマインドが大きく改善されたという側面である。日本経済に重く垂れ込めた暗雲が一掃され、前方の視界が急に開けたかのようであった。これは日本経済に対する期待が非連続的に改善したことを示唆している。第 2 の側面は、2013年度の成長が、駆け込み需要、株高による資産効果、公共投資によってかさ上げされたものであって、実力ベースではそれほど改善されていないという側面である。2014年 4 月の消費増税の時点までは第 1 の側面が支配的であったが、時間の経過とともに次第に第 2 の側面が強く意識されるようになっていった。

（3）消費増税の影響と追加緩和

　上で見たとおり、アベノミクスはマクロ経済の好転をもたらした。それまでの重苦しい空気は払拭され、経済は明るさを取り戻した。しかし、2014年 4 月に消費税率が 5 ％から 8 ％に引き上げられると、景気の様相は一変した。消費の落ち込みを主因として、実質 GDP は2014年 4 - 6 月期、7 - 9 月期と 2 四半期連続でマイナス成長となった（**図11- 3** ）。

　消費増税が消費や投資などの経済活動に与える影響は、①駆け込み需要とその反動減という支出タイミングの変化と、②価格上昇によって実質所得が減少する効果、に分けられる。

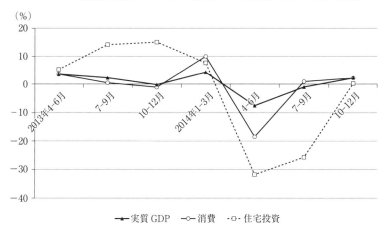

図11-3　駆け込み需要と反動減　消費、住宅投資、実質GDPの
前期比増加率（年率）: 2013年4−6月期-2014年10-12月期

（注）　1　季節調整値。
　　　　2　2011暦年連鎖価格基準。
（出所）内閣府『国民経済計算』

駆け込み需要とその反動減の影響

　まず駆け込み需要とその反動減の影響について見ると、消費者等は、消費税率が上がることを事前に知っていれば、いずれ買うことになる耐久消費財や住宅などについては、税率が上がる前に購入し支払額を節約しようとする。この消費の前倒しによって発生するのが、「駆け込み需要」とその後の「反動減」である。図11-3にあるとおり、消費の駆け込み需要は主に2014年1−3月期に生じ、その反動減は同年4−6月期に発生した。住宅投資については、より早い2013年7−9月期から駆け込みが起こり、その反動減は2014年の7−9月期まで続いたとみられる。実質GDPの前期比成長率（年率）はこれらの影響を受け、2014年1−3月期4.4%、同4−6月期−7.4%、同7−9月期−0.6%と乱高下した[8]。内閣府統括官（2015）の試算によると、駆け込み需要の大きさは、個人消費で2.5〜3.3兆円（実質GDPの0.5〜0.6%程度）、住宅投資で1.0〜1.6兆円（同0.2〜0.3%

8）これらのデータは速報値の改訂等により、以下で引用する内閣府の分析で用いられたデータと異なっている可能性があることに留意を要する。

程度）と推計されている。したがって、駆け込み需要がなければ2013年度の実質
GDP 成長率は2.6%ではなく、1.7〜1.9%程度となり、2014年度の同成長率は
－0.5%ではなく、プラスの成長となっていたとみられる[9]。このような駆け込
み需要とその反動減は、支出のタイミングの変化であり、均して見れば景気に対
して中立的であるので、基本的には心配する事柄ではない。ただし、これらによ
る景気の乱高下を実力ベースの景気変動と受け取ってしまうと、景気が急激に悪
化したと誤認してしまう。

物価上昇による実質所得減少の影響

　駆け込み需要とその反動減とは異なって、価格上昇による実質所得の減少は、
実際に経済に悪影響をもたらす。ここで言う実質所得の減少とは、換言すれば、
同じ名目所得で消費できる量が減ることである。この影響を検討するためには、
まず消費増税によって消費者物価指数がどれだけ上昇するかを知らなければなら
ない。その理論値は、税率の引き上げ（5%→8%）が課税対象品目の価格に
100%転嫁されるとの想定の下で推計できる。生鮮食品を除く総合の消費者物価
指数の場合、非課税品目のウェイトは29.1%であるので、物価上昇率の理論値は、
$(1.08/1.05-1) \times 100 \times 0.709 = 2.0\%$ と推計される[10]。よって、今回の消費増税に
よって家計の実質所得は2%程度減少したと考えられる。実際のデータを見ると、
消費者物価指数（生鮮食品を除く総合）の上昇率は、2013年度の0.8%から2014
年度の2.8%へちょうど2.0%ポイント上昇した（図11-4）。また、SNA ベース
の実質雇用者報酬の増加率は、2013年度の0.0%から2014年度の－1.2%へ1.2%
ポイント低下したが、消費増税がなければ2014年度の実質雇用者報酬増加率はあ
と2%ポイント程度上がってプラスになっていたとみられる。内閣府『平成27年

9）内閣府『平成27年（2015年）版経済財政白書』は、個人消費の駆け込み需要（＝反動減）
　を3兆円程度と推計し、2014年度の実質 GDP を1.2%ポイント程度押し下げたとしている。
　2014年度における対 GDP 比での影響が上の2013年度の影響の約2倍となっているのは、
　2014年度の影響には駆け込み需要とその反動減の両方の影響が反映されているからである。
　住宅投資の駆け込み需要については、同白書は1兆円程度（2013年度の実質 GDP の0.2%
　程度）と推計している。
10）消費者物価指数総合の場合は2.1%と推計される。推計方法の詳細は日本銀行調査統計局
　（2016）を参照のこと。なお日本銀行は、消費税率の引き上げの直接的な影響を除いた消費
　者物価指数を、「経済・物価情勢の展望」などで公表している。

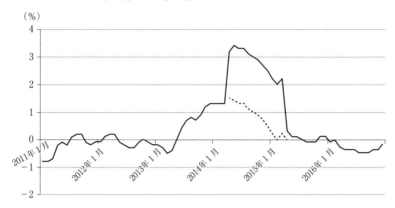

図11- 4　消費者物価指数（生鮮食品を除く総合）の前年比上昇率：
　　　　 2011年 1 月-2016年12月

（注）消費税調整済みの値は、日本銀行調査統計局（2016）に基づく。
（出所）総務省。日本銀行調査統計局（2016）

（2015年）版経済財政白書』は、１つの試算として、消費税率引き上げによる物
価上昇が、2014年度の個人消費を2.7兆円程度（前年比で0.9％程度）減少させ、
実質 GDP を0.5％程度押し下げたという推計を提示している[11]。

予想以上に弱かった消費の回復

　このように2014年 4 月の消費増税後は景気への懸念が再燃した。駆け込み需要
の反動減は織り込んだはずであったが、消費の回復が予想以上に弱いという見方
が広がった。その背景としては、夏の天候不順という想定外の事象が起きたこと、
駆け込み需要の反動減を過小評価していたこと、物価上昇による実質所得減少の
効果を十分に理解していなかったこと、駆け込み需要とその後の反動減を実力ベ
ースの景気変動と誤認してしまったこと、などの要因が考えられる。
　こうして景気回復の遅れが懸念される中、政府は2014年12月末の閣議決定で、

11）この効果と脚注 9 で述べた駆け込み消費の反動減の効果を合わせると、消費増税がない場
　合の2014年度の実質 GDP 成長率は－0.5％ではなく、1.2％（＝－0.5＋1.2＋0.5％）程度に
　なっていたと試算される。

2015年10月に予定していた消費税率の10％への引き上げを2017年4月に延期することを決定した[12]。

2014年10月末の追加緩和

消費等の回復が予想以上に弱いことが懸念されていた2014年10月31日、日本銀行は国債買入れ額の増加等を内容とする「量的・質的金融緩和の拡大」（通称、追加緩和あるいはハロウィーン緩和）を決定した。日銀は、消費増税後の弱い需要や原油価格の大幅な下落が物価の下押し要因として働いていることを重視したとみられる。本決定の具体的な内容は次のとおり。

①マネタリーベースを、年間増加額約80兆円のペースで増やす。

②長期国債の保有残高を、年間増加額約80兆円（従来より30兆円増）のペースで増やすとともに、購入国債の平均残存期間を7～10年程度（従来は7年程度）に延ばす。

③ETFやJ-REITの保有残高を増やす（それぞれ年間増加額約3兆円、約900億円）。

この追加緩和は、マーケットではサプライズと受け止められ、まず為替レートが大きく反応した。2014年9月に107円／ドル前後であった円ドルレートは、円安が進み、半年後の2015年春には120円／ドル前後にまで円安となった。図11-2から、第2次安倍政権発足の際と同様の急激な円安がこの時期に生じていることがわかる。企業収益は原油価格下落の恩恵もあって好調を維持し、これを受け株価（日経225）も、2014年9月の1万6千円前後から急上昇し、2015年6月には2万円の大台に乗った（図11-2）。

こうして円安、増益、株価の上昇は、再度、景気マインドの改善をもたらし、また消費増税の影響も一段落したことから、2014年度後半より景気は持ち直しに向かった。ただし、円安の効果と受け止め方は、2012年末からの円安の局面と必ずしも同じものではなかった。前回は、80円／ドル前後の行き過ぎた円高を是正するメリットが輸出企業を中心に広く享受されたが、120円／ドル前後まで円安が進んだ今回は、消費者や輸入企業で輸入物価上昇によるデメリットを懸念する声が上がった。

12）その後、2016年6月に、消費増税の2019年10月への再延期が決定された。

力強さを欠く2015年度・2016年度経済

　2014年度後半に持ち直しの動きを見せた日本経済であったが、2015年度入り後は低い成長にとどまった。消費は、消費増税の影響が一段落したものの、そして実質雇用者報酬も増加に転じたものの、消費マインドは弱く、力強さを欠いた。その背景としては、第1に、世界金融危機後のエコカー減税・補助金や省エネ家電向けエコポイント制度により、耐久財の需要が先食いされていたこと、第2に、消費増税の影響を受けて節約志向が、将来の支出増を予定している若年子育て世帯、食料品など必需品の消費割合の高い低所得者層、定年退職した世代を中心に高まったこと、などの要因が指摘されている[13]。

　2015年以降は海外のリスクも高まった。中国経済の減速に加え、2015年末の米国での利上げによって新興国・資源国からの資金流出が懸念されるなど、国際金融市場は不安定化した。政治面では、2016年6月の英国の国民投票でEU離脱という予想外の選択肢が支持され、また11月の米国大統領選挙では保護主義的色彩の強い政策を志向する共和党のドナルド・トランプが選出されるなど、これまで世界の自由貿易やグローバル化を積極的に推進してきた両国に大きな変化が見られ、世界に衝撃が走った。こうした海外のリスク要因を受け、外国為替市場では2016年1月から秋にかけて円高が進んだ。

　2016年度は比較的安定した成長を持続したが、内需、外需ともに力強さを欠くものだった。

（4）マイナス金利の導入

　2015年末頃から、原油価格の一段の下落、米国の利上げ、新興国・資源国経済の減速などによって世界の金融市場は不安定化した。2年を目途に2％の物価上昇を目指すとした2013年4月の量的・質的金融緩和の導入から既に2年以上が経過していたが消費者物価上昇率はゼロ％近傍で低迷していた（図11-4）。そうした中、日本銀行は2016年1月29日に、マイナス金利の導入（「マイナス金利付き量的・質的金融緩和」の導入）を決定した。具体的には、金融機関が保有する日本銀行当座預金の一部に−0.1％のマイナス金利を適用した[14]。日銀がマイナス金利導入を決定した背景としては、民間銀行が日銀に売却できる国債の量に限り

13）内閣府『平成28年（2016年）版経済財政白書』を参照。

があるという国債購入の量的限界が指摘されている[15]。

　この決定が従来の金融緩和と異なるところは、マイナス金利を導入することによって、イールドカーブの起点を引き下げ、より年限の長い長期国債の買入れとあわせて、金利全般に強い下押し圧力を加える点にあった。

　実際、2016年2月にマイナス金利が導入されて以降、イールドカーブ全体の低下が観察された。これに伴って住宅ローンの金利も低下し、2016年度の前半に住宅投資は比較的大きく増加した。しかし、長期金利までもがマイナスになってしまったことや、貸出の利鞘の縮小により銀行の収益が悪化し、デフレ脱却に必要な貸出増加がむしろ妨げられるという副作用の懸念から、日銀のマイナス金利政策は2016年9月の「総括的検証」により見直されることとなった。

3　「総括的検証」と「長短金利操作付き量的・質的金融緩和」

　上で見たとおり、2014年4月の消費増税後は、消費を中心に需要が弱含み、原油価格の下落や海外のリスク要因も手伝って、GDPや消費者物価の増勢は勢いを失っていった。これに伴い、一旦は成功を収めたかに見えた日銀の大胆な金融緩和政策にも懸念を示す見方が増えていった。こうした中、日銀はそれまでの緩和政策を総括し、政策の軌道修正を図った。

日銀による総括的検証

　2016年9月21日、日本銀行は「量的・質的金融緩和」の導入以来3年半にわたって行ってきた金融緩和政策をレビューし、「総括的検証」として発表した。そのポイントは次のとおりである。

①「量的・質的金融緩和」は、予想物価上昇率の押し上げと名目金利の押し下げにより、実質金利を**自然利子率**を十分に下回る水準まで引き下げ、金融環境を改善させた[16]。その結果、経済・物価が好転し、物価の持続的な下落という

---

14)　当座預金残高を、基礎残高、マクロ加算残高、政策金利残高の3段階の階層構造に分け、それぞれ+0.1%、0%、−0.1%の金利を適用した。当初の政策金利残高は約10兆円とされた。

15)　例えば、岩田他編（2016）など。

16)　自然利子率については、本章コラム1を参照。

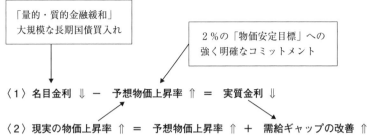

図11-5　日銀が「量的・質的金融緩和」で想定したメカニズム

「量的・質的金融緩和」
大規模な長期国債買入れ

2％の「物価安定目標」への
強く明確なコミットメント

〈1〉名目金利 ⇓ － 予想物価上昇率 ⇑ ＝ 実質金利 ⇓

〈2〉現実の物価上昇率 ⇑ ＝ 予想物価上昇率 ⇑ ＋ 需給ギャップの改善 ⇑

(注) 日本銀行「『量的・質的金融緩和』導入以降の経済・物価動向と政策効果についての総括的な検証」(2016年9月) の図表1をもとに作成。

意味でのデフレはなくなった[17]。

②しかし、2％の消費者物価上昇率の目標は実現されていない。その理由としては、(a) 原油価格の下落 (2014年夏以降)、(b) 消費税率引き上げ後の需要の弱さ (2014年4月以降)、(c) 新興国経済の減速と国際金融市場の不安定化 (2015年夏以降)、といった外的要因が発生し、その中で、**適合的期待形成**の要素の強い予想物価上昇率が横ばいから弱含みに転じたことが主な要因と考えられる[18]。

③マネタリーベースの拡大は、2％の目標に対するコミットメントや国債買入れとあわせて、金融政策レジームの変化をもたらすことにより、人々の物価観に働きかけ、予想物価上昇率の押上げに寄与したと考えられる。

④2016年2月に導入したマイナス金利は、国債買入れとの組合せにより、短期金利のみならず長期金利も大きく押し下げた。国債金利の低下は、貸出金利等の低下につながったが、利鞘の縮小等により、金融機関の収益は圧縮された。

なお、①で日銀が想定したメカニズムは**図11-5**のように示される。日銀の2

---

17) 日銀はこのような政策効果を、マクロ経済モデルやVAR (ベクトル自己回帰) モデルによって定量的に検証している。

18) ここで言う適合的期待形成とは、消費者物価上昇率の予想が物価上昇率の実績の影響を受けて形成されることを意味する。詳しくは西野他 (2016) を参照。総括的検証は、日本でこの適合的期待の要素が強いことの背景として、春闘などの日本の賃金交渉が欧米に比べて過去のインフレ実績の影響を受けやすいことを指摘している。

%の「物価安定目標」へのコミットメントによって予想物価上昇率が上昇し、また大規模な長期国債買入れによって名目金利が低下すると、実質金利が低下する（〈1〉の式）。実質金利の低下は、需給ギャップを改善させ、予想物価上昇率の上昇と相まって、現実の消費者物価上昇率を上昇させる（〈2〉の式）。そして現実の物価上昇率が上がると、適合的期待によって予想物価上昇率がさらに上がり、実質金利が一段と低下するという好循環が働き、経済・物価の環境が改善していく（2つの式の相互作用）。

　このように日銀は、「量的・質的金融政策」はある程度期待された効果を発揮したものの、想定外の外的ショックによって所期の目的を達成できていないという認識を、「総括的検証」で公表した。

「長短金利操作付き量的・質的金融緩和」の導入

　日銀は、「総括的検証」を踏まえた上で、同日、金融緩和強化のための新しい枠組みとして「長短金利操作付き量的・質的金融緩和」の決定を発表した。その要点は次のとおり。

①長短金利操作（イールドカーブ・コントロール；YCC）

　短期金利については、日銀当座預金のうち政策金利残高に−0.1％のマイナス金利を適用する。長期金利については、10年物国債金利が概ね現状程度（ゼロ％程度）で推移するよう、長期国債の買入れを行う。買入れ額は、現状程度（年間増加額約80兆円）をめどとしつつ、金利操作方針を実現するよう運営する。平均年限の定めは廃止する。また指値オペなどの新型オペレーションを導入する。

②オーバーシュート型コミットメント

　マネタリーベースの残高は、短期的な変動を許容するものの、消費者物価（除く生鮮食品）の前年比上昇率の実績値が安定的に2％を超えるまで、拡大方針を継続する。

　これを見るに、①は、操作目標を長期国債の買入れ額という量的指標からイールドカーブに事実上変更するとともに、2016年2月のマイナス金利の導入後に問題となったイールドカーブの過度なフラット化を防ごうとしたもの、②は、物価安定に対する日銀のコミットメントを明示し、人々のフォワード・ルッキングな期待形成を強化しようとしたものと考えられる。

この政策に対しては、支持と批判の両方の指摘がある。支持としては、（ア）イールドカーブの過度なフラット化を防ぎ、金融機関の収益の確保に配慮したこと、（イ）マイナス金利の適用を維持し、金融緩和政策の持続可能性を担保したこと（量的緩和はいずれ国債の枯渇に直面する）、が挙げられる。批判としては、（ウ）市場における金利の機能を損ねること、（エ）長期金利を人為的に低位に抑え、財政規律を失わせること、（オ）そもそも原理的に長期金利を０％に誘導するために必要な国債の買入れ額が、想定している量的緩和と矛盾する可能性があり、場合によっては国債の枯渇によって不可能となること、などが指摘されている（翁 2017など）。

4　超金融緩和政策の評価

ここでは、改めて金融緩和のメカニズムを踏まえた上で、日銀の緩和政策の評価を試みる。

金融緩和のメカニズム

一般に中央銀行の金融政策は、金利操作によって短期的な需要をコントロールすることと考えられる。貯蓄と投資が均衡するような実質利子率は**自然利子率**と定義されるが、市場の実質利子率を自然利子率以下に誘導すれば、金融環境は金融緩和的となり需要は増加する。需要の増加は貸出金利の低下による投資等の増加という従来の考え方に加えて、近年では資産価格の上昇や為替レートの減価によるものも重要視されている。逆に、市場利子率が自然利子率を上回れば、金融引き締め的となり需要は減少する。

いま、物価が継続的に下落するデフレが発生したとすると、実質金利は上昇する。これに対し中央銀行は市場の名目金利を下げる政策を行い、実質金利を低めに誘導するが、名目金利がゼロに達してしまうとそれ以上名目金利を下げることはできない。もし、その時点での実質金利が自然利子率よりも高ければ、景気の悪化により物価はさらに下がり、実質金利は一層上昇する。こうして経済はデフレの累積的な不均衡過程に突入し、よほどのことがない限りデフレから脱却することができなくなる。

したがって、中央銀行に課せられた仕事は、名目金利がゼロに達した後も、実

質金利が自然利子率を下回るように、予想インフレ率を高めること、あるいは名目金利をマイナスにすること、となる。

超金融緩和政策の評価

上で見た日銀の総括的検証によれば、「量的・質的金融緩和」等の政策は実質利子率を自然利子率を下回る水準にまで下げ、金融環境を改善させたとされる。しかし、目標である2％の消費者物価上昇率は達成できていない。

その原因を検討するに、もちろん原油価格の下落などの外的要因の影響は無視できないが、以下の点が指摘できよう。第1に、そもそも「量的・質的金融緩和」やマイナス金利の導入だけで、日本経済に定着したデフレマインドを払拭し、2％の物価上昇をもたらすほどの需要の増加や予想の変化を生み出すことは困難だったかもしれない。金融政策にできることは短期的に需要を喚起することであり、成長率そのものを高めるためには成長戦略や技術進歩の促進などの構造的な政策が必要である。換言すれば、金融緩和はデフレ脱却の必要条件であったが十分条件ではなかった。近年、米国の経済学者であるサマーズによって先進国における長期停滞論が提起され注目されたが、とりわけ日本においては少子高齢化と人口減少という構造的な問題が深刻であり、この長期的な課題の解決なしには抜本的なデフレの解消は難しいかもしれない。この問題は経済政策の割り当ての問題でもある[19]。

第2に、企業の収益が好調な割に賃金が十分に増加していないことが指摘できる。この背景には、90年代以降の長期不況、非正規雇用の拡大、中長期的な日本経済の展望に対する不安などの要因があると思われる。

超金融緩和政策のコストと問題点

全ての経済政策は機会費用や副作用というコストを伴う。超金融緩和政策も例外ではなく、次のような大きなコストが既に発生し、あるいは発生することが懸念される。第1は、日銀の超金融緩和政策が財政規律を麻痺させ、政府債務の増

---

[19] 経済政策については、「独立した複数の目的を達成するためには独立した複数の政策手段が必要である」（ティンバーゲンの定理）、「政策手段は、それが最も効果を発揮する政策目的に割り当てられるべきである」（マンデルの定理）、という考え方がある。

コラム2　日本の製造業の低迷の要因
　─技術の変化、グローバル化とアジアの台頭

　日本経済は1980年代までは極めて良好なパフォーマンスを示したが、1990年代以降は輝きを失っている。バブル崩壊の影響については第8章と第9章で論じた。ここでは日本の製造業の低迷の要因について考えてみよう。

　高度成長期から1980年代後半まで日本の製造業は高い競争力を誇った。これを可能にしたのは、企業内訓練によって蓄積された労働者の高い技能、高い品質管理能力、生産部門や開発部門を含む企業部署間の円滑なコミュニケーション、部品メーカーとセットメーカーとの綿密な連携などとされる。

　しかし、1990年代以降になると、日本の優位性を揺るがす2つの大きな変化が生じた。1つは技術の変化である。IT化、デジタル化の流れを受けて「モジュラー型」と呼ばれる新たな設計思想の製品が登場した。モジュラー型設計の製品とは、自己完結的な機能を持った個々の部品を組み合わせて作る製品のことで、90年代後半以降のパソコンが典型的である。パソコンは単純化して言うと、それぞれの機能を司るCPU、OS、ハードディスク、ディスプレイ等を組み合わせれば作れる。各部品は必ずしも同一企業内で内製化する必要はない。こうした部品の組合せだけでできる最終製品の製造は、日本企業が誇る企業内外の調整能力や高い技術力を必要としないため、日本の製造業は優位性を発揮できなかった。また既存の技術の蓄積があったことが却って新たな技術の導入を妨げた。

　パソコン、携帯電話、スマホ（スマートフォン）などのモジュラー型製品は、日本が得意としていたアナログ型家電の市場が成熟期を迎える中で、新たな成長市場を形成した。しかし上記のとおりこうした製品分野は日本の優位性を活かすことができない分野であったため、下で述べるグローバル化を背景に台湾、韓国、中国などのアジア企業が参入し、台頭するようになった。パソコンやスマホの市場規模は大きく、これらの成長市場に乗り切れなかった日本企業の痛手は大きかったと言える。

　日本の製造業の優位性を揺るがしたもう一つの要因は、上記の技術の変化に伴って生産体制がグローバル化したことである。1990年代以降のインター

ネットの普及は遠隔地間の情報伝達コストを格段に安くしたが、これによって先進国の高い技術と新興国の安価な労働力などの組合せが可能となり、国境を越えた生産工程の分業化が急速に進んだ。生産コストは製品を国内一貫体制で作る場合よりも安くなった。こうしてアジア新興国の企業は、製品の各工程を世界の最も適した場所で行うという**グローバル・サプライチェーン**の一角に組み込まれ、それを足掛かりにして発展を遂げた。これに対し日本の製造業は、新たな国際分業が進む中で、かつての優位性を失っていったと考えられる。

大に歯止めが掛かっていないことである。歯止めが掛からないどころか、超低金利はむしろ長期国債の発行を促進していると見えなくもない。これは金利の機能が失われていることでもある。第２に、その結果、財政破綻の可能性が視野に入ってきたときに、長期国債の暴落と長期金利の暴騰によって民間銀行および日銀のバランスシートが悪化し、金融システムが深刻な影響を受けることが懸念される。残念ながらこうした事態が回避できる展望は今のところ見えていない。

5　アベノミクスの評価

アベノミクスを、①大胆な金融政策、②機動的な財政政策、③民間投資を喚起する成長戦略、の３本の柱を軸に展開された政策ととらえると、これはどのように評価されるのだろうか。

標準的な経済学の理解に従えば、①と②は短期的な需要を喚起する政策に対応し、③は潜在成長率を高める構造的な政策に対応していると考えられる。したがって、アベノミクスが成功するためのシナリオは、①と②によって短期の需要が喚起され、その効果が持続している間に③が着手され、①と②の効果の剥落と入れ替わる形で③の効果が現れ、経済が一段高い成長軌道に乗っていくというものでなければならなかった。ところが、上で見たとおり、①の超金融緩和による「短期的」効果は確かに発揮されたものの、③の成長戦略が力不足であったために、日本経済はより高い成長軌道に乗ることはできなかった。さらに超金融緩和政策については、上で述べたコストや問題点が指摘できる。

アベノミクスにより、物価が下がり続けるという意味でのデフレは克服された。しかし、安定的な２％の物価目標の実現には至らなかった。また成長力が大きく改善したという形跡も見当たらない。これらのことは、金融面のみならず、日本経済の実物的な側面に目を向ける必要があることを改めて示唆しているように思える（本章コラム２参照）。少子高齢化と人口減少の問題については第13章で論じる。

参考文献

池尾和人（2013）『連続講義・デフレと経済政策－アベノミクスの経済分析』日経BP社

岩田一政・左三川郁子・日本経済研究センター編（2016）『マイナス金利政策－３次元金融緩和の効果と限界』日本経済新聞出版社

翁邦雄（2017）『金利と経済－高まるリスクと残された処方箋』ダイヤモンド社

後藤健太（2019）『アジア経済とは何か－躍進のダイナミズムと日本の活路』中公新書

小峰隆夫（2015）『日本経済に明日はあるのか』日本評論社

小峰隆夫・村田啓子（2020）『最新｜日本経済入門（第６版）』日本評論社

白井さゆり（2016）『超金融緩和からの脱却』日本経済新聞出版社

田中隆之（2017）「金融政策はこれでよいか」、中野英夫編著『アベノミクスと日本経済のゆくえ』専修大学出版局

内閣府（2015）『平成27年（2015年）版経済財政白書』日経印刷株式会社

内閣府（2016）『平成28年（2016年）版経済財政白書』日経印刷株式会社

内閣府政策統括官（2015）『日本経済2014-2015－好循環実現に向けた挑戦』

日本銀行（2016）「『量的・質的金融緩和』導入以降の経済・物価動向と政策効果についての総括的な検証」2016年９月21日

日本銀行調査統計局（2016）「消費者物価の消費税調整済み値の試算方法」2016年11月

西野孝佑・山本弘樹・北原潤・永幡崇（2016）「『量的・質的金融緩和』の３年間における予想物価上昇率の変化」、『日銀レビュー』2016-J-17、2016年10月、日本銀行

早川英男（2016）『金融政策の「誤解」－"壮大な実験"の成果と限界』慶應義塾大学出版会

藤本隆宏・新宅純二郎（2019）『改訂新版　グローバル化と日本のものづくり』NHK出版

宮尾龍蔵（2016）『非伝統的金融政策－政策当事者としての視点』有斐閣

吉川洋（2013）『デフレーション－"日本の慢性病"の全貌を解明する』日本経済新聞

　出版社

渡辺努編（2016）『慢性デフレ真因の解明』日本経済新聞出版社

第12章

コロナ危機と世界的インフレ

　2020年は不穏なニュースとともに幕を開けた。中国での未知のウイルスの発見である。この新型コロナウイルス（COVID-19）はまたたく間に世界へ広がり（パンデミック）、コロナ危機とも呼べる経済危機が発生した。救急患者で溢れかえる欧州の病院、日々増えていく感染者数、著名人の訃報等々、続々と報じられる異常な事態に、人々は強い恐怖心を抱いた。

　こうした新型コロナウイルスの感染拡大は、当初、消費を中心に経済の需要面に影響を与え、デフレ的な状況を作り出したが、後に、欧米諸国においてインフレを引き起こした。欧米各国が金融政策を引き締めに転換する中、日本は金融緩和を継続し、内外金利差の拡大から円安が進行した。

　今回のコロナ危機はどのような特徴を持ち、日本経済はどのような影響を受けたのか、また世界的なインフレや円安はどのようなメカニズムで生じたのか、本章ではこれらの問題を考察する。

1　コロナ危機と日本経済

　2020年初頭から世界的に猛威を振るった新型コロナウイルスは、日本経済にも大きな混乱をもたらした。以下では、日本における感染拡大の経緯、コロナ危機の特徴、GDP と雇用に与えた影響、政府の対策を検討する。

（1）新型コロナウイルスの感染拡大

　2019年12月に中国武漢市で最初に確認されたとされる新型コロナウイルスは、わずか2〜3カ月の間に世界各地に広がった。2020年3月11日、WHO（世界保健機関）はパンデミックを宣言し、その後、欧米各国は相次いで入国制限やロッ

図12-1 新型コロナウイルス新規陽性者数（日別）：2020年1月16日-2021年12月31日

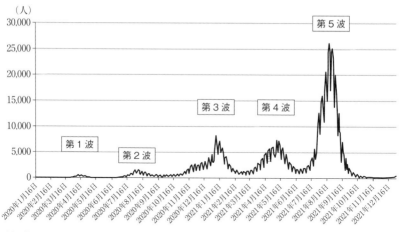

（出所）厚生労働省。

クダウン（都市封鎖）等の感染防止対策に踏み切った。日本においても、4月7日に7都府県で緊急事態宣言が発出され、学校の休校、外出自粛、百貨店・映画館等の使用制限などの措置が採られた。ゴールデンウィークにもかかわらず人々は家にこもり、街角から人が消えた。新型コロナウイルスの影響は、全世界に、そして多方面に及び、その夏に開催が予定されていた東京オリンピック・パラリンピックは1年の延期が決定された。

　感染拡大当初は、未知のウイルスに対する人々の恐怖心が非常に強かったため、経済活動は消費を中心に大きく抑制された。厚生労働省のデータによると、第1波における新規感染者数（新規陽性者数）はピーク時（4月18日）でも1日当たり全国で577人と、第2波以降に発生する感染者数に比べてかなり少なかったものの（**図12-1**）、第1波が発生した2020年4-6月期の実質GDPは季節調整値の前期比年率で−27.9％と、四半期季節調整値ベースでは戦後最大の落ち込みを記録した（**図12-2**）[1]。

　第1波は5月末に終息したが、その後も新規感染者数は増加傾向を示しながら、

1）四半期季節調整値の前期比年率とは、四半期の季節調整値の前期比成長率が1年間継続した場合の成長率を意味する。

図12-2　四半期実質GDP（季節調整値、年額）：2019年1-3月期-2023年4-6月期

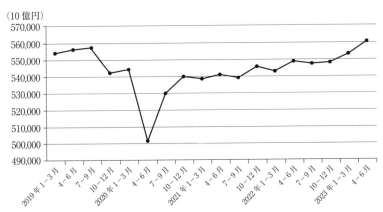

（注）　2011年暦年連鎖価格。季節調整値。年額（四半期の数値を年間ベースに拡大したもの）。
（出所）内閣府『国民経済計算』

数カ月に1度の頻度で波を繰り返した。この感染症が第5類に移行する2023年5月初旬までの約40カ月の間に、計8回の波が発生した。1日当たりの全国でのピークは第7波の25万5千人（2022年8月18日）で、これは第5波のピークの約10倍に相当する。

　一方、死亡者数について見ると、こちらも新規感染者数の波と同じタイミングで8つの波が生じており、1日当たりのピークは第8波の503人（2023年1月14日）であった（**図12-3**）。新規感染者数の波と死亡者数の波のタイミングはほぼ一致しているが、必ずしも感染者数が多いほど死亡者数が多いという関係にはなっていない。そこで、波ごとに死亡率（死亡者数／感染者数）を計算して長期推移を見てみると、**表12-1**のとおり、第1波は非常に高かったが、その後死亡率は長期的に低下したことがわかる。これには、治療薬や治療技術の改善、ワクチン接種、ウイルスの変異、病床数の確保、人々の行動変容、などの様々な要因が複雑に関わっているものと思われるが、ここでは深く立ち入らない。

（2）コロナ危機の特徴

　新型コロナウイルス感染症の拡大が経済に与える影響には、次のような3つの特徴があると考えられる。

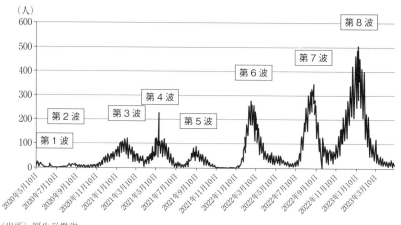

図12-3　新型コロナウイルス感染症の死亡者数（日別）：2020年5月10日-2023年5月8日

（出所）厚生労働省。

表12-1　新型コロナウイルス感染者の期間別死亡率

波	期間	新規感染者数（人）	死亡者数（人）	死亡率（%）
第1波	2020年1月17日-2020年5月25日	16,467	846	5.14
第2波	2020年5月26日-2020年9月22日	62,654	665	1.06
第3波	2020年9月23日-2021年3月1日	352,210	6,420	1.82
第4波	2021年3月2日-2021年6月21日	352,090	6,518	1.85
第5波	2021年6月22日-2021年11月23日	937,070	3,894	0.42
第6波	2021年11月24日-2022年6月12日	7,055,159	12,632	0.18
第7波	2022年6月13日-2022年10月10日	12,520,857	14,559	0.12
第8波	2022年10月11日-2023年5月7日	12,231,306	29,120	0.24

（注）死亡率 = 新型コロナウイルス死亡者数／新型コロナウイルス新規感染者数。
　　　波の期間は新規感染者数の3期移動平均値の増減で機械的に設定。
（出所）厚生労働省のデータから算出。

　第1の特徴は、経済の需要面において、消費のうち、対面を伴い、接触の機会があり、混雑が発生しやすいところでのサービス需要が減少したことである。これは感染を避けようとする行動から生じた。典型的には、飲食、宿泊、観光、鉄道、映画館、各種イベントなどにおいてであるが、医療機関においても利用者数

は減少した。一方、同時に、これらのサービス需要を代替しようとする行動（需要の代替）も見られた。例えば、外食の代わりに家で自炊をする人が増え、スーパーの食料品売上が増加した。また旅行に行く代わりに家でテレビゲームを楽しむ人が増え（巣ごもり需要）、ゲーム機や半導体の需要が増加した。これらの例では、財がサービスを代替したことになる。

　このような影響は、総務省「家計調査」のデータに表れている。感染拡大の影響の大きかった2020年度における1世帯当たりの支出金額は、**表12-2**にあるとおり、前年度比で6.6％の減少となった（うち財への支出0.0％、サービスへの支出－13.3％）。費目別内訳を見ると、外出が減ったことに伴い、「交通」、宿泊料など旅行関連の「教養娯楽サービス」、「外食」が減り、代わって自炊のための「肉類」等食材や、ゲーム機などの「教養娯楽用耐久財」が増えた。在宅勤務の増加は、「交通」、「洋服」への支出を減らす一方で、パソコン用デスク等を含む「家具・家事用品」、インターネット接続料などの「通信」への支出を増やしたと考えられる。「保健医療」に関しては、通院の減少から「保健医療サービス」が減り、マスク等を含む「保健医療用品」が増えた。「自動車等購入」の減少に関しては、半導体不足等の影響から自動車の生産自体が減ったことが考えられる。

　支出金額の構成比を財、サービス別に見ると、2019年度から2020年度にかけてサービスの構成比は43.5％から40.0％へ減少し、財の構成比が56.5％から60.0％へ増加した。その後サービスの構成比は回復しているが、2022年度においても未だ2019年度の水準には戻っていない。

　第2の特徴は、感染拡大が経済の需要面のみならず、供給面にも影響を与えたことである。会社のオフィスであれ、工場の製造現場であれ、人の集まる場所では感染のリスクが高まるため労働投入が減少し、企業の生産活動は滞った。首都圏では電車通勤による出社が困難になった。さらにこうした供給面への影響は経済のグローバル化によって増幅された。現在の企業の生産体制は、世界各地に広がる部品供給網、すなわちグローバル・サプライチェーンに依存しているため、日本の工場が稼働していても、例えば東南アジアの工場や中国の港湾施設が感染の影響で操業休止となるだけで、最終製品の生産は滞ってしまう。国内の自動車生産などは、海外から供給される半導体等を使うため大きな影響を受けた。

　こうした供給面での問題に対して、テレワークの活用によって制約を緩和しようとする動きも見られた。内閣府の「新型コロナウイルス感染症の影響下におけ

表12- 2　　1世帯当たりの支出（総世帯）

（％）

	支出金額の前年比			支出金額の構成比			
	2020年度	2021年度	2022年度	2019年度	2020年度	2021年度	2022年度
消費支出計	− 6.6	2.2	4.5	100.0	100.0	100.0	100.0
食料	− 1.5	− 0.6	3.3	25.7	27.1	26.4	26.1
穀類	2.4	− 4.1	− 0.3	2.1	2.3	2.1	2.0
麺類	12.8	− 4.8	1.3	0.5	0.6	0.5	0.5
肉類	10.2	− 4.3	0.8	2.2	2.6	2.5	2.4
酒類	12.0	0.4	− 4.5	1.1	1.3	1.3	1.2
外食	− 31.5	7.3	17.9	4.8	3.5	3.7	4.2
住居	4.4	2.0	5.8	7.4	8.3	8.3	8.4
家賃地代	7.7	5.3	2.3	4.3	5.0	5.1	5.0
光熱・水道	0.8	1.8	13.8	7.3	7.9	7.9	8.6
家具・家事用品	7.9	− 4.7	1.8	3.8	4.4	4.1	4.0
被服及び履物	− 20.4	3.7	7.5	3.6	3.0	3.1	3.2
洋服	− 22.7	3.6	8.3	1.4	1.2	1.2	1.3
保健医療	− 2.6	2.6	0.9	4.8	5.0	5.0	4.9
保健医療用品・器具	18.8	− 8.5	1.9	0.8	1.0	0.9	0.9
保健医療サービス	− 11.0	10.3	0.3	2.7	2.5	2.7	2.6
交通・通信	− 11.0	3.4	3.4	14.4	13.7	13.8	13.7
交通	− 51.1	23.7	37.3	2.2	1.1	1.4	1.8
自動車等関係費	− 7.1	5.2	2.4	7.7	7.6	7.8	7.7
自動車等購入	− 6.4	− 3.9	− 3.1	2.0	2.0	1.9	1.8
通信	1.6	− 4.1	− 4.8	4.5	4.9	4.6	4.2
教育	− 2.5	6.8	− 6.2	2.9	3.0	3.2	2.9
教養娯楽	− 18.6	6.9	10.4	10.2	8.9	9.3	9.8
教養娯楽用耐久財	2.7	− 0.6	− 2.6	0.8	0.9	0.9	0.8
教養娯楽用品	− 1.2	2.9	1.8	2.3	2.4	2.5	2.4
教養娯楽サービス	− 31.6	13.5	20.5	5.9	4.3	4.8	5.5
宿泊料	− 50.5	32.3	70.8	0.6	0.3	0.4	0.7
パック旅行費	− 80.2	21.9	130.0	1.1	0.2	0.3	0.6
月謝類	− 25.8	15.8	5.8	0.9	0.7	0.8	0.8
他の教養娯楽サービス	− 14.2	10.4	9.2	3.3	3.1	3.3	3.4
その他の消費支出	− 12.4	3.9	2.4	19.9	18.6	18.9	18.6
（再掲）財への支出	0.0	0.0	4.1	56.5	60.0	58.7	58.0
（再掲）サービスへの支出	− 13.3	5.4	7.1	43.5	40.0	41.3	42.0

（注）金額は1カ月当たり名目支出額の年平均値。
（出所）総務省『家計調査』

る生活意識・行動の変化に関する調査」によると、東京23区におけるテレワーク
実施率（就業者ベース；不定期のテレワーク使用を含む）は、2019年12月の
17.8%から2020年5月には48.4%へと急上昇した。しかし、テレワークで行える

業務は限られており、供給制約を緩和する効果には限界があったとみられる。

　第3の特徴は、感染対策と経済活動との間にトレード・オフの関係があることである。つまり感染拡大を抑えるために緊急事態宣言等を発出し人々の外出制限等を行うと、消費、生産などの経済活動が犠牲になる。逆に、経済活動を優先すると、感染者数が増え、場合によっては死者数も増えてしまう。ここには、経済活動と医療・人命という2つの目標をどのように達成するかという問題が存在し、政府および専門家会議は難しい判断を迫られたと思われる（本章コラム参照）[2]。

（3）GDP、雇用への影響と政府の対策

戦後最大の減少を記録した2020年度の実質GDP

　2020年4月中旬をピークとした感染の第1波は5月末に終息し、その後、経済は回復に向かったものの（図12-2参照）、2020年4-6月期の経済活動の落ち込みが極めて大きかったことから、2020年度の実質GDP成長率は－4.1％と、年度ベースとしては戦後最大の減少率を記録した（暦年ベースでは、2020年の－4.3％に対してリーマン・ショック期の2009年－5.7％が最大の減少率）。

　GDPの内訳を見ると（表12-3）、サービス消費を中心に消費の落ち込みが非常に大きく（前年度比－5.1％）、実質GDP成長率へのマイナスの寄与度は－2.8％とGDPコンポーネントの中で最大であった。住宅投資も、住宅購入を控える行動等から減少した（前年度比－7.6％）。設備投資は、コロナ前から海外経済が減速していたところに感染拡大の影響が直撃して企業収益が大幅に悪化し、また設備稼働率の停滞もあって、前年度比5.7％の大きな減少となった。外需は、海外経済が日本と同様に感染拡大の影響を受けたことから、輸出が大きく落ち込み（同－9.9％）、外需寄与度は－0.7％となった。

　つまり2020年度の実質GDPは、感染拡大の影響を受けて、消費を中心に内需が落ち込み、加えて外需もマイナスとなり、大幅な減少となった。

特別定額給付金決定の経緯と効果について

　こうしたコロナ危機とも呼べる事態に対し、政府は2020年4月20日に緊急経済対策を策定し閣議決定したが、その中で生活困窮者の支援を目的に、国民全員に

2）厳密には、経済活動の犠牲によって自殺者が増えることも考慮しなければならない。

コラム　新型コロナウイルス感染死者数の国際比較

　下の表は、人口百万人当たりの新型コロナウイルス感染死者数を代表的な
OECD 諸国で比較したものである。2020年における人口当たり死者数の少
ない順に並べてある。これを見ると、特に2020年において、死者数のばらつ
きが大きく、また必ずしも医療技術やワクチン開発技術の高い国（米国、イ
ギリスなど）で死者数が少ないとは言えないことがわかる。このことは、死
者数が、医療技術のみならず、生活習慣（マスク着用に慣れているか、挨拶
時にハグをするか等）、PCR 検査やワクチン接種等感染対策、ロックダウン
や外出制限等の非医療対策、集団免疫、地理的要因、など様々な要因に依存
していることを示唆している。

　経済学的観点からは、経済活動と人命とのトレード・オフの関係（制約条

コラム表　人口百万人当たりの新型コロナウイルス感染死者数

（単位：人）

	2020年	2021年	2022年
ニュージーランド	5	5	448
韓国	19	92	513
日本	28	118	313
オーストラリア	36	61	611
ノルウェー	102	165	111
トルコ	255	733	228
カナダ	411	379	493
ギリシャ	467	1,495	1,319
ドイツ	634	793	577
オランダ	700	510	109
スウェーデン	974	511	680
フランス	992	909	565
スペイン	1,167	776	573
メキシコ	1,177	1,202	215
米国	1,192	1,390	742
イギリス	1,330	1,253	560
イタリア	1,361	1,020	865
ベルギー	1,716	715	838

（注）人口は2020年の人口を使用。
（出所）OECD。

件）が各国でどのように異なるのか、さらに各国がその制約条件の中でどの点を選択したのか、といったことが注目される。これらを解明することは容易でないが、Fujii 他（2022）は興味深い分析を行っている。彼らは、各国の2020年のデータを用いてモデルのシミュレーションを行い、無差別曲線と制約条件が接している点で最適化がなされており、現実がその点にあるという想定の下で、無差別曲線の限界代替率を、制約条件の傾き（技術的限界代替率）でもって間接的に推計している。そして、日本が1人の人命のために受け入れなければならない経済損失（GDP の減少）、あるいは受け入れてもよいと考える経済損失は、米国等他国に比べて非常に大きいことなどを明らかにしている。

　なお、表によると、死者数のばらつきは2020年から2022年にかけて小さくなっているように見え、実際、分散も小さくなっている。これは OECD38 カ国についても同じである。一部の国を除き、平均的な値に収束しているようにも見える。

一律10万円の「特別定額給付金」を支給することを決定した。給付金の予算規模は約12.9兆円に上り、6月から8月にかけて支給された。

　本来、経済政策の効率性の観点からは、給付金の対象は所得の減少を余儀なくされた困窮者に限定されるべきであり、当初（4月7日）はそのような内容で閣議決定された。しかし、事務処理が煩雑で給付が遅れるとの批判を受けて、最終的には給付の迅速性が優先され、国民一律方式に変更された（4月20日）。ここには政策の効率性と迅速性（緊急性）との間のトレード・オフの問題がある。後から振り返ると、財政難の中、約12.9兆円もの予算を使って必ずしも必要としない人にまで給付金を支給したことは、効率性の点で犠牲が大きかったと思われる。困窮者を迅速に見つけ出し支給するシステムの構築が急がれる。

　またこの給付金には景気対策として消費喚起の効果も期待された。しかし、そもそもサービス消費を中心とした消費減少の原因は、所得の減少というよりも感染を恐れて消費できないことにあったことから、少なくとも短期的には、給付金による消費拡大の効果は限定的であったとみられる。

表12-3　実質 GDP 成長率の内訳（2019-2022年度）

（単位：％）

	2019年度	2020年度	2021年度	2022年度
国内総支出	−0.8	−4.1	2.6	1.4
民間最終消費支出	−0.9	−5.1	1.5	2.4
	(−0.5)	(−2.8)	(0.8)	(1.3)
民間住宅	2.5	−7.6	−1.1	−4.4
	(0.1)	(−0.3)	(0.0)	(−0.2)
民間企業設備	−1.2	−5.7	2.1	3.1
	(−0.2)	(−0.9)	(0.3)	(0.5)
政府支出	2.0	3.1	1.4	0.3
	(0.5)	(0.8)	(0.4)	(0.1)
政府最終消費支出	2.1	2.7	3.4	1.1
	(0.4)	(0.5)	(0.7)	(0.2)
公的固定資本形成	1.6	4.9	−6.4	−3.0
	(0.1)	(0.3)	(−0.4)	(−0.2)
財・サービスの純輸出	(−0.5)	(−0.7)	(0.9)	(−0.5)
輸出	−2.3	−9.9	12.4	9.0
	(−0.4)	(−1.9)	(2.2)	(0.8)
輸入	0.2	−6.3	7.1	7.2
	(0.0)	(1.2)	(−1.3)	(−1.4)

（注）　1　2015暦年連鎖価格。
　　　　2　数字は各コンポーネントの増加率。
　　　　3　（　）内の数字は寄与度。輸入の寄与度はマイナスで表示。
（出所）内閣府『国民経済計算』

雇用調整助成金の活用で抑えられた失業増

　雇用への影響と政府の対策はどうだったのだろうか。

　経済ショックの大きさは実質 GDP の減少率で測ることができる。実質 GDP の減少率を2020年のコロナ・ショック時と2008・09年のリーマン・ショック時で比較すると、コロナ・ショックの大きさはリーマン・ショックと概ね同程度であったと言える[3]。にもかかわらず、2020年の完全失業者の増加は、**図12-4**にあるとおり、男女ともにリーマン・ショック時に比べてかなり少ない。2008年から

3）実質 GDP の成長率は、年度ベースと暦年ベースで少し数値は異なり、2020年度 −4.1％、2020年 −4.3％、2008年度 −3.6％、2009年度 −2.4％、2008年 −1.2％、2009年 −5.7％となっている。

図12- 4　休業者と完全失業者の推移：2008年-2022年

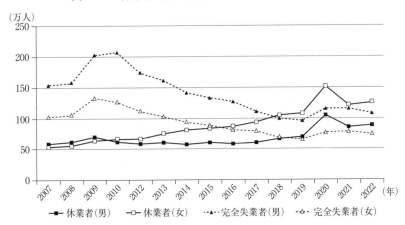

（注）2011年のデータは欠損値である。
（出所）総務省『労働力調査』

2009年にかけての失業増（男女計）71万人に対し、2019年から2020年への失業増（男女計）は29万人と、その半分以下であった[4]。

　ショックの大きさの割に失業者の増加が少なかったのは何故なのか。この基本的理由は、企業が感染拡大の影響を一時的と判断し、「雇用調整助成金」制度を活用して、雇用者を一時的に休業者としたことによる。この制度は、事業縮小の厳しい状況下にあって一時的に休業等で雇用の維持を図ろうとする事業主に対して、国が休業手当の一部を助成する制度である。多くの企業がこの制度を利用したことには、政府の強化策も関係している。政府は2020年4月よりコロナ特例措置を設け、1人1日当たりの支給上限額を引き上げるなど支援を強化したのである（特例措置は2023年4月に解除された）。

　休業者の推移を図12- 4で見ると、男女ともに2020年の休業者数が過去のトレンドからジャンプしており、企業がこの制度を積極的に活用したことがうかがえる（休業者数は特に女性において増加傾向にあるが、この要因として育児休業取得者の増加が可能性として考えられる）。もし助成金による支援がなければ、こ

　4）完全失業率は、2008年の4.0％から2009年の5.1％へ1.1％ポイント上昇し、2019年の2.4％から2020年の2.8％へ0.4％ポイント上昇した。

れらの休業者は解雇され失業していたかもしれない。この意味で雇用調整助成金は完全失業者の増加を抑制した可能性が考えられる。厚生労働省『令和3年版労働経済の分析』は、雇用調整助成金の支給により2020年4月〜10月の完全失業率が2.1%ポイント程度抑制されたとの分析結果を報告している。

このように、今回のコロナ危機においては、雇用調整助成金の活用により完全失業者の増加は抑えられた。このことは雇用の安定という点からはプラスに評価できよう。しかし一方で、次のような問題点もある。第1は、雇用調整助成金利用が長期間継続されると、本来起こるべき労働移動が妨げられ最適な資源配分が達成されないという問題である。特にデジタル化やAI等の技術の進歩が速く、成長分野での人員が不足している現状では、速やかな労働移動が実現できないことのコストは大きい。第2は、助成額が膨らんだ結果、原資である雇用安定資金の残高が激減し、雇用保険料率が引き上げられたことである（2022年10月、2023年4月）。雇用保険制度における雇用保険料は、企業や労働者等が負担するので、これは企業の負担増、労働者の収入減となる。

2　世界的インフレの進行

新型コロナウイルスの感染拡大は、当初、消費需要の減少等を通じて世界経済にデフレ的な状況をもたらした。しかし、そのわずか1年後、世界経済はインフレに見舞われることになる。インフレに直面した欧米各国は金融政策をそれまでの緩和から引き締めに転換したが、デフレ懸念を払拭できない日本は金融緩和を継続した。その結果、内外の金利差が拡大し、円安が生じた。以下ではそのメカニズムを考察する。

（1）需要、供給とインフレ

欧米で起きたインフレのメカニズム

図12-5は、米国、イギリス、ドイツ、日本の消費者物価上昇率（前年比）を、新型コロナウイルスの感染拡大が始まった2020年1月から最近時点まで示したものである。これを見ると、米国、イギリスの消費者物価上昇率は、2020年4-6月頃に向けて低下し、その後、緩やかな回復あるいは横ばいの期間を経て、2021年3月頃から明確な上昇トレンドに転じている。ドイツもやや遅れてではあるが、

図12-5　米国等の消費者物価上昇率（総合、前年同期比）：2020年1月-2023年6月

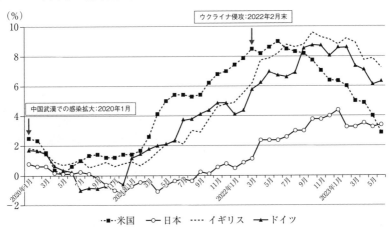

（出所）総務省、OECD。

　同じ2021年3月頃から上昇が明確になっている。一方、日本は、物価上昇率の低下が長引き、2020年秋頃からはマイナスが1年間続き、その後上昇率は上がったものの、他の国に比べてその軌道はかなり低い。

　欧米諸国の動向に限定すると、図12-5は、消費者物価上昇率が感染拡大初期に低下し、その後、約1年後に明確な上昇に転じ、インフレが起きたことを示している。このような物価の動きはどのように理解されるのだろうか。ロシアによるウクライナ侵攻は2022年2月末であるので、それ以前の動きは基本的に感染拡大の影響として理解されるべきものである。

　シンプルな需要と供給の分析からは、次のような解釈が可能であろう[5]。感染拡大が経済の需要と供給の両面に影響を与えたことは上で述べたとおりである。需要面への影響は物価を下げる方向に作用した。具体的にはサービス消費を中心とした消費需要の減少などである。一方、供給面への影響は物価を上げる方向に作用した。具体的には労働投入の減少やグローバル・サプライチェーンの寸断による生産の減少である。感染拡大は需要面と供給面の両方に影響を与えたが、当

5）感染拡大の物価への影響を需要面と供給面の峻別を強調して分析したものとして渡辺（2022）がある。

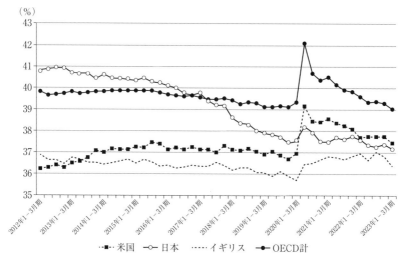

図12-6　米国等の非労働力率の推移：2012年1-3月期-2023年1-3月期

（注）非労働力率 ＝ 非労働力人口／15歳以上人口。
（出所）OECD。

初は需要面への影響の方が大きかったために、物価上昇率は低下した。これが
2020年4-6月頃の状況である。その後、1年ほど時間をかけて、ワクチンの準
備、マスク着用等の行動変容、医療体制の整備等が進むことによって、過度な恐
怖心が薄らぎ、消費需要等が回復していった。一方、経済の供給サイドでは、半
導体の供給網などの復旧に時間がかかり、なかなか生産が回復しなかった。また
特に米国では、感染を回避するために職場を離れた労働者が非労働力化し、すな
わち就業を希望しない非労働力人口に転じてしまい、労働力不足の状態が長期化
した（渡辺 2022）。この結果、供給力が戻らないまま需要回復のみの影響が現れ
ることになった。物価に大きな影響を与える原油価格は、需要の回復を受けて、
また脱炭素化の中で中東産油国が減産を続けたことも手伝って、急上昇に転じた。
2021年3月以降のインフレは以上のメカニズムで発生したと解釈できる。そして
ウクライナ侵攻後は、ロシアの天然ガスの輸出減、ウクライナの小麦の輸出減等
により、さらなる物価上昇圧力が加わったと考えられる。以上は欧米経済の動向
だが、概ね世界経済の動向と見ることができる。
　ここで米国等の非労働力化の状況を見てみよう。図12-6は、米国等の非労働

力率、すなわち15歳以上人口に占める非労働力人口（働く意思のない人）の割合、の推移を示したものである。これを見ると、米国の非労働力率が2020年4 - 6月期に大きくジャンプして、その後もなかなか元の水準に戻っていない。このことは感染拡大を機に労働力人口である就業者と失業者（求職者）が非労働力化し、すなわち労働市場から退出し、その後も速やかには労働市場に戻っていないことを意味する。中高年の早期退職や移民の流入減少が影響したとされる。OECD計の非労働力率も水準は異なるが似たような動きを示している。一方、日本は、構造的な人手不足を反映して非労働力率が低下傾向で推移する中で、2020年4 - 6月期にジャンプしたが、その高さは米国に比べてかなり低く、また比較的速やかに元の水準に戻っている。このような日米の動きの違いの背景には、日本の構造的人手不足、日本企業が前述のとおり雇用調整助成金を活用して雇用者を休業者として保蔵したこと（雇用保蔵）、米国の感染者と死亡者の増加があまりにも急激であったこと、などの要因があったことが可能性として考えられる。

（2）米国等の金融政策の転換と円安

　図12- 5で見たとおり、米国の消費者物価上昇率は、感染拡大から1年程度は低位で推移したが、2021年3月頃から上昇基調に転じ、ウクライナ侵攻前の2022年1月には7.5％に達した。米国の中央銀行であるFRB（連邦準備制度理事会）は、しばらくの間、物価の上昇は「一過性」であるとの立場をとっていたが、その後、持続的なインフレとの認識に至り、2022年3月にようやくゼロ金利を解除して政策金利（FFレート）の引き上げに舵を切った。その後も急ピッチで連続の利上げを行い、2023年8月現在でFFレートの誘導目標は5.25-5.50％となっている。これは2001年以来の高い水準である。

　EUの中央銀行である欧州中央銀行（ECB）も、米国に少し遅れる形で2022年7月にマイナス金利を解除して政策金利を引き上げ、その後も連続的に利上げを行った（2023年8月現在4.25％）。

　一方、日本においては、2022年4月以降、消費者物価上昇率が日銀の目標である2％を超えたものの、日銀は、物価の上がり方が日銀の望んでいる需要牽引型ではなく原油価格高騰を受けたものであり、また物価上昇の持続性が見込めないとの判断に基づき、大規模緩和の1つの枠組みであるイールドカーブ・コントロール（YCC；長短金利操作）を継続した。イールドカーブ・コントロールとは、

図12-7 円ドル為替レートの推移：2020年1月-2023年7月

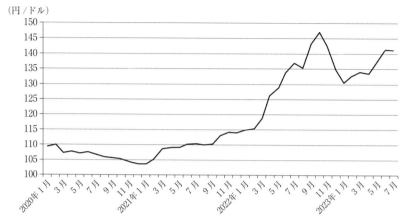

(注) 東京市場ドル・円スポット。17時時点の月中平均値。
(出所) 日本銀行。

短期金利を −0.1％程度に維持しそれを長期にコミットするという従来の政策に、通常は市場に任せる長期金利（10年）を 0 ％±α（α は変動幅）の範囲に誘導する、というやや異例の操作目標を付け加えた非伝統的金融緩和策で、枠組みとしては2016年 9 月に導入されたものである（第11章参照）。つまり、欧米各国が利上げに踏み切る中で、日本のみが超金融緩和のレジームを維持したのである。この結果、日米間、日欧間の金利差が急激に拡大し、これが円安につながった。

　図12-7 は、円ドルレートの推移を示したものだが、米国が FF レートの引き上げを開始した2022年 3 月頃から急激に円安が進んでいることが見て取れる。為替レートは様々な要因の影響を受けるが、この時は、 2 国間の金利差が為替レートを決めるとする「金利平価説」が説明力を持ったと考えられる。すなわち、米国金利の上昇で日米間の金利差が拡大すると、投資家の資金が米国に向かい、その過程で外国為替市場において円売り・ドル買いが進み、その結果、円安・ドル高が生じたものと理解できる。

　円安は、輸出企業の収益に貢献する一方で、ドル建て等で取引価格が決まっている輸入財の円ベース価格の上昇を通じて国内の生産コスト等を上昇させる。高騰していた原油はこの円安効果でさらに高騰した。日本の消費者物価は2022年春頃から上昇テンポを強めているが（図12-5）、これにはこうした円安もタイムラ

グを伴って影響したとみられる。

植田日銀の誕生と課題

　日米の金融政策が交錯する中、2023年4月9日、黒田東彦総裁の後任として経済学者の植田和男が日銀総裁に就任した。植田氏は1998年から2005年まで日銀政策委員会審議委員を務めたが、学者出身の日銀総裁は戦後初めてである。

　黒田日銀は超金融緩和を10年続け、物価が下がり続けるという意味でのデフレは終わったものの、2％の物価目標は望ましい形では実現されていない。植田日銀の当面の課題は、海外でインフレが続き、国内では力強い回復・拡大が自信を持って見通せないという状況下で、金融政策を慎重に運営していくことであるが、いずれ金融政策の正常化という課題に向き合うことになろう。

参考文献

小林慶一郎・森川正之編著（2020）『コロナ危機の経済学－提言と分析』日本経済新聞出版

白塚重典（2023）『金融政策－理論と実践』慶應義塾大学出版会

仲田泰祐・藤井大輔（2022）『コロナ危機、経済学者の挑戦』日本評論社

渡辺努（2022）『世界インフレの謎』講談社現代新書

Fujii, Daisuke, Shota Kawasaki, Yuta Maeda, Masataka Mori, and Taisuke Nakata (2022) Understanding Cross-Country Heterogeneity in Health and Economic Outcomes during the COVID-19 Pandemic: A Revealed Preference Approach, *CARF Working Paper*, F-541, Tokyo University

第13章

人口減少と経済成長
──日本経済の長期的課題

　現在、日本経済は様々な課題を抱えている。その中で、日本経済の根幹に関わる最も基本的な課題は何かと問われれば、それは「人口減少と少子高齢化」の問題であろう。社会保障費の負担増や財政赤字、消極的な企業の設備投資、将来に対する漠然とした不安などの問題のかなりの部分は、この問題から発していると考えられる。

　では、「人口減少と少子高齢化」は今後どの程度進むのであろうか。それは日本の経済成長率、経済的豊かさ、経済構造などにどのような影響を与えるのだろうか。また、少子化はどのような要因によってもたらされ、今後はどのような対策が必要なのであろうか。

　本書を締めくくるに当たり、本章ではこのような日本経済の長期的な課題を考察する。

1　人口構造の展望

進む人口減少と少子高齢化

　まず、日本のこれまでの人口の推移と今後の予測を概観しておこう。**図13-1**は、1950年から2070年までの日本の総人口（外国人を含む）の実績と予測を、5年ごとに示したものである。総人口は3つの年齢区分により、**年少人口**（0-14歳）、**生産年齢人口**（15-64歳）、**老年人口**（65歳以上）に分けられている。2025年以降の予測値は、国立社会保障・人口問題研究所『日本の将来推計人口（2023年推計）』の「出生中位・死亡中位推計」による。

　図を見ると、1950年の83,200千人から増加を開始した総人口は、次第に増加ペースを鈍化させ、2010年にピーク（128,057千人）に達した後、今度は登ってき

図13-1　年齢3区分の人口推移および人口予測：1950-2070年

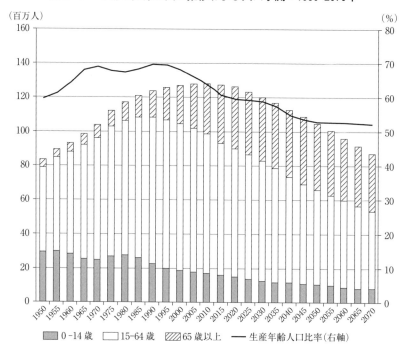

（注）生産年齢人口比率＝15-64歳人口／総人口。
（出所）2020年までは総務省『国勢調査』。2025年以降は、国立社会保障・人口問題研究所『日本の将来推計人口（2023年推計）』の出生中位・死亡中位推計による。

た山道を降りるかのように減少し、2070年には86,966千人まで減少する予測となっている[1]。その姿は2010年を軸にほぼ左右対称であり、戦後60年かけて増加した人口が60年かけて元の水準に戻る形となっている。

　しかし、総人口は2010年を中心に概ね左右対称となっているものの、年齢3区分で分けた人口の構成は全く違った姿となっている。年少人口（0-14歳）が少子化を反映してほぼ一貫して減少していくのに対して、老年人口（65歳以上）は2045年まで一貫して増加し、以後緩やかに減少に転じる。生産活動の担い手である生産年齢人口（15-64歳）は既に1995年にピークに達しており、その後かなり

1）総務省統計局の人口推計によると、年次別のデータで見たピークは2008年の128,084千人である。

表13-1　人口の変化と各種指標：2020-2070年

（単位：千人）

（1）人口	2020年	2070年	増　減	増減率
年少人口（0-14歳）	15,032	7,975	− 7,057	− 46.9%
生産年齢人口（15-64歳）	75,088	45,350	− 29,738	− 39.6%
老年人口（65歳以上）	36,027	33,671	− 2,355	− 6.5%
総人口	126,146	86,996	− 39,150	− 31.0%
（2）各種指標	2020年	2070年		
生産年齢人口比率	59.5%	52.1%		
老年人口比率	28.6%	38.7%		
従属人口比率	40.5%	47.9%		
従属人口指数	68.0	91.8		

（注）生産年齢人口比率 ＝ 生産年齢人口／総人口、老年人口比率 ＝ 老年人口／総人口、従属人口比率 ＝（年少人口＋老年人口）／総人口、従属人口指数 ＝（年少人口＋老年人口）／生産年齢人口。
（出所）総務省『国勢調査』、国立社会保障・人口問題研究所『日本の将来推計人口（2023年推計）』の出生中位・死亡中位推計。

急速に減少していく。1950年と2070年とでは総人口の水準は近いものの、その年齢構成は大きく異なっているのである。

　表13-1で2020年から2070年までの50年間の人口の変化を見ると、総人口は約1億26百万人から約87百万人へと39百万人（−31.0%）も減少する見込みである。この人口減少の規模は、2020年における東京都（14.0百万人）、神奈川県（9.2百万人）、大阪府（8.8百万人）、愛知県（7.5百万人）の上位4都府県人口の合計に匹敵する大きさである。年齢別には、生産活動の担い手である生産年齢人口（15-64歳）の減少は約30百万人にも上り、減少率は39.6%と、2070年の働き手は2020年の6割まで減少する見込みである。

　今後の人口変化は、人口減少だけでなく、年齢構成の劇的な変化も伴う。2020年から2070年にかけて、年少人口比率（＝年少人口／総人口）が11.9%から9.2%へ低下する一方で、老年人口比率（＝老年人口／総人口）は28.6%から38.7%へ急上昇する。その結果この両者を合計した**従属人口比率**は40.5%から47.9%へ上昇する。総人口に占める生産年齢人口の比率である生産年齢人口比率は、1から従属人口比率を差し引いたものに等しく、59.5%から52.1%に低下する。つまり総人口のうち生産活動に従事できる人口の割合は2070年には5割程度

になってしまう。生産年齢人口比率は、高度成長期の末期である1970年に69.0%、バブル絶頂期の1990年に69.7%と非常に高くなっており、経済活動の活発さと関連している可能性が考えられる（図13-1）。従属人口（＝年少人口＋老年人口）を生産年齢人口で除した**従属人口指数**が2020年の68.0から2070年の91.8に急上昇するに伴い、1.47人で1人を支える人口構造から1.09人で1人を支える人口構造に変化し、現役世代の負担増が見込まれる。この変化は社会保障制度の変革を促すことになるだろう。

2　人口減少の経済成長率への影響

　上で見た人口の減少は経済活動の総体である GDP の成長率や、経済的な豊かさの指標とされる1人当たり GDP の成長率にどのような影響を与えるのだろうか。

（1）GDP 成長率への影響

成長会計

　人口減少が GDP 成長率あるいは潜在成長率に与える影響は、マクロ経済学における成長会計の考え方を援用することによって推計が可能である。成長会計（growth accounting）とは、産出（アウトプット）の成長率を、各生産要素の投入（インプット）の寄与と技術進歩の寄与に分解するもので、一般的には次のような生産関数を用いる（本章コラム参照）。

$$Y = F(K, L, A) \tag{1}$$

Y は GDP、K は資本ストック、L は労働、A は技術水準を表す変数である。

　生産関数が規模に関して収穫一定であるなどの仮定の下で、(1)式を成長率の形に変形すると、次式が得られる。

$$\dot{Y} = (1-\theta)\dot{K} + \theta\dot{L} + \gamma \tag{2}$$

θ は労働分配率、すなわち労働に分配される付加価値の割合を示す。γ は技術進歩の寄与を示す変数で、**全要素生産性**（TFP）の変化率である。各変数の上の点は「ドット」と呼ばれ、変化率を示す。

コラム　成長会計について

　経済成長率を各生産要素の寄与と技術進歩の寄与に分解して説明するとい
う成長会計の手法は、ソロー（1957）の研究をベースに発展した。

　いま、次のような実質ベースの生産関数を想定する。

$$Y = A(t)F(K, L) \qquad ①$$

　Y は付加価値あるいは生産物、K は資本、L は労働である。$A(t)$ は技術
水準を表す変数で、現在は**全要素生産性**（Total Factor Productivity; TFP）
と呼ばれる。$A(t)$ が①式のような形で定式化されていることは、資本と労
働の限界生産力の比に影響を与えないという意味で中立的な技術進歩を表し
ている。なお、ここで言う技術進歩は、科学的な技術進歩のみならず、経営
効率の改善など生産関数をシフトさせる全ての要因を含む。

　さらに生産関数は、規模に関して収穫一定、すなわち資本と労働について
一次同次を仮定する。一次同次とは、簡単に言うと資本と労働を2倍にした
ときに付加価値も2倍になることを意味する。

　この式を全微分し、Y で割って整理すると次式を得る。

$$\frac{dY}{Y} = \frac{dA}{A} + A\frac{\partial F}{\partial K}\frac{K}{Y}\frac{dK}{K} + A\frac{\partial F}{\partial L}\frac{L}{Y}\frac{dL}{L} \qquad ②$$

　いま、生産要素市場が競争的で、次のように、資本と労働の限界生産力が
それぞれ資本の価格と賃金に等しいとする。

$$\frac{\partial Y}{\partial K} = A\frac{\partial F}{\partial K} = \frac{r}{P}, \ \ \frac{\partial Y}{\partial L} = A\frac{\partial F}{\partial L} = \frac{w}{P} \qquad ③$$

ただし、P は生産物の価格、r は資本の価格、w は賃金である。

　これを②式に代入して整理すると、最終的に成長会計式である次式を得る。

$$\frac{dY}{Y} = (1-\theta)\frac{dK}{K} + \theta\frac{dL}{L} + \frac{dA}{A} \qquad ④$$

ただし、θは労働分配率（$= wL/PY$）、$1-\theta$は資本分配率（$= rK/PY$）である。この式が本文の(2)式に対応している。

ソロー（1957）はさらに、④から次の労働生産性の成長会計式を導出し、1909-1949年における米国の成長会計を推計した。

$$\frac{dy}{y} = (1-\theta)\frac{dk}{k} + \frac{dA}{A} \qquad \text{⑤}$$

ただし、$y = Y/L$、$k = K/L$で、Lはマンアワー（人数×時間）ベースの変数である。

推計に際しては、技術進歩を示すデータはないので、dA/Aは、付加価値の成長率から資本と労働の貢献を差し引く形で計算される。dA/A、すなわち技術進歩の貢献は、成長会計を定式化したソローの名前を冠して、「ソロー残差」とも呼ばれる。

ソローの推計は、1909-1949年の40年間における米国の労働生産性の平均上昇率（年率）1.8%のうち、資本装備率kの寄与率が12.5%、技術進歩の寄与率が87.5%と、技術進歩の圧倒的な貢献を明らかにし、大きな衝撃を与えた。因みにソローの使ったデータで④式を推計してみると、付加価値の平均成長率（年率）2.9%のうち、資本の寄与率が20.8%、労働の寄与率が24.6%、技術進歩の寄与率が54.6%となり、やはり技術進歩の重要性が確認できる。

このソローの研究は、それまで不明確であった経済成長における技術進歩の重要性を明確にし、その後のこの分野における理論および実証研究を大いに触発した。ソローはこの研究を含む一連の経済成長理論への貢献で、1987年にノーベル経済学賞を受賞している。

成長会計の解説については、中島・吉岡編（1997）、深尾・宮川編（2008）などを参照のこと。

(2) 式は、経済成長率が資本の寄与、労働の寄与、技術進歩の寄与の3つに分解されることを示している。いま、Yに実質GDPを用い、Lに生産年齢人口（15-64歳人口）を用い、θを0.7（先進国の大まかな平均値）と置くと、生産年齢人口が実質GDPの成長率に与える影響を推計することができる[2]。

既に成長率への寄与がマイナスとなっている生産年齢人口の変化

　その推計を1950-2070年の期間について行った結果は**表13-2**に示してある。生産年齢人口の2025年以降の予測値は、上で用いた国立社会保障・人口問題研究所の推計値と同じものである。この表の第2列を見ると、1960-65年には1.55%（年率）もあった生産年齢人口の寄与度は、生産年齢人口増加率の鈍化とともに次第に低下し、1995-2000年からマイナスに転じ、足下の2015-20年においては－0.40%と、既に生産年齢人口の減少が経済成長率に無視できないマイナスの影響を与えていることがわかる。このマイナスの寄与度は今後しばらく増加していき、2035-40年には最大で－1.09%の大きさになると予測される。期間によって影響の大小が生じるのは、年齢別人口のコブを作っている団塊の世代（1947-49年生まれ）および団塊ジュニアの世代（1970-75年生まれ）が65歳に到達すると同時に労働市場から一気に退出すると仮定して計算しているためである。実際には65歳以上になっても働き続ける人が一定割合で存在し、またその割合は増えることが見込まれるため、生産年齢人口の寄与度の変動はもう少し均されると予想される。

　図13-2は生産年齢人口および総人口の変化率（年率）を図示したものである。これを見ると、生産年齢人口の変化率が1995-2000年の期間からマイナスに転じ、団塊の世代および団塊ジュニアの世代が65歳に達して労働市場から退出すると想定される2010-15年および2035-40年に大きなマイナスとなっていることがわかる。

潜在成長率の試算：ゼロ成長の可能性も

　次にこの結果を用いて今後の潜在成長率の試算を行ってみよう。**潜在成長率**とは、供給サイドから見た経済成長率のことであり、好況でも不況でもない平常時の成長率を示す。潜在成長率は（2）式を用いて試算できるが、ここでは資本と技術進歩の寄与度については、内閣府が2000-10年の期間に関して試算した推計値をそのまま将来に向けて延長することとする。現実には、人口の成長率が変化

　2）ここでは簡単化のために労働の質や労働時間は考慮せず、労働の投入を労働者数のみでとらえている。また労働力率の変化は考慮せず、労働力人口の代わりに生産年齢人口を用いている。**労働力率**とは、人口に占める労働力人口（働く意思のある人口）の比率を指し、近年では**労働参加率**とも呼ばれる。

表13-2　人口動態変化の潜在成長率への影響

(単位：%（年率）)

	（1） 生産年齢人口 の変化率 $\dot{L}$	（2） 生産年齢人口 の寄与度 $\theta\dot{L}$	（3） 総人口 の変化率 $\dot{P}$	（4） 人口動態 の影響計 $\theta\dot{L}-\dot{P}$
1950-1955年	1.96	1.37	1.42	− 0.04
1955-1960年	1.86	1.30	0.91	0.39
1960-1965年	2.21	1.55	1.02	0.53
1965-1970年	1.35	0.94	1.08	− 0.14
1970-1975年	1.17	0.82	1.54	− 0.72
1975-1980年	0.79	0.55	0.90	− 0.35
1980-1985年	0.91	0.64	0.67	− 0.04
1985-1990年	0.86	0.60	0.42	0.18
1990-1995年	0.26	0.18	0.31	− 0.13
1995-2000年	− 0.20	− 0.14	0.22	− 0.36
2000-2005年	− 0.46	− 0.32	0.13	− 0.45
2005-2010年	− 0.64	− 0.45	0.05	− 0.50
2010-2015年	− 1.11	− 0.78	− 0.15	− 0.63
2015-2020年	− 0.57	− 0.40	− 0.15	− 0.25
2020-2025年	− 0.53	− 0.37	− 0.46	0.09
2025-2030年	− 0.65	− 0.45	− 0.52	0.06
2030-2035年	− 1.02	− 0.72	− 0.59	− 0.13
2035-2040年	− 1.56	− 1.09	− 0.66	− 0.43
2040-2045年	− 1.26	− 0.88	− 0.73	− 0.15
2045-2050年	− 1.02	− 0.72	− 0.77	0.05
2050-2055年	− 0.86	− 0.60	− 0.81	0.21
2055-2060年	− 0.88	− 0.61	− 0.88	0.27
2060-2065年	− 1.08	− 0.76	− 0.97	0.21
2065-2070年	− 1.17	− 0.82	− 1.02	0.21

（注）　1　生産年齢人口 ＝ 15-64歳人口。
　　　　2　成長への寄与度は生産年齢人口の年平均変化率に0.7を乗じて計算。
　　　　3　変化率は年率。変数等は本文を参照。
（出所）2020年までは総務省『国勢調査』。2025年以降は、国立社会保障・人口問題研究所『日本の将来推計人口（2023年推計）』の出生中立・死亡中立推計による。

した場合に資本の成長率と技術進歩率も変化することが予想されるが、それを推計するのは容易でないためここでは行わない（この問題については下を参照）。したがってここでは、労働の寄与度についてのみ上の生産年齢人口を用いた推計

図13-2　生産年齢人口および総人口の期間別変化率（年率）：1950-2070年

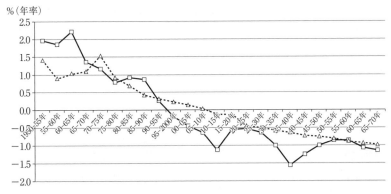

―□― 生産年齢人口変化率　　⋯△⋯ 総人口変化率

（注）　生産年齢人口 ＝ 15-64歳人口。
（出所）2020年までは総務省の『国勢調査』。2025年以降は、国立社会保障・人口問題研究所
『日本の将来推計人口（2023年推計）』の出生中位・死亡中位推計による。

表13-3　潜在成長率の試算

（単位：％）

	内閣府	試　算						
	2000-10年	2000-10年	2010-20年	2020-30年	2030-40年	2040-50年	2050-60年	2060-70年
資本の寄与	0.5	0.5	0.5	0.5	0.5	0.5	0.5	0.5
労働の寄与	− 0.3	− 0.39	− 0.59	− 0.41	− 0.90	− 0.80	− 0.61	− 0.79
技術の寄与	0.5	0.5	0.5	0.5	0.5	0.5	0.5	0.5
GDP成長率	0.8	0.61	0.41	0.59	0.10	0.20	0.39	0.21

（注）　1　内閣府の推計は、「労働力人口と今後の経済成長について」（2014年3月12日「選択する未
　　　　　来」委員会第4回会議資料）による。
　　　　2　試算における労働の寄与は生産年齢人口変化率×0.7で計算。
　　　　3　労働の寄与以外は内閣府の推計を延長。
（出所）生産年齢人口は、2020年までは総務省『国勢調査』、2025年以降は、国立社会保障・人口問
題研究所『日本の将来推計人口（2023年推計）』の出生中位・死亡中位推計による。

値を使用し、他の条件は一定として、潜在成長率を求めることとする[3]。

　表13-3の試算結果を見ると、潜在成長率は労働の寄与の減少に伴って低下し

3）2000-10年における労働の寄与の推計値が内閣府の推計値と異なっているのは、内閣府の
　推計では労働投入として労働力人口と労働時間が用いられていることなどによるとみられる。

ていき、2030-40年、2040-50年においてゼロ％近くまで低下すると予測される。もちろん、資本や技術の寄与は今後変化することが十分ありうるため、この試算はかなりの幅を持って見るべきであるが、人口要因だけに注目すれば、潜在成長率は生産年齢人口の減少によって低下していくものとみられる。ここで得られる重要なインプリケーションは、今後、実力ベースの実質GDPの成長率がゼロ％近くまで低下する可能性が十分にあり、したがって、それを前提に経済社会の設計や制度を考えなければならないということである。

資本と技術進歩の展望

　人口や生産年齢人口の成長率が変化した場合には、資本の成長率や技術進歩率も変化することが予想される。資本については大まかに次の2つの可能性が考えられる。1つは、人口減少によって財・サービスに対する国内の需要が減少し、それを見越して企業が設備投資を控えることが考えられる。住宅投資のケースも同様であろう。もちろん、輸出の増加に対応した能力増強投資も想定できるが、コスト面等から海外での設備投資と生産が選択されるケースも多いであろう。もう1つは、生産年齢人口の減少による人手不足と労働需給の逼迫から賃金が上昇し、これが資本と労働の相対価格の変化を通じて省力化投資を増加させる可能性である。この省力化投資は、人口知能（AI）やロボットに関する技術の開発が進めば、さらに促進されるものと期待される。以上の2つの可能性のうちどちらの効果がより大きいかは、先験的にはわからない。

　技術進歩についても次のような複数の可能性が考えられる。第1に、供給サイドからは、1人の人間が生み出す発明の確率が外生的に決まっていると想定すると、人口の減少はその分だけ発明件数を減らすと考えられる。つまり、研究者が1,000人の場合よりも100人の場合の方が、発明件数は少ないということである。第2に、需要サイドの観点に立つと、上記のAIやロボット関連技術の開発のように、生産年齢人口の減少を背景に、資本と労働の代替を容易にするような技術進歩が促進される可能性が考えられる。第3に、労働者が相対的に希少化し、女性や高齢者を労働力としてこれまでよりも積極的に活用することに伴って、柔軟な働き方が実現され、情報技術（IT）の活用とも相まって、労働生産性や全要素生産性が向上することが可能性として考えられる。

（2）1人当たり GDP 成長率への影響

それほど影響を受けない1人当たり GDP 成長率

　上では生産年齢人口の減少が今後の GDP の成長率を低下させることを定量的に分析した。この結果は働き手が減っていくのだからある意味では当然の帰結である。しかし、より重要な問題は、経済的豊かさの指標とされる1人当たり GDP の成長率が生産年齢人口の減少によってどう変化するかである。これを知るためには、(2)式から総人口の成長率を差し引いた次式を計算しなければならない。

$$\dot{Y} - \dot{P} = (1-\theta)\dot{K} + \theta\dot{L} - \dot{P} + \gamma \tag{3}$$

ここで P は総人口を示す。右辺の第2項と第3項の和が人口動態の寄与であり、よって(3)式は、人口1人当たりの実質 GDP の成長率が、資本の寄与、人口動態の寄与、技術進歩の寄与に分解されることを表している。

　人口動態の寄与の推計値は表13-2の第4列に示してある。これを見ると、人口動態の寄与はマイナスとなることが多いが、その大きさは上で見た生産年齢人口の寄与に比べればかなり小さく、しかも増大するトレンドを持っていないことがわかる。その理由は、総人口も生産年齢人口と同様に減少するからである（図13-2）。このマイナスの影響はそれほど大きくないため、技術進歩や健康寿命の伸長などによってかなりの程度相殺できるかもしれない。ここで得られる重要なインプリケーションは、生活水準の指標とされる人口1人当たり GDP の成長率は、生産年齢人口が減少してもそれほど大きくは減少しないということである。

3　人口減少および少子高齢化の経済構造への影響

　次に人口減少および少子高齢化が日本の経済構造に与える影響について簡単に検討してみよう。一般には次の点が指摘されている。

　第1に、総人口に占める生産年齢人口の比率の低下と老年人口比率の上昇は、貯蓄をする世代の相対的減少と貯蓄を取り崩す世代の相対的増加をもたらすため、家計の貯蓄率を低下させる。これはさらに、民間貯蓄の減少を通じて、経常収支を赤字化させる方向に作用する。この点は、貯蓄と投資の恒等式、「経常収支＝

民間貯蓄－民間投資＋財政収支」から理解できよう。

　第2に、財政への影響としては、まず生産年齢人口に対して老年人口が相対的に増えるため、年金や医療費などの社会保障関連支出の負担の問題が深刻化する。さらに、国内貯蓄の減少は、国債消化における海外投資家依存度の上昇をもたらすが、海外投資家がより高いリスクプレミアムを要求すると考えると、金利の上昇が懸念される。金利の上昇は巨額な国債の利払い負担をさらに増加させ、財政破綻の可能性を高めることにつながる。

　第3に、人口減少による国内需要の先細りは、設備投資や住宅投資の需要を低迷させる可能性がある。同時に前述のとおり省力化投資が増える可能性もある。

　第4に、人口減少と少子高齢化は特に地方の小都市や過疎地域で深刻化するとみられ、地域の存続可能性が懸念される。

　以上の点も何らかの形で経済成長率に影響を与えると考えられるが、ここでは定性的な検討にとどめておく。

4　少子化問題と対策

　上で見た人口減少と少子高齢化の基本的原因は少子化である。本節ではこの少子化の原因と対策について検討しよう。

　少子化の状況は、一般に**合計特殊出生率**（Total Fertility Rate）の低下によってとらえられる。この指標は、ある年における各年齢（15-49歳）の女性の出生率を合計したもので、ある年の出生率に基づく1人の女性の出生数の指標として用いられている[4]。

　近年の日本の合計特殊出生率は低下傾向で推移しており、2021年はコロナ禍の影響もあって、1.30と非常に低い水準にとどまった（**図13-3**）。かつては高かったスウェーデンやフランスも近年は低下傾向にあるが、それでも日本の水準に比べればかなり高い。また、しばらく日本と同水準であったドイツは、2014年頃か

　4）合計特殊出生率は、1人の女性がその年の年齢別出生率に従って15歳から49歳まで出産した場合に実現される仮想的な平均的子ども数である。これは期間に着目した定義であり、「期間合計特殊出生率」とも呼ばれる。これに対し実際の1人の女性の出生率を示す指標は、「コーホート合計特殊出生率」と呼ばれる。

図13-3　日本、フランス、ドイツ、スウェーデンの合計特殊出生率：1960-2021年

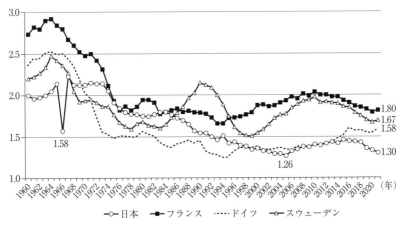

（出所）OECD。

ら日本を上回っている。1.5未満の状態が長く続く日本の合計特殊出生率は、人口を維持するために必要とされる2.1程度の合計特殊出生率（人口置換水準）を大きく下回っており、国際的にも低い水準にある。しかし、図からわかるとおり、日本もかつては高い出生率を記録していた。現在の日本の低い出生率はどのような要因によって生じているのだろうか。以下では、少子化の現状、その背後にある要因を検討し、今後の望まれる対策について考える。

（1）少子化の原因

少子化の要因分解

　子どもは主に結婚した夫婦から生まれることから、少子化の要因は、①晩婚化・非婚化、②1夫婦当たりの子ども数の減少、の2つの要因に分解できる。フランスやスウェーデンでは出生数に占める婚外子の割合が5割を超えるが、日本では2％程度と極めて小さいため、出生率の低下はこの2つの要因でほぼ説明することできる。では日本の少子化の要因として、この2つのうちどちらがより重要な要因なのだろうか。これまでの研究からは、①の要因が大きいことが知られている[5]。以下、それぞれの要因について関連するデータを見てみよう。

　まず①の晩婚化・非婚化について、**図13-4**は、男性、女性の未婚率の推移を、30-34歳、50-54歳の年齢階級別に示したものである。30-34歳について見ると、

図13-4　男女別未婚率の推移（30-34歳、50-54歳）：1950-2020年

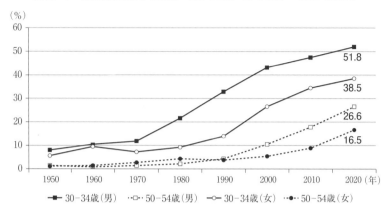

（注）未婚率は年齢別人口に占める未婚者の割合。
（出所）総務省『国勢調査』

　未婚率は1960年には男女ともに10%程度と非常に低かったが、その後趨勢的に上昇し、2020年には男性で51.8%、女性で38.5%となっている。このことは、30-34歳の婚姻率がこの60年間で90%程度から、男性で48.2%に、女性では61.5%に低下したことを意味しており、インパクトの大きさが計り知れる。

　次に、②の1夫婦当たりの子ども数の減少について見てみよう。表13-4は、国立社会保障・人口問題研究所の『出生動向基本調査』から、夫婦の完結出生子ども数と理想子ども数を1977年から示したものである。完結出生子ども数とは、子どもを産み終えたとみられる夫婦の平均子ども数を意味する。この表からは、完結出生子ども数が2005年頃から緩やかに減少し、2021年には1.90人まで減っていることがわかる。ただし、減少傾向にはあるものの、未婚率の上昇のような劇的な変化にはなっていない。また、理想の子ども数も概ね同じような傾向を示しており、完結出生子ども数が理想数を下回っている状況に大きな変化はない。

　少子化の要因を①と②に分ける要因分解は、①と②が独立で、結婚を増やしさえすれば自動的に子ども数が増えるような印象を与えるが、問題はそれほど単純

5）岩澤（2017）は、高度成長期から2012年までの合計特殊出生率の低下を、「初婚行動の変化」（晩婚化・非婚化）と「夫婦の出生行動の変化」（1夫婦の子ども数の変化）の2つの要因に分解し、前者が出生率低下の約9割を説明すると論じている。

表13- 4　夫婦の完結出生子ども数および理想子ども数

(単位：人)

	1977年	1982年	1987年	1992年	1997年	2002年	2005年	2010年	2015年	2021年
完結出生子ども数	2.19	2.23	2.19	2.21	2.21	2.23	2.09	1.96	1.94	1.90
理想子ども数	2.61	2.62	2.67	2.64	2.53	2.56	2.48	2.42	2.32	2.25
理想数−完結数	0.42	0.39	0.48	0.43	0.32	0.33	0.39	0.46	0.38	0.35

(注)　1　調査対象は初婚どうしの夫婦（妻50歳未満、2021年は妻55歳未満）。
　　　 2　完結出生子ども数の対象は、結婚持続期間15-19年の初婚どうしの夫婦。
　　　 3　理想子ども数の値は、各結婚持続期間別値の平均。
(出所)　国立社会保障・人口問題研究所『出生動向基本調査』

ではない。例えば、子どもを持つことを暗黙の前提に結婚を決意する状況が考えられる。このとき、経済的な条件が制約となって子どもが持てない場合、子どもを持てるような経済的条件を整備することは、②のチャンネルだけでなく、結婚を増やすこと、すなわち①のチャンネルを通じることによっても、子ども数の増加に貢献する。このことは、①と②の背後に共通する問題があり、したがって、①と②を同時に考える必要性があることを示唆している。次にこれらの問題について検討しよう。

少子化の背景的要因

　ここでは、少子化、すなわち、晩婚化・非婚化および１夫婦当たりの子ども数の減少の背景にある要因について検討する。本来、少子化の背景的要因を検討するには、価値観、文化、歴史などを含む社会構造全体を検討の対象としなければならないが、ここでは経済的な要因に限定する。

　少子化の背景的要因の第１は、女性の就業環境が改善されないまま20代・30代の女性の労働力率が急上昇したことである。従来、日本の女性の年齢階級別労働力率の特徴は「**M字カーブ**」と呼ばれる形状で知られていた。この形状は、学校を卒業して一旦は就職した女性が、結婚や出産を機に労働市場から退出し、子育てが一段落した40代以降になって（主に非正規として）労働市場に復帰するという行動から生じていた。しかし、時代の変化や価値観、教育、産業構造などの変化に伴い、若い人を中心に女性の就業意識はより積極的になっていった。男女雇用機会均等法（1986年施行）による制度的な後押しもあった。これらを受けて、女性の労働力率は、**図13- 5**に示してあるとおり、1980年以降20代後半および30

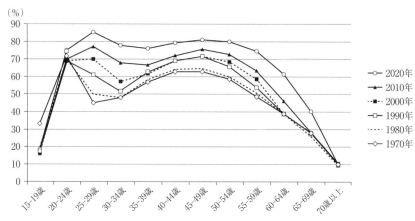

図13- 5　女性の年齢階級別労働力率：1970-2020年

(%)

凡例:
- 2020年
- 2010年
- 2000年
- 1990年
- 1980年
- 1970年

（注）労働力率＝労働力人口／人口。
（出所）総務省『労働力調査』

代を中心に急速に上昇し、M字カーブの底の部分が上がり、現状ではM字ではなく台形に近い形になっている。

　問題は、こうした女性の労働参加の急増に、女性の就業環境の改善が追いついてこなかったことである。旧態依然たる日本的雇用慣行や性別分業の価値観の下で、就業と結婚・育児の両立が困難であるという状況は改善されなかった。フルタイムの男性のみを想定したかのような長時間労働、保育所等社会的インフラの未整備、男性が家事・育児に協力しないという性別分業の価値観、などに大きな変化は見られなかった。一方で、女性の賃金は上昇し、仕事をしないこと、仕事を辞めることの機会費用は高まった。こうして、両立が困難な状況の中で、二者択一的に就業が選択された可能性が考えられる。晩婚化・非婚化、少子化が進んだ背景にはこのような状況があったものと推測される。

　日本よりも先に女性の労働参加が進んだ欧州では、保育所の整備、手厚い児童手当や育児休業制度など、仕事と育児の両立を支援する施策（ワーク・ライフ・バランス施策）が積極的に進められた。この施策もあって、欧州では日本ほど少子化問題は深刻化していない（図13- 3）。近年のデータでは、むしろ女性の労働力率の高い国ほど出生率が高いという関係も見出せる。

　少子化の背景的要因の第2は、1990年代半ば以降の非正規雇用の増加である。

1990年代以降、不況が長期化し、また中国など新興国とのグローバル競争が激化する中で、日本企業は人件費を削減し、また雇用調整のバッファーとするために非正規雇用の採用を増やした。この企業の対応は、短期的には企業の利益に貢献したものの、雇用が不安定で低賃金の働き手を増やしてしまった。非正規で生計を立てる者にとって、こうした所得環境は結婚や子どもを持つことに対してマイナスに作用していると考えられる。

（2）少子化対策として望まれること

　以上の考察から、以下の対策の必要性が導かれる。子どもを持つか持たないかは優れて個人の選択の問題であることには十分な配慮が必要であるが、理想とする子ども数が実現されていないという事実（表13-4参照）からは、政策的な支援は正当化できると考えられる。

　第1は、仕事と結婚・育児との両立可能性を改善することである。具体的には、育児休業制度などの拡充、保育所の整備、フレックスタイムや在宅勤務制度の導入などを含むワーク・ライフ・バランス施策の一層の充実が望まれる。同時に、夫の積極的な育児参加や家事分担など、女性の負担を減らすジェンダー平等の対応も不可欠である。

　第2は、結婚・育児の機会費用を下げることである。女性の非婚化や子ども数の減少が進んでいる1つの背景として、一旦職場を離れると元の条件で復帰することが難しいという問題がある。元の条件での復帰や再就職が容易になれば、結婚・出産のハードルは下がると考えられる。企業の復職制度や中途採用市場の整備が望まれる。

　第3は、家計に対する経済的支援によって、子どもにかかる費用負担を軽減することである。これまでもアンケート調査等によって、子どもを増やせない理由として教育費などの経済的負担が大きいことが指摘されてきた。この点、効果があったとされる海外の事例も詳細に検討すべきであろう。

　第4に、若い人の安定的な雇用・所得環境を確保するという観点からは、非正規雇用の抜本的な見直しが必要である。

5 今後の働き方と雇用システム

　本章の最後に今後の働き方の方向性について少し考えてみよう。

　日本的雇用システムは長期雇用や年功賃金等を特徴とするが、1980年代頃まではうまく機能したとされる。このシステムは戦後日本の経済発展の一つの要素と言ってもよいだろう。とりわけ製造業において、長期雇用の下で労働者に蓄積された企業特殊的技能は、企業の生産性や競争力の向上に大きく貢献した。年功賃金も長期雇用を支えた。また幅広い人事ローテーションは、企業の部署間の情報共有や調整を円滑にして企業の良いパフォーマンスを引き出した。しかし1990年代以降、このシステムに対する評価は大きく変わった。技術の変化やグローバル化などの環境変化を受けて、現在の日本の雇用システムには様々な不具合が生じているように見える。かつてあった経済合理性が失われているという見方ができるかもしれない。問題点と今後の方向性として以下が指摘できよう。

　第1は労働の移動に関する問題である。技術や産業構造の変化の激しい今日においては、企業間・産業間の労働移動を円滑にすることが最適な資源配分を達成するために重要であるが、年功賃金、長期勤続者に有利な退職金税制、中途採用市場の未発達などは、必要な労働移動や企業の新陳代謝を妨げ、経済成長を損ねているという指摘がある。今後は、退職金税制の見直し、公的な職業訓練の拡充、職業紹介・マッチング機能の強化などによって、労働市場をより労働移動のしやすい方向に変えていく必要がある。

　第2は非正規雇用に関する問題である。1990年代以降、不況が長期化する中で、人件費を削減し不確実性に対応する目的から、日本企業は低賃金で雇用調整の容易な非正規雇用を増やしてきた。この対応策は短期的には企業利益に貢献したものの、長期的には人的資本の蓄積を妨げ、また非正規の不安定な所得環境は非婚化・少子化の要因となった。非正規問題は正社員の過剰な雇用保護から発生しているという見方がある。この見方からすれば、過剰な雇用保護の必要性が低下すれば非正規への依存度も低下する。よって円滑な労働移動によって、一社ではなく労働市場全体で雇用を守ることが可能になれば、経営者は過剰な雇用保護の呪縛から解放されるであろう。この点からも円滑な労働移動に向けた整備が望まれる。同時に正規と非正規の二極化の問題も早急に是正されるべきである。

　第3は人材育成に関する問題である。かつては幅広い人事ローテーションや職場でのOJTが人材育成に有効であったが、現在進んでいるデジタル化などの新たな技術に対応するためには、専門化を前提としたジョブ型雇用の活用や、学び直しや職業訓練など、企業内外で個人が自律的に学ぶ仕組みを構築することが重要であろう。

　第4は多様で柔軟な働き方についてである。男性の正社員が長時間労働で家計を支えるというかつてのステレオタイプな働き方は、価値観が多様化している現代には適合していない。今後は個々人の様々な状況に合わせた柔軟な働き方が望まれる。これは人口減少・少子高齢化や労働生産性向上への対策にもなりうるだろう。

参考文献

岩澤美帆（2017）「少子化とその影響」、森田朗監修・国立社会保障・人口問題研究所編『日本の人口動向とこれからの社会 – 人口潮流が変える日本と世界』東京大学出版会

岩田一政・日本経済研究センター編（2014）『人口回復』日本経済新聞出版社

宇南山卓（2016）「子育てと仕事の非両立が少子化を進めたのか？」、阿部正浩編『少子化は止められるか？』有斐閣

川口章（2013）『日本のジェンダーを考える』有斐閣

小峰隆夫（2010）『人口負荷社会』日本経済新聞出版社

津谷典子（2009）「なぜわが国の人口は減少するのか – 女性・少子化・未婚化」、津谷・樋口編

津谷典子・樋口美雄編（2009）『人口減少と日本経済』日本経済新聞出版社

鶴光太郎（2016）『人材覚醒経済』日本経済新聞出版社

中島隆信・吉岡完治（1997）『実証経済分析の基礎』慶應義塾大学出版会

日本経済新聞社編（2023）『人口と世界』日経BP　日本経済新聞出版

深尾京司・宮川努編（2008）『生産性と日本の経済成長 – JIPデータベースによる産業・企業レベルの実証分析』東京大学出版会

増田寛也編著（2014）『地方消滅』中央公論新社

吉川洋（2016）『人口と日本経済』中央公論新社

山口慎太郎（2021）『子育て支援の経済学』日本評論社

Solow, Robert M.（1957）"Technical Change and the Aggregate Production Function,"

The Review of Economics and Statistics, 39(3), pp.312-320

索　引

著者紹介

櫻井宏二郎（さくらい こうじろう）

1956年宮城県仙台市生まれ。1980年一橋大学経済学部卒業。日本開発銀行（現・日本政策投資銀行）入行後、米国エール大学経済学修士課程（国際開発経済）留学、札幌支店、調査部調査役、日本経済研究センター主任研究員（出向）、設備投資研究所主任研究員などを経て、2007年より専修大学経済学部教授（現在に至る）。一橋大学博士（経済学、2008年）。

論文・著書：

"Biased technological change and Japanese manufacturing employment," *Journal of the Japanese and International Economies*, 2001, "How does trade affect the labor market? Evidence from Japanese manufacturing," *Japan and the World Economy*, 2004.

『市場の力と日本の労働経済—技術進歩、グローバル化と格差』東京大学出版会（第35回労働関係図書優秀賞）、2011年。

「グローバル化と労働市場—貿易が賃金格差に与える影響を中心に」日本銀行ワーキングペーパーシリーズ No.14-J-5、日本銀行、2014年3月。

『新・東アジアの開発経済学』（共著）有斐閣、近刊。

にほんけいざいろん だいにはん　しじつ けいざいがく まな
日本経済論 第2版——史実と経済学で学ぶ

2018年1月25日　第1版第1刷発行
2023年12月25日　第2版第1刷発行

著　者——櫻井宏二郎
発行所——株式会社日本評論社
　　　　　〒170-8474　東京都豊島区南大塚3-12-4
　　　　　電話 03-3987-8621（販売）、03-3987-8595（編集）、振替 00100-3-16
　　　　　https://www.nippyo.co.jp/
印刷所——精文堂印刷株式会社
製本所——株式会社難波製本
装　幀——菊地幸子
検印省略 © K. Sakurai, 2018, 2023
Printed in Japan
ISBN978-4-535-54075-0

経済学の学習に最適な充実のラインナップ